3訂版

相続税を考慮した
遺言書作成マニュアル

弁護士×税理士がアドバイス！

弁護士 坪多聡美　税理士 坪多晶子　共著

日本法令

はじめに

家を継ぐ者や事業を継ぐ者が過半の財産を相続できた生前の家督相続の時代とは異なり、戦後民法が定めた共同でかつ均等である相続が当然という相続人が大半を占める時流となっています。そのため、相続をめぐる争いが増加しており、これを解決するため、民法における相続法が数次にわたり改正されました。

一方、わが国では少子高齢が進み社会保障費が増大するとともに、コロナ禍に対応するための給付金等の支給により、財源が不足しており、歳入を確保するための課税強化が想定されます。また、社会保障・税一体改革のインフラである「行政手続における特定の個人を識別するための番号の利用等に関する法律（マイナンバー法）」の施行や所有不動産記録情報制度等も創設され、これからは資産や所得はIT活用等により公的に透明化され、高額所得者や富裕層への税や社会保障費の負担がより増加することが予想されます。

このように、財産を次世代に引き継ぐには、「遺産分け」と「相続税・贈与税」という大きな二つの問題がそびえ立っているのです。この激流の時代に備えていただくためには、相続税や贈与税を踏まえたうえでの、自分の想いをかたちにするための賢い遺言書の作成が重要な要素となります。

国の基本方針としても遺言書の作成を重視しており、相続法の改正において自筆証書の作成が簡便化され、かつ、法務局保管制度も創設されています。これらの改正に賢く対処するため、相続というより『争族』で悩み苦しみ、相続税の納税で途方に暮れる人々の相談に乗ってきたベテラン税理士と、次々と改正される法律にいち早く対応できる新進気鋭の弁護士が英知を併せ、税法や民法等の広範囲にわたる法律知識を駆使しながら、ご家族の皆様が幸せを願って、「相続税を考慮した遺言書作成マニュアル」を再び改訂させていただくことになりました。

本書は、全7章から構成されています。第1章から第3章においては、相続及び遺言のしくみから遺言書の作成方法までを、第4章、第5章においては遺言書作成における税法上の留意点やケース別遺言書の上手な作り方を、第6章においては相続発生前後の留意点を、わかりやすくマニュアル化しております。さらに第7章においては、不動産登記法・民法の令和5年4月施行改正、相続土地国庫帰属法について、注目すべき最新情報が盛り込まれています。

本書は、数次にわたり大きく改正された相続法と毎年改正が多岐にわたり行われる相続税法の詳細をきちんと理解し、遺言書の作成や書き直しに必要なさまざまな知恵を数多く盛り込むとともに、事例別に幸せな相続となるための遺言書の書き方のポイントを詳細に説明しています。民法と相続税という異なる専門分野を有する2人の著者が贈る本書を参考に、より作成しやすくなりリスクが減少した「相続税を考慮した遺言書」を作成していただき、読者の皆様はもちろんのこと、相続人を含めまわりの方々全員が幸せな人生を送っていただくために、少しでもお役に立てれば幸いです。

令和4年11月

税理士　**坪多　晶子**
弁護士　**坪多　聡美**

目　次

第1章　相続法大改正後の相続のしくみと遺産分割

第2章 相続法大改正後の遺言のしくみ

第4章 遺言書作成における相続税法上の留意点

第6章 相続発生前後の留意点

凡　　例

本文かっこ内において、法令・通達等の名称については、下記のとおり省略しております。

○所得税法	➡	所法
○相続税法	➡	相法
○租税特別措置法	➡	措法
○租税特別措置法施行令	➡	措令
○相続税法基本通達	➡	相基通
○財産評価基本通達	➡	評基通
○租税特別措置法関係通達	➡	措通

＜表　記＞

（例）　租税特別措置法第１０条の５の４第２項第３号

➡　措法１０の５の４②三

第1章

相続法大改正後の相続のしくみと遺産分割

❶ 遺言書等がなければ法定相続となる

Point

遺言等のないまま亡くなった人がいた場合、その財産は相続財産として民法に定められた相続人や相続分の規定に従い、法定相続によって承継される。

1　相続制度の必要性

法律上死者は権利の主体となれませんから、人が死亡すると、その亡くなった人（以下「被相続人」という）の財産がどうなるのかを法律で定めておく必要があります。これが民法に規定のある相続という制度であり、被相続人の財産（相続財産）は誰に帰属するのか、その割合等はどうするのかという点についてさまざまな規定を置いています。

2　法定相続

法定相続とは、被相続人が遺言等を遺すことなく相続が発生した場合の制度で、相続財産の取得者は法定相続人のみであり、その相続分は民法で定められた法定相続分によります。

誰が法定相続人であるかは、代襲相続や相続放棄、相続人廃除の有無、その被相続人の死後に相続人の１人が死亡しているか（数次相続）によっても変わってきますので、戸籍等を調べて十分に確認しておく必要があります。

法定相続の場合、相続が発生したことだけによって具体的な財産（土地・建物、株式等の有価証券、家具や装飾品、現金等の動産類）の取得者が決まるわけではなく、法律的には全部の相続財産を相続人全員で共有している状態になっています。この法定共有状態から、各相続人が具体的に取得する財産を決める手続が遺産分割手続です。遺産分割の手続には、通常の話し合いを行う協議の他、家庭裁判所の手続を利用する調停や審判といったものも存在します。

3　法定相続分の意味

法定相続分は、法律によって決まっています（民法900）が、相続が発生した時点の全財産が、完全に法定相続分の割合のみによって各相続人に分割されるわけではありません。法定相続分は、特別受益や寄与分といったものによって一定程度修正されますので、各相続人ごとの個別的事情によって「具体的相続分」は変わってきます。

具体的な相続分の計算はそう簡単なものではありませんが、そもそも相続人が必ずしも法定相続分に従わなければならないわけではありません。相続人全員が合意すれば遺産分割は可能ですから、一般的にはこの方法で遺産分割は解決されています。もっとも、法定相続分は遺産分割協議の重要な基準であることは間違いありませんし、仮に審判等で裁判所が判断することになれば法定相続分どおりの結論が出されるため、「誰が相続人になるのか」、「相続分はどう計算するのか」という点について基礎的な理解をしておく必要があります。

❷ 誰が法定相続人となるかを把握する

Point

養子縁組や代襲相続、数代にわたる相続が起こった場合は、誰が法定相続人になるか、一見してわからないことがある。誤解しやすいポイントをまとめて、相続人の範囲を整理しておくこと。

1　法定相続人の順位（民法887、889、890）

(1)　配 偶 者

配偶者は常に相続人となります。また、配偶者には代襲相続の規定は適用されませんので、養子縁組をしていない配偶者の連れ子は仮にその配偶者が亡くなっていても相続人になることはできません。

配偶者は、他に血族相続人がいれば血族相続人とともに、血族相続人がいなければ配偶者のみが法定相続人となります。

(2)　血族相続人

血族相続人とは、配偶者以外で被相続人との血のつながりによって相続人となる立場の者をいいます。血族相続人には優先順位があり、前の順位の相続人が存在する時は、後順位の者は相続人にはなりません。

血族相続人は、配偶者がいれば配偶者とともに、配偶者がいなければ同順位の血族相続人のみが法定相続人となります。

① 第1順位……子

被相続人の子は、常に相続人となります。子が被相続人より先に亡くなっている場合は、子の子、つまり被相続人から見れば孫や場合によってはひ孫が子の代わりに相続人となります（代襲相続）。

② 第2順位……直系尊属

被相続人の両親や祖父母といった直系尊属は、被相続人の子がいない場合、相続人となります。被相続人が養子となる養子縁組をしている場合は、養親と実親の相続権に違いはありません。直系尊属は、親等の最も近い者だけが相続人となります。養親を含む父母のうち1人でも存命の場合は、仮に祖父母が存命でも祖父母が相続人となることはありません。

③ 第3順位……兄弟姉妹

被相続人の兄弟姉妹は、被相続人の子や直系尊属がいない場合、相続人となります。兄弟姉妹が被相続人より先に亡くなっている場合は、兄弟姉妹の子、つまり被相続人からみれば甥や姪がその代わりに相続人となります（代襲相続）。兄弟姉妹の場合は、子の場合と違って再代襲の規定がないため、甥や姪の子までが相続人となることはありませんので、注意してください。

2 養子縁組の場合の注意点

(1) 養子縁組における法律関係

養子と養親は、実の親子関係と同様に法律上は親子としての権利義務を取得します。養子は実子と同様に、養親の第1順位の血族相続人であり、親子として扶養義務等も相互に生じます。

勘違いしている人もいるため、特に注意が必要な点は、養子縁組を結んだからといって、養子と実親との親子関係がなくなるわけではないということです。養子縁組によって姓が変わっても、養子は実親と養親という２種類の親を持つことになるだけであり、養子は養親・実親どちらの相続の場合も相続人となるのです（特別養子縁組を除く)。「三男は母方の家に養子に行ったので、父の相続の際には相続権がない」などということを言う人もいますが、法律上は誤りで、養子に行った三男も法定相続人ですから遺産分割協議等には三男の了承も必要です。

(2)　養子縁組と代襲相続

もっとも養子縁組と相続の関係では、代襲相続の際の取扱いについて実子とまったく同じ考え方をとることができない場面があります。

代襲相続は、被相続人の子や兄弟姉妹が相続人となる場合においてその子等の被代襲者（亡くなった相続人）が被相続人より先に死亡しているときに、被代襲者の子が代わりに相続人となる制度です。しかし、この場合に代襲相続人となることができるのは、「被代襲者の子であって、被相続人の直系卑属である者」に限られるのです。

では代襲相続人になることのできない、被代襲者の子ではあるが被相続人の直系卑属ではないというのは、どのような場合なのでしょうか？　ここに養子縁組が関わってくることになるのです。

民法は、養子は養子縁組の日から養親の嫡出子の身分を取得すると定めています。このため、養子縁組の日より前に生まれていた養子の子は、養親からみると直系卑属には当たらず、逆に養子縁組の日より後に生まれた養子の子は、養親からみると直系卑属になるのです。血縁関係では養子の実の子である点は変わらずとも、その「孫」の出生の時期が養子縁組の前か後かということだけで、代襲相続人としての地位は大きく変わってしまいます。

代襲相続が生じる場面によっては、「孫」間の扱いが大きく変わる事態もあり得ますので、このような場合には遺言等で調整を図ることも検討すべきではないでしょうか。

(3) 民法上は養子縁組に人数制限はない

「養子縁組は、実子がいる場合は１人しかできない」、「実子がいない場合も２人までしかできない」という認識を持っている人もいます。

しかし、これは法律的には大きな間違いです。養子縁組は、養親となろうとする者と養子となろうとする者が合意すれば、何人とでもすることが可能で、複数の養親を持つことや、複数の養子を持つことはまったく問題がありません。

最初に挙げた養子の人数制限は、相続税法によって「相続人の数」として基礎控除や税額総額の計算の際に算入することができる相続人の数であって、養子に対する人数制限ではありません。養子縁組をしたいと思えば、民法上は何人でも養子に迎えることができるのです。

ただし、養子は子ですから、養子が増えれば増えるほど、養親の相続の際の相続人の人数が増え、子１人当たりの法定相続分や遺留分が減ることになりますから、養子縁組を行う際にはよく考えてみてください。

3　数次相続が起こった場合の相続人

(1)　数次相続とは

代襲相続とは異なり、［祖父→父］等と順番に相続が起こったにもかかわらず、前の相続において遺産分割協議が行われていなかったため、結果として相続人の範囲が広がってしまう場合を、「数次相続」といいます。数次相続は、相続法の基本どおりのパターンであるため法律に特別の規定はありませんが、代襲相続との区別を明確にするために、このような用語を用いることがあります。

先に亡くなった被相続人（例えば祖父）の遺産分割協議が完了していない状態、すなわち祖父の相続の際の相続分を父が有したまま死亡した場合、父の相続財産には祖父の相続財産に対する相続分が含まれます。このため父の相続人全員が、祖父の相続における当事者になるのです。

●図表1－1　数次相続の事例

(2)　数次相続における相続分

数次相続における相続人は、本来の相続人が相続するはずであった相続分を、その相続人の相続における相続分に従って取得することになります。

祖父の相続を例にすると、祖父より先に父が死亡していた場合の代襲相続では、被代襲者

（父）の配偶者（母）は相続人にならず、被代襲者の子（孫）が相続人となります。

一方、祖父の遺産分割が完了しないうちに父が死亡した場合の数次相続では、祖父の相続開始後に死亡した相続人（父）の配偶者である母と、子である孫の両方が祖父の相続における相続人になるのです（図表１－１）。

❸ 法定相続分の計算方法

Point

被相続人が遺言等を遺さずに相続が開始した場合、法定相続人が法定相続分に従って遺産を承継する。法定相続分は誰が相続人になるかによって異なる。

1　法定相続分の意味

法定相続分とは、被相続人が遺言等によって相続分の指定をしたり、遺贈を行わなかった場合の相続分のことで、法律によって定められています。法定相続分は、誰が相続人であるかによって相続人ごとの割合が違っています。

2　法定相続分の割合（民法900）

(1)　配 偶 者

配偶者は常に相続人となりますが、その相続分は配偶者以外に誰が相続人であるかによって異なります。

被相続人に子（代襲相続人である孫を含む）がいる場合の配偶者の法定相続分は２分の１となり、子がおらず直系尊属（被相続人の父母や祖父母）がいる場合の配偶者の相続分は３分の２となり、被相続人に子も直系尊属もおらず兄弟姉妹だけがいる場合は配偶者の法定相続分は４分の３となります。また、被相続人に血族相続人がいない場合は、すべての相続財産を配偶者が相続することとなります。

(2)　血族相続人

血族相続人には順位があり、誰が血族相続人となるかによって配偶者との法定相続分が異なります。

①　第１順位……子

子の法定相続分は、配偶者がいる場合は２分の１であり、配偶者がいない場合はすべての相続財産を相続します。

子が複数いる場合は、それぞれの相続分は等しいものとされていますので、「子の相続分」全体を、子の数で頭割りにして計算することになります。以前は、嫡出でない子の相続分は嫡出子の相続分の半分であると定められていました。しかし、この規定は違憲であるとの最高裁の決定（平成25年９月４日）が出され、これによって民法が改正されたため、現在は嫡出子と非嫡出子の相続分は等しいものとされています。

②　第２順位……直系尊属

直系尊属は、親等の最も近い者だけが相続人となり、同一の親等の直系尊属が複数人存在する時はその全員が相続人となります。

直系尊属の法定相続分は、配偶者がいる場合は３分の１であり、配偶者がいない場合はすべての相続財産を相続します。

直系尊属である相続人が複数いる場合は、それぞれの相続分は等しいものとされています。したがって、父母の両方が存命の場合の相続分は各自２分の１ずつ、父母がすでに亡く祖父母のうち３名が存命の場合の相続分は各自３分の１ずつとなります。

③　第３順位……兄弟姉妹

兄弟姉妹の法定相続分は、配偶者がいる場合は４分の１であり、配偶者がいない場合はすべての相続財産を相続します。

兄弟姉妹が複数いる場合は、それぞれの相続分は等しいものとされ、頭割りで相続分を計算します。ただし、父母の双方を同じくする兄弟姉妹に対して、先妻の子と後妻の子のような父母の一方だけを同じくする兄弟姉妹（「半血の兄弟姉妹」という）の相続分は２分の１となります（図表１－２）。

●図表１－２　配偶者がいる場合の法定相続分

ケース	配偶者の相続分	血族相続人の相続分
①　子がいる場合	２分の１	２分の１
②　子がおらず、直系尊属がいる場合	３分の２	３分の１
③　子も直系尊属もおらず、兄弟姉妹がいる場合	４分の３	４分の１

（注）　複数の血族相続人がいる場合は、立場が同じもの同士の間では相続分が等しいものとして計算する。

❹ 具体的相続分の計算方法

Point

法定相続分について、各相続人の受けた特別受益や寄与分による修正を行って、各相続人の具体的な事情を反映した具体的相続分が計算される。

1　具体的相続分とは何か

民法で定められた法定相続分自体は、各相続人が生前どのようなことをしていたかに関わりなく、一定の親族関係等で一律の割合で決まっています。しかし実際には、相続人の中には、被相続人の生前に何千万円ももらっている人や、反対に被相続人にずっと経済的な援助をしてきた人等、現実の相続においてはさまざまな事情があります。このような場合にも、単に法定相続分の規定に従って割算をしたのでは、相続人間で実質的にはきわめて不公平だと感じてしまうことがあります。

そのような場合に、法律は、特別受益や寄与分という考え方を採り入れ、個別の事情を反映して各自の相続分を修正できる可能性を認めています。これを「具体的相続分」といいます。

遺言等のない完全な法定相続の場合でも、特別受益や寄与分の範囲では法定相続分を修正することができるのです。

2　具体的相続分の計算式

具体的相続分の計算方法は、被相続人から受けた利益である特別受益については相続財産の額に戻して、被相続人に与えた利益である寄与分については相続財産から除外して、各自の具体的相続分を計算することになります。

例えば、被相続人が亡くなった時点の相続財産の額が5,000万円、相続人は長男と長女の２人だけである場合に、長男に1,000万円の特別受益があり、長女に800万円の寄与分がある事例で考えてみましょう（図表１－３）。

●図表１－３　特別受益と寄与分の事例

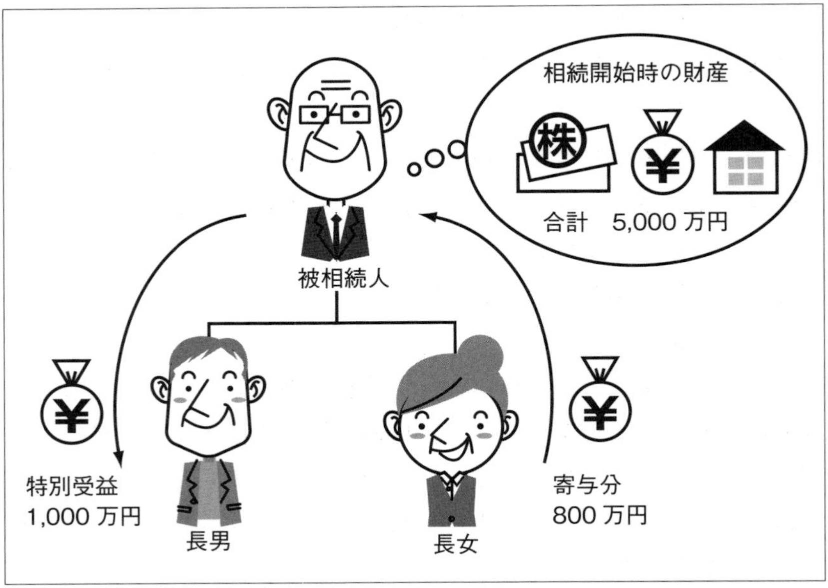

① 特別受益と寄与分を考慮した具体的相続財産の額

（遺　産）　　（特別受益）　　（寄与分）
5,000万円 ＋ 1,000万円 － 800万円 ＝ 5,200万円

② 長男の具体的相続分

$(5{,}200\text{万円} \times \frac{1}{2}) - 1{,}000\text{万円} = 1{,}600\text{万円}$

③ 長女の具体的相続分

$(5{,}200\text{万円} \times \frac{1}{2}) + 800\text{万円} = 3{,}400\text{万円}$

つまり、特別受益と寄与分を考慮して具体的相続分を求めると、被相続人の死亡時の財産5,000万円は、長男が1,600万円、長女が3,400万円ということになるのです。

3　特別受益と寄与分の期間制限

(1) 具体的相続分に関する10年という期間制限が創設

令和３年４月に成立した改正民法（令和５年４月１日施行）により、特別受益と寄与分による修正について、相続開始後10年間に限り考慮するという期間制限がされることになりました（民法904の3)。これは、相続開始から10年経過した後に未分割の遺産を分割する場合には、原則として特別受益と寄与分による修正は受けられず、単に法定相続分割合で按分するという制度です。令和５年４月１日以後は、相続から10年が経過しているか、いないかにより、具体的相続分を計算する際には注意が必要になります。

もっとも、上記の取扱いはあくまでも家庭裁判所での審判分割の際のものです。全相続人が同意して遺産分割協議又は調停を行う場

合には、従来と同様法定相続分割合に縛られず、自由に分割を行うことができます。相続人間で揉めてしまって全員での合意ができないときの規定ですので、10年以内に遺産分割がまとまりそうもない場合で、特別受益と寄与分による修正を希望する相続人は、10年以内に家庭裁判所へ申立てを行うようにしましょう。

(2) 令和5年4月1日以前に発生した相続に関する経過措置

改正民法の施行日である令和５年４月１日より前に発生した相続の遺産分割についても、新法施行後のルールが適用されます（改正法附則3)。ただし、これには経過措置が設けられており、少なくとも施行時から5年の猶予期間があります。相続発生時期毎の具体的な猶予期間は、図表１－４のとおりとなります。

●図表１－４　相続発生時期毎の具体的な猶予期間

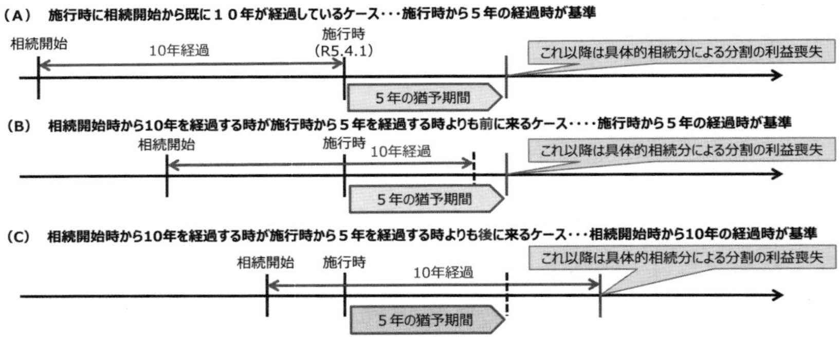

（出典）法務省「民法の改正（所有者不明土地等関係）の主な改正項目について」

4　特別受益や寄与分に関する紛争

実際の紛争では、各相続人の具体的な事情が特別受益や寄与分に当たるのか否かが争われるケースがほとんどです。また、仮に特別受益等に当たったとしても、その金額をいくらと評価するかでも争いになることが多く、上記の例のように特別受益等の金額がはっきりしているのであれば、その後の計算自体でもめることはあまりありません。

相続人の受けた利益や与えた貢献が法的に特別受益等に当たるのかといった争いを避けるためには、被相続人が生前に特別受益や寄与分を考慮した遺言等で対策をしておくことが大切です。

❺ 特別受益の概要と民法改正

Point

相続人が、被相続人から、遺言や生前贈与によって財産を承継した場合、それが「相続の前渡し」としての性質があれば、特別受益として相続財産に持ち戻して、各相続人の具体的相続分が修正される。

1　特別受益の判断方法（民法903①）

(1)　特別受益の意義

特別受益とは、相続人の中に被相続人から特別の利益を受けた者がいる場合の不公平を調整するために設けられた制度です。特別受益に当たる場合は、その受益については「遺産の前渡し」としての性質を持つものとみなされ、受益者はすでに遺産の一部を先に受け取ったものとして具体的相続分が計算されるのです。

(2)　特別受益の定義

民法では、相続人に対する贈与等のうち、次のものが特別受益であると定められています。

①　遺贈

②　生前贈与

(イ)　婚姻、養子縁組のための贈与

(ロ)　生計の資本としての贈与

これらのうち、①の遺贈は、被相続人が作成した遺言によって得るものであるため特段の問題はありません。しかし、②(ロ)の生前贈与については、いったい何が「生計の資本」に当たるのか客観的に明らかではなく、しばしば紛争の原因になってしまっています。

特別受益は、その名のとおり相続人にとって「特別な」利益を受けた場合でなければなりません。贈与と一口にいっても、いわゆるお年玉や小遣いまで古い話を事細かに追及するのは現実的ではなく、後からの証明も困難です。それゆえ「特別の受益」に限定しているのですが、何が特別であるかは、各被相続人の資産や収入、家庭事情によっても異なります。多少の金額の違いはあっても、すべての子の結婚の際に挙式費用等を負担している場合は少し挙式費用が高くなった相続人に「特別受益がある」とは言いにくいでしょう。一方、まとまった事業資金や自宅取得の頭金等の贈与を受けた者がいる場合は、「特別受益である」という認定を受けやすくなるといえます。

また、特別受益には期間の制限がないため、何十年も前の古い話が主張されることがあります。しかし、このような古い話には証拠がないことが多く、父母のどちらから受けた受益かもはっきりしないまま、単に不公平であるという感情のぶつけ合いになってしまうこともあります。実際に家庭裁判所で特別受益が争われるのは、個別の手続がないため、遺産分割調停等の場面になりますが、司法統計では１割程度しか特別受益の主張が認められた例はないようです。相手が認めているのであればともかく、争いがある場合には、金銭の動き等について預貯金の履歴等の客観的な証拠がない限りは、な

●図表１－５　特別受益の適用対象の範囲

（例：子である長男・長女・次女のみが相続人の場合）

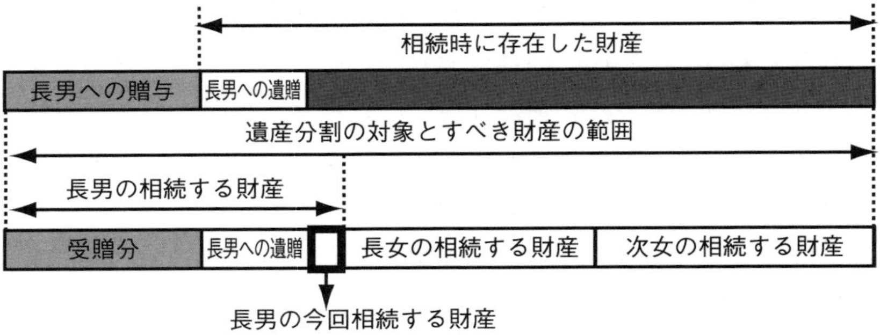

かなか認められないものだと考えたほうがよいでしょう（図表１－５）。

２　特別受益の持《もち》戻《もどし》免除《めんじょ》の意味（民法903③）

もっとも、特定の相続人への生前贈与等が特別受益に当たるとしても、被相続人がその持戻しを免除することができます。これは、被相続人が、遺言等で「◯◯に対する□□の贈与は相続分の前渡しではないから、戻して計算しなくていいよ」という意思を表示している場合、被相続人の意思が優先され、特別受益としての計算を行わなくてよいことになっています。これを特別受益の持戻免除といいますが、生前贈与が原因でもめごとを作りたくない場合には、有効な方法といえます。

この持戻免除は、必ずしも遺言で行う必要はありません。実際の裁判例でも、被相続人の生前の言動等から、「黙示の持戻免除の意思表示」として書面にしなくとも被相続人が持戻免除をしたと認定した例も存在します。しかし、黙示の意思表示の認定はそう簡単なものではありませんし、被相続人の明確な意思が示されていない場合には、相続人の間で紛争が起こる可能性が高くなります。できれば、持戻免除の意思表示は、遺言でなくても証拠とできる書面で明確に示しておき、被相続人の死後のもめごとの原因にならないようにしておきたいものです。

もっとも、持戻免除は遺留分侵害額請求の際には意味がありません。一定期間内の生前贈与の額を特別受益としてすべて持ち戻して遺留分の額の計算を行うことになりますから、後でもめないためには贈与財産が遺留分を侵害していないかということにも気を付けておくとよいでしょう。

3　配偶者への居住用不動産贈与に関する民法改正

(1) 配偶者間の贈与への特別受益に関する規定の創設

相続税法における配偶者の優遇措置として、婚姻期間が20年以上の夫婦の間で、居住用不動産又は居住用不動産を取得するための金銭の贈与が行われた場合、基礎控除110万円のほかに最高2,000万円まで控除（配偶者控除）できるという「贈与税の配偶者控除の特例」があります。実際にこの特例を用いて、配偶者間で居住用不動産の贈与を行う例が多くみられます。

このような配偶者への居住用不動産の贈与であっても、これまで説明したとおり「相続人の間での不公平」であることに変わりはありません。そのため改正前の相続法では、このような居住用不動産の贈与についても「配偶者の特別受益」となり、相続時の具体的相続分の計算上は贈与でもらった受取済み分として、遺産分割が行われることになっていました。つまり改正前の相続法では、居住用不動産の非課税贈与をしても、遺言等がない限りは遺産分割時の配偶者の取得分（具体的相続分）を増やすことにはならなかったのです。

配偶者保護の観点から、この点について相続法改正が行われました。現在の相続法では、婚姻期間20年以上の夫婦間の居住用不動産の贈与については、その居住用不動産については「持戻免除の意思表示」があったものと推定する規定を置いています。これにより、「配偶者間の居住用不動産の贈与については持戻しをするように」といったような被相続人の別段の意思表示がなければ、すでに贈与により取得していた居住用不動産分を相続分の前渡しとして遺産分割の際に考慮しなくてよいことになっています。

(2) 改正規定の適用時期に関する注意点

この持戻免除の推定規定は令和元年７月１日以後に行われた配偶者間の贈与から適用されますので、同日以前に行われた配偶者間の贈与には適用されません。よって、それ以前に行った婚姻期間20年以上の配偶者間の居住用不動産の非課税贈与についても、特別受益から除外したいと希望する場合は、従来どおりに遺言書等で持戻免除の意思表示を行っておくなどの事前の準備が重要です。

(3) 民法と税法の違い

税法上の配偶者控除は①不動産のみならずその取得のための現金贈与を許容し、②その控除上限は2,000万円であり、③遺贈ではなく生前贈与に限り適用を受けられます。これに対し民法の規定では、①居住用建物とその敷地に限られ（取得用の現金は対象外）、②持戻免除の推定額に上限はなく、③生前贈与のみならず遺贈にも適用されます。

　このため、居住用不動産取得のための現金を贈与した際には遺言等で持戻免除の手当て等をしっかりと行うか、不動産贈与による登録免許税等の負担を避け民法上の規定を用いるために、自宅の配偶者への遺贈という方法を検討したいものです。

❻ 学費等は特別受益の対象になるか

Point

被相続人に負担してもらった学費が特別受益に当たるか否かは、家族の収入や社会的地位等によって個別に判断されるが、相続人間で思わぬ紛争となることがあるため、遺言等で生前から準備を進めておくこと。

1　特別受益による調整

前記❺で説明したように、相続人の中に被相続人から特に利益を受けた者がいる場合の調整規定として特別受益の制度があり、特別受益に該当すれば、その受益は遺産に持ち戻して各人の相続分を計算することになります。

民法では相続人が受けた特別受益を、遺贈の他に、①婚姻・養子縁組のための贈与、②生計の資本としての贈与に限定して定めていますので、学費負担や生活費の支援等が問題になる場合は、その贈与等が特別受益に当たるのか否かを個別に検討する必要があります。

2　学費が特別受益に当たるか

(1)　学費と特別受益

被相続人の生前に、相続人が現金の贈与を受けていたり、住宅を購入してもらったりしているような場合は、明らかに特別受益に当たるでしょう。これに対し、相続人のうち１人の学費が他の相続人の学費よりも高額であるということが直ちに生計の資本としての贈与であるとして「特別の受益」といえるのかについては、難しい問題があります。

現在の日本では、ほとんどの人が高等学校へ進学するため、高校卒業までの学費が特別受益となるとみられることは基本的にはないと考えられます。しかし、大学以降のいわゆる高等教育の学費等については、学費等の金額が高額になることもさほど珍しくないため、特別受益に当たるか否かを争われることがあります。

(2)　特別受益の個別性

特別受益に当たるか否かを判断する際は、各家庭においてそのような利益を与えることが「相続の前渡し」としての性質を有するほどの特別な贈与なのかということをケースバイケースで判断していくことになります。各家庭や進学先によっても進学状況や経済状況等の条件はさまざまであり、結局は学費等の金額、相続人間でほぼ同等の教育を受けたのか、家庭の収入や社会的地位などによっても結論は異なってくるでしょう。

学資である以上は、一定程度の支出は親の負担すべき扶養義務か通常必要な生活費の範囲内に入り、これを超えた不相応ともいえる学資のみを特別受益と考えるべきであるという立場が理解しやすいでしょう。親の収入も高く、家計に十分な余裕があるのであれば、よほど兄弟間における学費等の総額に差がない場合は望んだ子に高等教育を与えたとしても特別なことではないと思われます。一方、親の年収からすると相当高額な学費を要するような高等教育を受けたのであれば、他の相続人と比較して、特別受益として清算すべき場合となるでしょう。

(3)　学費に関する特別受益の実際の裁判例

裁判例

①　京都家裁平成２年５月１日審判

相続人のうち１人は、家業を手伝うことなく、被相続人に４年制大学を卒業させてもらった。これに対し、他の相続人らは、中学校在学中から被相続人の家業を手伝っていたという事例では、当時の私立大学４年分の学費及び下宿での生活費が特別受益として認められている。

②　京都地裁平成10年９月11日判決

相続人のうち１人のみが医学教育を受けているが、他の相続人らもそれなりの高額の大学教育を受けており、被相続人は開業医であり医学教育を受けた相続人による家業の承継を望んでいた。この事例では、被相続人の生前の資産、収入、家庭環境に照らし、医学部の学費等は特別受益とするべきではないという結論が出されている。

3　特別受益の持戻免除

特に学費については、まだ自身が働いて収入を得ることのできなかった時期に親に学費を負担してもらうのは当然だと考える相続人と、そうはいっても長期間の海外留学費用等で実際に親が負担した学費等の額に相当な差があることに昔から不満を持っていた相続人とで争われて、なかなか決着がつかないことがあります。

医学部のような専門的な教育を受けることで、高い平均年収を得ることが期待できるような場合は、学費といえども生計の資本を与えたのと同じだとみるべき立場もあるでしょう。また、実際に学費等を負担した親としては、それぞれに一定の教育を受けさせたのであるから、相続の際まで学費のことを持ち出さずともよいと思うこともあるかもしれません。その場合、被相続人は、学費についても他の特別受益と同様にその相続財産への持戻しを免除することができます。

遺産そのものは子たちで平等に分けてほしいけれども、学費まで持戻しをすることはないと思われるならば、その旨を遺言書に書くか、そうでなくとも手紙や日記に記しておく、もしくは全員に口頭で持戻しを免除する旨を意思表示しておくとよいでしょう。相続人である子らとしても、親が学費については相続分の前渡しではないため各自の分すべての持戻しを免除するという意思を表明していれば、不公平感はあったとしても一定の納得はしやすいでしょう。

逆に、学費の額に差を付けすぎたと感じるのであれば、その分を他の相続人に多く相続させる遺言を遺したり、生前に贈与しておけば、相続人の理解も得られるのではないでしょうか。不公平な額の学費が相続紛争の原因になる可能性があることも理解したうえで、後の紛争を招かないようにしっかり相続人たちとのコミュニケーションをとっておきたいものです。

7 親による債務引受けが特別受益に該当するか

Point

被相続人が、生前に子の借金等を肩代わりして返済してあげたような場合、債務引受けだけでは特別受益には当たらないため、被相続人が求償権を免除したのか否かがポイントになる。

1　債務を引き受けた場合の法律関係

(1)　求償権の発生

被相続人による債務の引受けが特別受益となるためには、その引受けが「生計の資本の贈与」に当たるのか、つまり相続財産の前渡し的な性質を有するのかという点から判断する必要があります。

債権者に対し、主債務者の債務を別の者が支払った場合、この支払を行った者を代位弁済者といいます。代位弁済者は、債務の肩代わりをしたことによって主債務者に単に利益をもたらすのではありません。法律的には、代位弁済者は主債務者に対し、自分が代わりに支払った債務の額を払ってもらうことのできる権利、すなわち求償権を取得したことになるのです。

被相続人が、生前に相続人の１人の債務を肩代わりしてあげたとしても、求償権が発生する以上、主債務者である相続人にとっては債権者が元の貸主から代わりに支払ってくれた被相続人に変わっただけのことで、この時点では特別な利益は受けていないという見方をすることができます。

(2) 求償権がある場合の相続分

被相続人の相続人の１人に対する求償権が存在するのであれば、これは債権として他の不動産や預貯金等と同じく被相続人の相続財産の一部となります。

現行の法制度上は、預貯金以外の金銭債権は法定相続分で当然に分割されることになっていますから、実際に肩代わりしてもらった相続人を含めた被相続人の相続人全員で法定相続分で求償権を相続し、理論上は他の相続人から肩代わりしてもらった相続人に対してその法定相続分に応じて相続した返還請求権を行使することになります。しかし、親族に肩代わりしてもらうような状況になった人から支払を受けることは、現実的ではありません。

なお、平成28年12月19日に、最高裁で「預貯金は遺産分割の対象になる」という決定が出されました。この判例にその他の金銭債権は含まれていませんので、現状ではこれまでどおりの扱いになると思われます。

2 債務の免除と特別受益

結局、家族間で高額な債務を代わりに返済してもらった場合、その後の返済も望めません。返済の見込みがないからこそ、親族に債務の肩代わりをしてもらう事態になったと考えられるからです。

求償権を有する者（被相続人）が主債務者（相続人の１人）に対

して求償権を放棄し、債務を免除すれば、主債務者はもう誰にも返済を行う必要がなくなるわけですから、その債務免除された額の利益を受けたことは明らかです。債務の肩代わり返済だけでなく、その後の被相続人による債務免除を合わせて、特別受益として主張し得る「利益」がその相続人に生じているといえるのです。

しかし、通常は家族間で債務が免除されたのかどうかは明らかではありません。特別受益となった場合には、遺産分割の際の具体的相続分の段階で調整できますから、できれば免除があったことを書面等で明らかにしておくようにしたほうが、他の相続人としては安心できます。

3　債務免除と贈与税

贈与税においては、対価を支払わないで、自分の債務を引き受けてもらったことにより利益を受けた場合には、これらの行為があったときにその利益を受けた者が、その債務の引受けに相当する金額を、その債務免除等をした者から贈与により取得したものとみなされます（みなし贈与財産（図表1－6））。ただし、債務を弁済した者が債務者に対して求償権を行使した部分については贈与があったものとみなされません。

実際に家族間で債務の肩代わり返済が行われた場合、ほとんどの場面では、主債務者としては債務の弁済を受けた金額を親族に返済することが困難だと思われます。そこで、肩代わりを受けた金額が全額贈与とみなされ、その金額によっては高額な贈与税が課税されることがあり得ます。しかし、債務者が資力を喪失して債務を弁済することが困難である場合において、①債務の免除を受けた場合又は②債務者の扶養義務者（配偶者及び民法877条に規定する親族）に債務の引受け又は弁済をしてもらった場合には、贈与とみなされた金額のうち、自身の財産がほとんどなくその債務を弁済することが困難である部分の金額については、贈与税は課税されません（相法8）。この点も踏まえて、生前に主債務者が資力を喪失して債務の弁済が困難であることを立証したうえで、被相続人から求償権の債務免除を書面で行ってもらい、贈与税が課税されないよう資料を整えておきましょう。

このように資料を整理しておけば、いざ相続が起こった際にも求償権の消滅を証明でき、特別受益としての解決を図ることができるようになります。

●図表1－6　みなし贈与財産

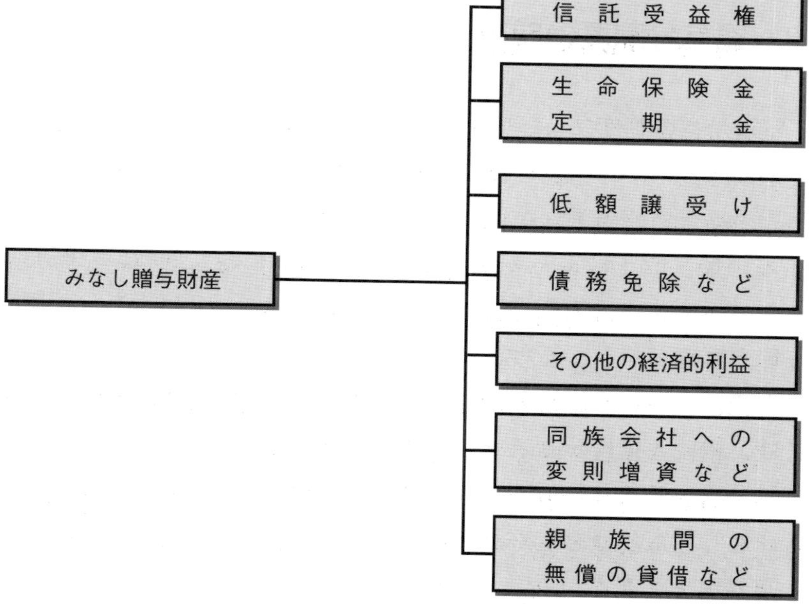

8 寄与分の概要と民法改正

Point

相続人が、被相続人の生前に、相続財産の維持や増加に貢献した場合、その貢献が「寄与分」として認められれば、寄与者は寄与部分を控除した相続財産についての相続分と、寄与分として認められた財産を合わせて取得することができる。

1 寄与分制度の成立ち

特別受益の制度によって利益を受けた相続人の相続分を調整する規定はあるのに、相続財産の増加等に尽力した相続人の貢献は法定相続の場合に評価されないのは不公平であるという意見から、昭和55年の民法改正によって寄与分という制度が導入され、相続財産からのマイナスは特別受益で、相続財産へのプラスは寄与分で調整を行う構造ができました。

実際に、個別具体的な相続ごとに寄与分の存在や額を定めるためには、相続人全員の協議で合意する必要があります。相続人間の協議で合意ができなければ、寄与分を認めてほしい相続人は家庭裁判所に対し「寄与分を定める処分」として、調停又は審判を申し立てる必要があります（図表１－７）。

●図表1－7　寄与分の決定方法

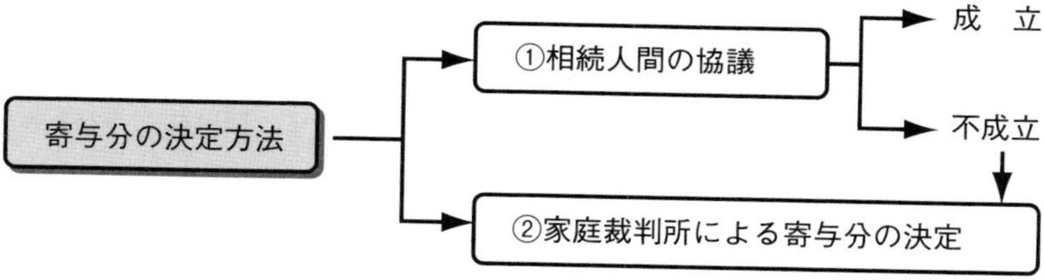

2　寄与分の要件

(1)　寄与分の定義

寄与分が認められるためには、相続人中で、①被相続人の事業に関する労務の提供や財産上の給付、被相続人の療養看護等による方法で、②特別の寄与を行い、③その寄与によって被相続人の財産を維持又は増加させる必要があります。

(2)　実際の寄与分

「療養看護」等を行った相続人が、自分が寄与分を有していると考えていることは非常によくみられます。しかし、寄与分が認められるためには「特別な寄与」であることと、その行為によって「財産を維持又は増加」したことが必要であり、これらのハードルは決して低いものではありません。

ここでいう「特別」の意味は、同居しての介護等を想定する一般的な感覚とは異なり、かなり高度なものが要求されています。なぜなら、家族の間ではお互いに助け合う義務があるため、これを超える程度の寄与が必要とされているからです。実際、民法上は夫婦・親子・兄弟姉妹といった関係では扶養義務があるため、単に面倒をみたという程度では、「特別な寄与」というまでの立証は難しいでしょう。

また、寄与による財産の維持・増加についても、実際にその寄与によっていくらの利益を被相続人が受けたのかを客観的に証明することは簡単ではなく、金銭換算しにくい寄与を具体的な金額に算定することは困難です。

実際、家庭裁判所の司法統計でも、寄与分を認めた審判例は申立ての１割以下で、寄与分の主張が認められる例は限られています。

●民　法

（寄与分）

第904条の２　共同相続人中に、被相続人の事業に関する労務の提供又は財産上の給付、被相続人の療養看護その他の方法により被相続人の財産の維持又は増加について特別の寄与をした者があるときは、被相続人が相続開始の時において有した財産の価額から共同相続人の協議で定めたその者の寄与分を控除したものを相続財産とみなし、第900条から第902条までの規定により算定した相続分に寄与分を加えた額をもってその者の相続分とする。

（以下略）

３　特別寄与料制度の概要

２でみてきたように、相続人ではない親族（例えば、相続人の配偶者（いわゆる嫁や婿）や被相続人に子がいる場合の同居していた兄弟姉妹等）は、養子縁組をしていない限り相続人ではないため、いくら介護等をして被相続人に貢献しても寄与分として相続財産を手にすることはできません。

この取扱いに対しては、実際に介護等の主体になっているのは相続人の配偶者であることも多いため不公平であるという点や、被相続人の相続開始前にすでに亡くなっていた夫の親と同居を続けて世話をしてきた妻には相続の際には取得できるものが何もないという点が問題とされていました。こういった問題を解決するために、平成30年の相続法改正では、相続人以外の親族による介護等の貢献や寄与を評価できる制度（特別寄与料）が創設されました。

特別寄与料制度では、被相続人の介護や事業への労務提供を相続人以外の被相続人の親族（相続人の配偶者等）が行った場合に、貢献した親族から相続人全員に対して寄与に応じた額の支払請求権が認められることになりました。ただし、相続人と特別寄与者との間でこの特別寄与について協議が調わないときは、相続開始及び相続人を知ったときから６か月以内又は相続開始1年以内のいずれか短い期間内に家庭裁判所への申立てを行わなければなりません。大変短い期間の制限ですから、特別寄与料を求めようとする人は期間について認識しておく必要があります。

●民　法

第1050条　被相続人に対して無償で療養看護その他の労務の提供をしたことにより被相続人の財産の維持又は増加について特別の寄与をした被相続人の親族（相続人、相続の放棄をした者及び第891条の規定に該当し又は廃除によってその相続権を失った者を除く。以下この条において「特別寄与者」という。）は、相続の開始後、相続人に対し、特別寄与者の寄与に応じた額の金銭（以下この条において「特別寄与料」という。）の支払を請求することができる。

2　前項の規定による特別寄与料の支払について、当事者間に協議が調わないとき、又は協議をすることができないときは、特別寄与者は、家庭裁判所に対して協議に代わる処分を請求することができる。ただし、特別寄与者が相続の開始及び相続人を知った時から6箇月を経過したとき、又は相続開始の時から1年を経過したときは、この限りでない。

3　前項本文の場合には、家庭裁判所は、寄与の時期、方法及び程度、相続財産の額その他一切の事情を考慮して、特別寄与料の額を定める。

4　特別寄与料の額は、被相続人が相続開始の時において有した財産の価額から遺贈の価額を控除した残額を超えることができない。

5　相続人が数人ある場合には、各相続人は、特別寄与料の額に第900条から第902条までの規定により算定した当該相続人の相続分を乗じた額を負担する。

4　特別寄与者への相続税課税

この特別寄与料の創設に伴い、令和元年度税制改正により、相続税法4条（遺贈により取得した者とみなす場合）及び13条（債務控除）が次のように改正されました。

被相続人の療養看護等を行った相続人以外の被相続人の親族が、相続人に対して金銭（特別寄与料）の支払請求をした場合において支払いを受けるべき特別寄与料の額が確定した場合には、その請求をした者（特別寄与者）が、特別寄与料の額に相当する金額を、特別の寄与を受けた被相続人から遺贈により取得したものとみなして相続税が課税されます。

ただし、基礎控除のうち法定相続人数比例部分の適用はなく、相続税の総額計算をする際の法定相続分もありません。受領した特別寄与料により相続税の総額を按分して税額を計算し、一親等の血族及び配偶者に該当しないため原則として２割加算して税額を算出します（図表１－８）。

●図表１－８　特別寄与者への相続税課税、特別寄与料を支払った者の債務控除

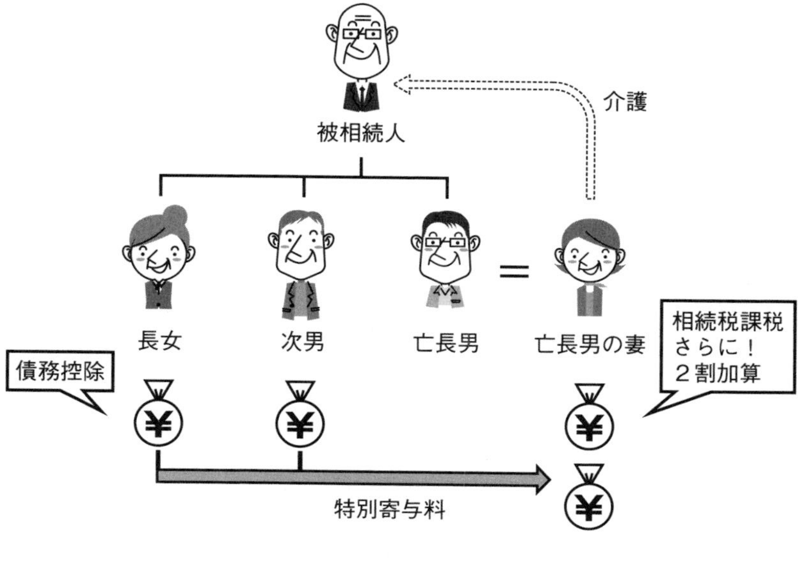

5　特別寄与料を支払った者の相続税の取扱い

特別寄与者が支払いを受けるべき特別寄与料の額が、特別寄与者

の課税価格に算入される場合においては、特別寄与料を支払うべき相続人が相続又は遺贈により取得した財産について、その相続人に係る課税価格に算入すべき価額は、その財産の価額からその特別寄与料の額のうちその者の負担すべき部分の金額を債務として控除することになります。なお、通常の債務控除と異なり、特別寄与料は相続時精算課税制度により加算された財産からも控除することができます（図表１－８）。

6　相続税の申告義務及び修正申告・更正の請求

なお、特別寄与料が確定し遺贈により取得したとみなされ、新たに相続税の申告書を提出すべき要件に該当することとなった者は、その事由が生じたことを知った日の翌日から10か月以内に相続税の申告書を提出しなければなりません。

また、特別寄与料の支払いを受けたことにより、遺贈等によりすでに確定した相続税額に不足が生じた場合には、その事由が生じたことを知った日の翌日から10か月以内に相続税の修正申告書を提出しなければなりません。

なお、家庭裁判所への申立て等があった場合には、まず期限内に特別寄与料が確定することはまれでしょう。その場合には、特別寄与料はなかったものとして相続税の申告をすることになります。

そこで、相続税の申告期限後に特別寄与料の支払いが確定したことにより、相続税額が過大となった時は、特別寄与料の額の確定を知った日の翌日から4か月以内に限り、更正の請求をすることができます。

7　遺言と寄与分等との関係

寄与分や特別寄与料が容易に認められるものでないことは、ここまでに説明したとおりです。しかし、そもそも「寄与分」という制度自体、法定相続における修正の手段にすぎません。また、「特別寄与料」という制度も、寄与分をさらに補充するものにすぎないのです。

法定相続以外の方法で相続人の行った貢献へ応えておき、不安定な家庭裁判所の認定に頼ることなく、生前に寄与に感謝するための贈与を行ったり、尽くしてくれた相続人に多くの財産を遺す遺言を作成することが一番の対策だといえます。

9 親の介護に尽くした分は遺産分けで考慮してもらえるか

Point

寄与分はあくまで相続人に認められた権利であるため、相続人以外の者の介護等は基本的には寄与分としては認められない。また、特に介護に関する寄与分は寄与分認定自体が難しいため、被相続人自身が、相続人の貢献を認めて対策しておくことが大切。

1 療養看護型の寄与分

相続人中に、被相続人の介護等を行い、これによって相続財産が減少することを防いだ者がいる場合、その相続人には寄与分が認められます。もっとも寄与分として認められるためには、その介護等が特別の寄与といえる程度のものでなければなりません。

2 寄与者になることができる人

民法での寄与分については、「共同相続人中に、……被相続人の療養看護その他の方法により被相続人の財産の維持又は増加について特別の寄与をした」ものと定められています。このように条文上、寄与分を認められるにはその寄与を行ったものが相続人でなければなりません（民法904の2）。

しかし現実には、いわゆる嫁や婿等の相続人の配偶者も介護に協力していたり、むしろ主体的な介護を行っていたのは相続人ではなく配偶者であるというケースも珍しくありません。相続人間の話し合いで順調にまとまる場合の遺産分割協議では、相続人の配偶者の行った寄与をも反映した内容が合意されることが一般的です。

しかし、相続人間の話し合いでは寄与分を反映した合意ができず、家庭裁判所における調停等の手続に移行してしまった場合には、寄与分では相続人の配偶者の貢献を反映することができません。このような相続人以外の者の寄与を評価してもらうには、民法改正で新設された特別寄与料という制度を使うしかないのですが（図表1－9）、相続人以外の者が当事者になることで協議に加わる者が増えてしまい、遺産分割がまとまりにくくなる危険もあります。また、特別寄与料に関する裁判所の手続は申立期限が非常に短い点も注意が必要です（本章❽３参照）。

●図表1－9　寄与分と特別寄与料

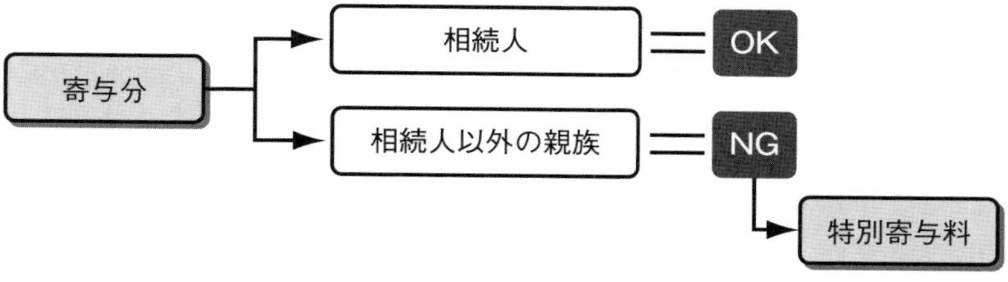

3　介護における特別の寄与

(1)　寄与分の要件

療養看護における寄与分は、被相続人に対して実際に不動産等を贈与したような場合と比較すると、認定までのハードルが高い類型です。これは、療養看護というものはまさに親族間の扶養義務の表れであると考えられているため、介護をしてもなかなか「特別の寄与」という程度までは認めてもらえないからなのです。通常期待される程度を超えた介護といえるためには、たまに介護に参加するのではなく日頃から継続して介護を行っていたこと（継続性・専従性）や、その介護について特に報酬を受け取っていないこと（無償性）が要件とされています。

特に、被相続人の配偶者自身が介護を行った場合は、どれほど献身的に行ったとしても夫婦の間の協力義務として行われたのであって、特別なことではないとみられてしまいます。つまり、被相続人と近い身分関係にあるものほど、もともと強い助け合いの義務があるため寄与分が認められにくく、甥や姪が相続人になるようなやや遠い親族が介護を行った場合のほうが寄与分としては認められやすいといえるでしょう。

(2)　介護による寄与分は現実には認められにくい

実際に介護をした相続人としては、同居をして24時間親に気を配り、自由に家を空けることもできずに介護してきたのに、何もしてこなかった兄弟たちとまったく同じ相続分であると言われれば、納得ができないと思っても普通です。しかし、介護保険の制度が導入されてからは、介護には公的な支援を受けることができるようになったため、より介護自体が寄与分として認められにくくなってきている傾向にあります。

4　寄与分算定の方法

(1)　寄与分の評価を立証するために

では、介護による寄与分が認められたとしても、寄与分の計算はどのようにすればよいのでしょうか？　相続人から被相続人に対して金銭等を渡している場合には、実際に相続人から被相続人に対して金銭等が動いているためその金額を評価しやすいのですが、介護の場合は「どの程度財産を減少させなかったか」を説明する必要があります。寄与があったこと自体は認められたとしても、金額が明らかでないなどとして、遺産分割に具体的な金額としては反映されないという事態も考えられるため、評価額をどのように客観化できるかもカギとなります。

①　具体的な出費

おむつなどの消耗品や、デイサービス等の費用を被相続人に代わって出していた場合、また介護に通うのに交通費がかかるような場合には、レシートや家計簿等の日々の記録でその実額を主張できます。

②　実際の介護の時間

特に、介護者が資格を有しているような場合は、現実的には不可能な24時間介護を主張するのではなく、例えばおむつ交換１回約10分を１日６回や、入浴介助１回約30分を週３回等と、行った介護の内容と時間を記録しておくことや、実際に通院に付き添った時間や回数、行先等を記録する等、具体的な資料に基づき主張を行ったほうが説得力が増します。

③　実際にヘルパーにも頼んでいた場合

特に、ヘルパーがいれば家族の「特別」といえるほどの介護は必要がないといわれることも多いのです。しかし、病院への付添い等、ヘルパーに頼む仕事の一部を相続人が行ったような場合には、その分（ヘルパーの料金分）の財産の減少を防いだという主張もあり得ます。

ただし、資格のない相続人が行った介護を、有資格者の介護と同様に評価してもらうことは難しいでしょう。

(2) 介護による寄与分を実際に評価した裁判例

裁判例

① 大阪家裁平成19年2月26日審判

被相続人に対する介護を理由とする寄与分の申立てに対し、申立人の寄与分を遺産総額の3.2％強である750万円と定めたものである。なお、この事案では、申立人の介護の専従性が認定されていたが、申立人が被相続人から金銭を受領していたことから無償性がないという点も争われていた。この点について裁判所は、申立人以外の他の相続人たちも同様に金銭を受領していたことから介護自体の無償性は認められるとして、上記のような評価を行った。

② 大阪家裁平成19年2月8日審判

被相続人が認知症となり、常時の見守りが必要となった後の期間について、親族による介護であることを考慮し、1日当たり8,000円程度と評価し、その3年分として以下の計算による金額を寄与分として認めた。

8,000円 × 365日 × 3年 ＝ 876万円

5　相続人たちの貢献にこたえるためには

介護は被相続人が最も感謝をする寄与でありながら、現在の日本では最も認められにくい寄与といえます。

自分たちの生活を何とか調整しながら必死に介護を行った相続人の一家は、いざ相続が起こると他の相続人から以下のような主張をされてしまうことがあり、非常に悔しい思いをすることもあるのです。

- 寄与分は相続人だけのものだから、嫁（婿）の介護は関係ない
- 特別寄与料はあるかもしれないが、もう法的な手続のできる期限がすぎている
- 介護したとはいっても、子として当然で、遺産自体は平等に分けるべき
- 頑張ったのはわかるが、それに何百万円もの価値があるとは思えない

理解してくれない他の相続人との話し合いを諦めて家庭裁判所に申立てを行っても、実際には寄与分が認められないか、認められてもきわめて少額にとどまることも珍しくありません。いざ相続が起こってからこのような問題に直面した相続人が、どれほど納得できない思いを持ったとしても、法律上は解決することができないのです。

この問題を最も簡単に解決できるのが被相続人です。被相続人であれば、感謝の気持ちを表すために、毎年ある程度の財産を贈与する、多めの遺産を相続させる、寄与してくれた相続人やその一家を受取人とする生命保険契約を準備する等とさまざまな方法で介護をしてくれた人に多くを遺すことが可能です。実際に介護を主として

行ってくれているのが相続人の配偶者（嫁や婿）である場合には、そのままでは寄与分が認められず、特別寄与料には厳しい期間制限があるため、お互いの気持ちを考慮しながら養子縁組を提案することも、心配りの一つでしょう。

せっかく頑張ってくれた相続人たちに確実に応えられるのは被相続人だけなのですから、元気なうちに遺言書の準備等、事前に問題を防止するような対策を必ず行いたいものです。

10 親の事業に貢献した分を相続でもらえるか

Point

寄与分として裁判所に認定されるためには、無償性・専従性といった要素が重要であるが、家業従事型の寄与の場合は被相続人から給与等の対価を受け取っていることが多いため、現実にはなかなか認められない。事業の承継のためには、寄与分に頼らない生前の対策が特に重要である。

1　家業従事型の寄与分

相続人中に、被相続人の事業に関する労務の提供等を行い、これによって相続財産を増加させた者がいる場合は、その相続人には寄与分が認められます。この場合も、寄与分である以上、被相続人の事業等への従事が特別の寄与といえる程度のものである必要があります。

2　寄与分の要件

(1)　無償性

相続人がいくら財産の増加に貢献したといっても、その相続人が被相続人から給与等を受け取っていたのであれば、それは対価を伴う労働という当然の行為をしたのであって、特別な寄与があったということはできません。

ただし、少しでも報酬を受け取れば寄与分にはならないかというと、そういうわけでもありません。仮に被相続人が、相続人ではなく第三者を雇用等した場合に支払ったであろう対価に比べて、相続人が実際に受け取った対価に差額がある（相続人が特別に安価で仕事を行っていた）場合には、寄与分があると認められる余地があります。当然、相続人が第三者とまったく同じような対価を得て働いていた場合には寄与分は認められないことになります。

(2) 継続性・専従性

月に数回など、たまに被相続人の事業を手伝った場合や、田植え等の人手が足りないときだけ臨時に手伝った場合、平日はサラリーマン等の正業につきながら週末だけ手伝っていた場合など、日ごろから継続して従事していない程度の手伝いでは、通常の負担を超えた特別な寄与とまで評価することはできないとされています。

家業に従事するタイプの寄与分として認められるためには、相当の長期間にわたって、自分自身の仕事と同様に労務の提供をする必要があるため、跡を継ぐために店に入ったような場合以外ではそう簡単には認められません。

(3) 被相続人との親族関係

例えば、被相続人の配偶者であれば、夫婦の間には強い協力義務が定められていますから、自身の事業と同様に労務の提供を行ったとしても当然のこととみられてしまい、事業に従事しても通常は特別の寄与とは認められません。

同様に、被相続人と近い身分関係にあるものほど、親族間の扶助や協力の義務が強く求められるため、遠い血縁に比べるとより高い貢献がなければ特別の寄与とは認められにくいということになります。

3　寄与分の認定

このように、家業従事型の寄与分は、まず寄与分があると認められるだけでも難しいのが現実です。特に無償性については、被相続人の課税所得の計算上、給与や青色専従者給与として支払いを行っていることが多く、相続人にも生活があるため完全に何の報酬も受け取っていないようなケースはほとんどみられません。

また寄与分があること自体は認められたとしても、事業用財産の全部が寄与分として１人の相続人が取得することはおよそ考えられません。これまで安価で労務を提供してきた差額程度が認められるものと考えたほうがよいでしょう。

4　寄与分を定める手続

相続人全員で日ごろの貢献を認めあって、協議で寄与分を決めることができればよいのでしょう。しかし、寄与分が持ち出されるような場合では、事業を手伝っていた相続人は自分の寄与が不当に低くみられていると思い、それ以外の相続人には仕事を手伝っていたというだけで多くの相続財産を取得したいと思われていることも多く、協議では結論が出ないことが多くあります。

協議で寄与分が決まらない場合は、寄与分を主張する相続人は家庭裁判所に対し、寄与分を定める調停又は審判を申し立てることになります。寄与分が決まらなければ具体的相続分がわからないため、寄与分が争われている場合には遺産分割を進めることができません。このため、遺産分割の手続自体が長期間にわたることもあるのです。

5　寄与分に頼らない対策を

このように寄与分とは、相続人間で争われた場合にはかなり認められにくい制度なのです。寄与分があるから被相続人の事業をずっと手伝っていた相続人が、問題なく大半の財産を承継して事業を継続できると考えるのは、かなり甘い考えと言わざるを得ません。

被相続人の目立った財産が事業関連のものしか存在せず、事業を承継させたいのであれば、生前から後継者に事業用資産を生前贈与する、相続させる遺言をする、代償分割や遺留分侵害額請求に対応するための資金の準備等を進めるなどにより、確実な事業承継を計画しておく必要があるのです。

⑪ 配偶者の居住継続を保護する民法と税制の改正

Point

相続財産に占める自宅建物の価値の比重が高い場合、配偶者が自宅に継続して居住するために、預貯金等の分配を受けられない可能性等があり、その後の生活に支障が出るケースがある。これに対応するために民法改正で配偶者居住権制度が創設され、民法改正に合わせて配偶者居住権の相続税評価額も新設された。

1　配偶者短期居住権制度の概要

民法における法定相続（遺言等のない場合の原則的な相続の場合）では、相続が発生した場合に、遺産分割が完了するまで不動産等の相続財産は相続人全員の共有財産となっています。そのため、相続人間の関係が良好でない場合には、遺産分割完了までに特定の相続人のみが相続財産である自宅等に居住していた場合、その間の使用料等を共有者であった他の相続人に支払うべきであるという主張がされることがあり得ます。

こういった困った問題に対処するため、配偶者の短期居住権という制度が相続法改正により創設されました。短期居住権とは、被相続人の所有していた建物に無償で居住していた配偶者に対し、遺産分割完了までの間（最低でも６か月間）は引き続いてその建物を無償で使用でき、遺産分割の際にこの家賃相当等の使用利益を考慮しないとする権利です。この制度ができたことにより、一般的には当然と考えられていた遺産分割完了までの配偶者の継続居住の利益を精算しなくてよいことが明確にされました。

この配偶者短期居住権制度は、令和２年４月１日から施行されています。なお、この短期居住権に対しては、遺産分割と同時に消滅するため相続税はかかりません。

2　配偶者居住権制度の概要

配偶者の短期居住権に対し、「配偶者居住権」（短期居住権との区別のために、この項では「長期居住権」と呼称する）という制度も創設されました。相続財産の大半を居住用の不動産が占めている場合には、配偶者が遺産分割でその不動産を取得してしまうと、他の相続人の相続分との関係で、居住用不動産以外には金融資産を受け取ることができなかったり、場合によっては他の相続人に配偶者から代償金を支払わなければならない事態も考えられます。このような場合には遺された配偶者の生活が困ってしまうこともあり得るため、配偶者の長期居住権という制度が設けられました。

配偶者の長期居住権とは、配偶者以外の相続人が配偶者の居住していた建物を取得した場合に、配偶者に終身又は一定期間の建物の使用が認められ、これを登記することもできるという権利です。建物を居住権と負担のついた所有権に分けることにより、所有権が100％である場合の所有権の時価に比べて、それぞれの権利の価値は低くなります。この長期居住権を遺産分割等の際に配偶者が相続財産として取得することで、配偶者は居住を継続したうえで、所有権自体を取得した場合よりも遺産分割によって取得した居住権として時価が低くなった分、相続分として居住用不動産以外に預貯金等を受け取ることも可能になります。この長期居住権を法で定めることにより、配偶者の取得する財産のうち相続財産に占める居住用財産の割合を抑えることができるため、代償金を支払わなければならない可能性が低下し、居住用不動産以外の預貯金等の財産を受け取ることのできる可能性が上がることになります。

配偶者の長期居住権は令和２年４月１日から施行されています。この長期居住権を設定するためには、相続人間の遺産分割協議で合意をするか、被相続人が施行日以後に作成した遺言で設定したうえで配偶者に遺贈しておく必要があります。配偶者の長期居住権による解決を希望される方は、遺言による準備を心がけてください。

3　配偶者居住権の相続税評価額の計算方法

令和２年４月１日から施行されている配偶者居住権について、被相続人の財産であった居住用建物に配偶者居住権が設定された場合における配偶者居住権及び、その配偶者居住権の目的となっている建物の敷地の用に供される土地を配偶者居住権に基づき使用する権利（以下「配偶者敷地利用権」という）の相続税評価額と、配偶者居住権の目的となっている建物所有権（以下「負担付建物所有権」という）及びその敷地となっている土地所有権（以下「負担付土地所有権」という）の相続税評価額の計算方法が次のように規定されています。

(1)　配偶者居住権及び負担付建物所有権の評価方法

相続等により取得した建物の相続税評価額は、財産評価基本通達によると固定資産税評価額とされており、配偶者居住権の目的となっている負担付建物所有権や配偶者居住権の評価額は、それを基に次のように評価します。まず、負担付建物所有権を評価し、配偶者居住権の評価は自用価額から負担付建物所有権評価額を控除します。この際に存続年数の計算では完全生命表の平均余命を用いることとされていますが、現在の最新のものは令和４年３月に発表された、令和２年のものです。この最新の完全生命表に基づく相続税法上の計算は、令和５年１月１日開始の相続から適用されます。

なお、複利現価率を計算する場合の法定利率は、民法の改正により３％とされていますので、それに基づき評価します（図表１－10）。

①　負担付建物所有権の評価方法

$$\text{建物の相続税評価額} \times \frac{(\text{耐用年数}\times 1.5)^{※1} - \text{経過年数}^{※1} - \text{居住権の存続年数}^{※1※2}}{(\text{耐用年数}\times 1.5)^{※1} - \text{経過年数}^{※1}} \times \text{配偶者居住権の存続年数に応じた民法の法定利率による複利現価率}$$

※１　6か月以上の端数は１年とし、6か月に満たない場合は切捨て

※２　居住権の存続年数は、遺産分割協議等に定められた残存年数で、配偶者の完全生命表による平均余命（6か月未満切捨て）（図表１－９）を上限とする

②　配偶者居住権の評価方法

建物の相続税評価額　－　上記①の評価額

●図表１－10　完全生命表の平均余命

	平均余命			平均余命			平均余命	
	男	女		男	女		男	女
50	33.04	38.75	67	18.37	23.09	84	7.09	9.38
51	32.12	37.80	68	17.60	22.20	85	6.59	8.73
52	31.21	36.86	69	16.84	21.32	86	6.11	8.10
53	30.30	35.92	70	16.09	20.45	87	5.66	7.49
54	29.40	34.99	71	15.36	19.59	88	5.24	6.91
55	28.50	34.06	72	14.63	18.73	89	4.85	6.37
56	27.61	33.12	73	13.92	17.89	90	4.49	5.85
57	26.73	32.19	74	13.23	17.05	91	4.15	5.37
58	25.85	31.27	75	12.54	16.22	92	3.83	4.92
59	24.98	30.35	76	11.87	15.40	93	3.55	4.50
60	24.12	29.42	77	11.22	14.59	94	3.29	4.12
61	23.27	28.51	78	10.58	13.79	95	3.06	3.78
62	22.43	27.59	79	9.95	13.01	96	2.86	3.48
63	21.60	26.68	80	9.34	12.25	97	2.68	3.21
64	20.78	25.78	81	8.74	11.50	98	2.51	2.96
65	19.97	24.88	82	8.17	10.77	99	2.35	2.73
66	19.16	23.98	83	7.62	10.07	100	2.21	2.53

●図表１－11　年３％の複利現価表

年数	複利現価	年数	複利現価	年数	複利現価	年数	複利現価
1	0.971	21	0.538	41	0.298	61	0.165
2	0.943	22	0.522	42	0.289	62	0.16
3	0.915	23	0.507	43	0.281	63	0.155
4	0.888	24	0.492	44	0.272	64	0.151
5	0.863	25	0.478	45	0.264	65	0.146
6	0.837	26	0.464	46	0.257	66	0.142
7	0.813	27	0.45	47	0.249	67	0.138
8	0.789	28	0.437	48	0.242	68	0.134
9	0.766	29	0.424	49	0.235	69	0.13
10	0.744	30	0.412	50	0.228	70	0.126
11	0.722	31	0.4	51	0.221		
12	0.701	32	0.388	52	0.215		
13	0.681	33	0.377	53	0.209		
14	0.661	34	0.366	54	0.203		
15	0.642	35	0.355	55	0.197		
16	0.623	36	0.345	56	0.191		
17	0.605	37	0.335	57	0.185		
18	0.587	38	0.325	58	0.18		
19	0.57	39	0.316	59	0.175		
20	0.554	40	0.307	60	0.17		

（注）　1　小数点以下第４位を四捨五入により作成している。
　　　　2　複利現価は、定期借地権等の評価における経済的利益（保証金等によるもの）の計算並びに特許権、信託受益権、清算中の株式、無利息債務等の評価に使用する。

（出典）国税庁ウェブサイト、一部加工

(2) 配偶者敷地利用権及び負担付土地所有権の評価方法

相続等により取得した土地等の相続税評価額は路線価等により評価しますが、配偶者居住権が設定された負担付土地所有権や配偶者敷地利用権の評価額は、それを基に次のように評価します。まず、配偶者居住権の目的となっている建物の敷地である負担付土地所有権は相続税評価額に残存年数に応じた複利現価率を乗じて評価し、配偶者敷地利用権は土地の相続税評価額から負担付土地所有権を控除して評価します。

① 負担付土地所有権の評価方法

土地の相続税評価額 × 配偶者居住権の存続年数に応じた民法の法定利率による複利現価率

② 配偶者敷地利用権の評価方法

土地の相続税評価額 − 上記①の評価額

●図表1－12 住宅用建物の耐用年数表

構造・用途	耐用年数
木造・合成樹脂造のもの	22年
木骨モルタル造のもの	20年
鉄骨鉄筋コンクリート造・鉄筋コンクリート造のもの	47年
れんが造・石造・ブロック造のもの	38年
金属造のもの（骨格材の肉厚が、4㎜を超えるもの）	34年
金属造のもの（骨格材の肉厚が、3㎜を超え、4㎜以下のもの）	27年
金属造のもの（骨格材の肉厚が、3㎜以下のもの）	19年

（出典）国税庁ウェブサイト、一部改変

●図表1－13　配偶者居住権等の評価推移のイメージ図

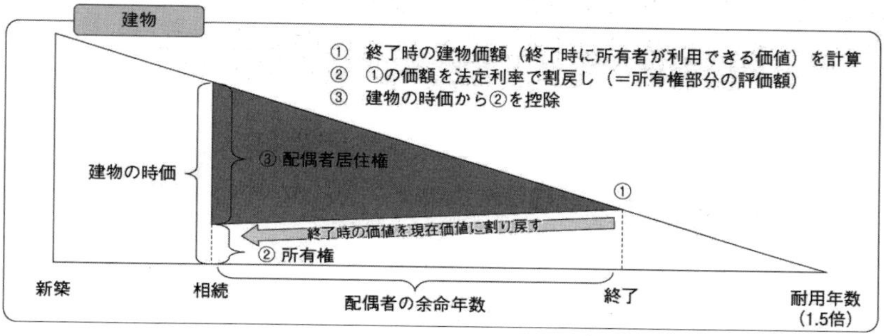

（出典）財務省「令和元年度 税制改正の解説」

4　配偶者居住権が設定された不動産の物納

配偶者居住権は物納できませんが、配偶者居住権の目的となっている負担付不動産（建物・土地）は物納することができます。ただし、物納劣後財産とされています。

5　登録免許税

配偶者居住権は登記することができます。なお、設定の登記の登録免許税の税率は0.2%となります。

⑫ 民法改正による相続預貯金の取扱い

Point

判例変更により、相続人単独による預貯金の法定相続分による払戻しは不可能になり、民法改正により明文化。これによる弊害解消のために、仮払制度（各金融機関ごとに相続人１人当たり最大 150 万円まで）がある。

1　預貯金に関する遺産分割に関する判例変更

実務上、遺産分割の際には不動産等と同様に、預貯金等も適宜相続人ごとに割り振って取得させる方法や、計算上の差額を預貯金の取得額で調整する方法が広く行われています。しかし、預貯金等の金銭債権は可分債権として当然に各相続人に分割して相続されるという最高裁判例があったため、長年、裁判所における遺産分割審判の際には、預貯金を相続財産として取り分を調整する遺産分割を行うことはできませんでした。

もっとも、このような硬直的な運用では到底遺産を合理的に分割することはできないため、審判以外の協議・調停といった遺産分割の手続においては、相続人全員の合意のもとに預貯金等も遺産分割の対象とする方法が広く行われています。さらに、平成28年12月にはこの預貯金が遺産分割の対象とならないという取扱いを変更し、預貯金を遺産分割の対象とすると判例変更した最高裁決定が出され、現在では遺産分割審判であっても預貯金を含めた遺産分割を行うことができます。

2　預貯金が遺産分割対象であることが明らかに

平成30年の相続法改正では、1の最高裁による判例変更とこれによる実務上の取扱いの変更を受けて、預貯金等が遺産分割の対象であることを前提とした規定が明文で置かれました。これにより、民法の条文上も預貯金が遺産分割の対象であることが明確になったのです。

3　預貯金の仮払制度の創設

また、1の判例変更までは、「預貯金は相続開始時に相続人に当然に分割して承継される」という最高裁判例に基づいた運用がされていました。このため、通常であれば単独の相続人のみからの預貯金の支払要求には応じなかった金融機関に対しても、裁判等を行えば、単独の相続人によってもその相続人の法定相続分までの引出しを行うことはできました。

相続人の中に行方不明者等連絡を取ることのできない人がいる場合には、裁判での法定相続分払戻請求は特に有効な方法でしたが、判例変更以降はこのような法定相続分での引出しを行うことがまったくできなくなっています。

このような状況から生じる相続人の生活上の不利益を解消するた

めに、今回の相続法改正では預貯金の一部について単独の相続人で可能な仮払制度が創設されました。この仮払制度で引き出せる金額の上限は、①当該預貯金の残高の３分の１に請求を行う相続人の法定相続分を掛けた金額、又は②150万円、で金融機関ごとに①、②のいずれか低いほうの金額までとされています。

この仮払制度は、令和元年７月１日から施行されており、施行日より前に起こった相続に対しても、この仮払制度の利用を行うことが可能です。

仮払制度ができたとしても、従来のような法定相続分までの引出しを行うことはできなくなったのですから、連絡の取れない推定相続人がいる方や、遺産分割が非常に難航しそうな方は遺言等で預貯金の取得者を決めておくことがきわめて重要でしょう。

⑬ 分割協議の前に別の法的手続が必要な場合の相続

Point

遺産分割協議は、「相続人全員」の合意が必要なため、相続人の中に未成年者や成年被後見人がいて親権者と利害が対立する場合や、行方不明者がいる場合には、そのままでは協議を行うことができない。協議の前に必要な法的手続を把握したうえで、できれば遺言を遺して対策をしておくべき。

1　推定相続人中に未成年者等がいる場合

(1)　未成年者の行為能力

未成年者は、法律上は「制限行為能力者」に当たるため、単独で完全に有効な法律行為を行うことができません。これは判断力の不十分な未成年者を保護するための措置であり、通常は親権者である親がその未成年者の法定代理人として、その未成年者のために代理して契約を締結したり、取消し等の意思表示を行ったりします。

(2)　利益相反と特別代理人

未成年者が相続人となる場合、法律上は親権者がその相続に関する意思表示や遺産分割につき、子のために代理して行うことになります。しかし、実際に未成年者が法定相続人となるのは、親のうちどちらか一方が死亡してしまった場合に多く、この場合は親権者（生存配偶者）と子は、法的には被相続人の相続財産を取り合う関係であるといえます。このように親子の間で利害が対立する場合にも、親権者が未成年者の権利を代理して自由に行使できることとしてしまうと、親権者の一存で全相続財産を自由に分配でき、親権者がすべての相続財産を独り占めできてしまうことになります。

もちろん、そのようなことを考える人はあまりいないでしょうが、法律では危険性があればこれにあらかじめ対処しておく必要がありますので、親権者と未成年者の利益が対立する場合には、親権者による権利の代理行使を許さないことにしているのです。

これは未成年者だけでなく、成年被後見人等の場合も同じです。兄弟姉妹のために成年後見人を務めているような場合、親の相続が開始すれば、成年後見人と被後見人は親の遺産については相続人同士として利害が対立することになってしまうため、成年後見人に自由に権利を代理行使させてはならないことになっています。

このような場合は、その利益相反のある法律行為（同じ被相続人について当事者となる遺産分割協議等）についてだけ、法定代理人とは別に利害関係のない第三者を「特別代理人」に選任してもらい、この特別代理人との間で遺産分割協議等を行うことになります。

なお、成年後見人の場合も特別代理人を選任する必要があることは同じですが、成年後見監督人がいる場合は、改めて家庭裁判所に特別代理人を付けてもらわなくても、監督人が成年被後見人の権利を行使することになっています。

(3) 特別代理人の選任方法

特別代理人は、親権者や成年後見人等の法定代理人が家庭裁判所に申請を行うことによって選任されます（民訴法35）。

未成年者の相続人が複数いる相続の場合は、未成年者同士の利益も対立していますので、１人の特別代理人に兄弟全部の代理を任せることはできません。未成年者の子の数だけ特別代理人を選任してもらう必要があります。

このとき、弁護士等の専門家を何人も特別代理人にすると、その分だけ報酬がかかるので大変です。そのような場合には、無償で特別代理人を引き受けてくれる親族を特別代理人として推薦することがよく行われています。家庭裁判所はこのように専門職以外の者が特別代理人となる場合は、未成年者にとって不利益な遺産分割を行われないように、あらかじめ遺産分割協議書案を付けて特別代理人選任の申立てを行うように求めていますので、申立ての前に準備しておく必要があります。

特別代理人の選任が必要な相続の場合、このように非常に手間が多く、時間も相当程度かかりますので、相続税申告や早期の預貯金の引出しが必要な場合には、早めに手続を開始しておくことが望ましいでしょう。

2 推定相続人中に行方不明者がいる場合（民法25、30～32）

(1) 相続人の住所等を調査する

法定相続の手続に当たっては、被相続人の出生から死亡までの全部の戸籍や必要に応じてより多くの範囲の戸籍等の取寄せを行い、相続人が誰であるかを確定させる必要があります。また、相続手続に必要な範囲であれば、他の相続人の戸籍やその附票を取り寄せることで、全相続人の住民票上の住所を調査することも可能です。戸籍の取寄せ等については一定の専門知識を要する面もありますので、不安であれば弁護士や司法書士等の専門家に相談してみることも検討してください。

戸籍等の調査を経て、自分以外の相続人の住所等が判明すれば、その住所に向けて連絡を取り、遺産分割協議の成立を目指すことになります。しかし、中には住民票の住所をまったく動かさずに転居を行う人もいるため、戸籍等で調査を行っても、結局その相続人の所在がわからず連絡も取れないこともあります。特に外国に居住している人の場合は、海外の住民登録等は日本には登録されていないため、日本からでは住所の詳細を調べることができないことがあるのです。

(2) 行方不明者と遺産分割協議を行うためには

遺産分割協議を行うためには、相続人全員が合意する必要があり、行方不明者がいる場合、そのままでは「全員」の合意を行うことができません。その相続人が７年以上の生死不明であれば法的に行方不明者を「死亡」と取り扱うことのできる失踪宣告の制度を利用することも考えられますが、少しでも生存の可能性があるのであれば、あまりお勧めできる方法ではありません。

したがって、相続人中に行方がわからず、連絡が取れない人（不在者）がいる場合に遺産分割協議を行うためには、遺産分割協議の前に不在者財産管理人を置く手続を行う必要があります。

不在者財産管理人とは、住所の不明な者で財産の管理人もいない場合に、その人のために財産を管理する者で、遺産分割等における相続人である行方不明者の代理権を有しています。不在者財産管理人を付けるためには、利害関係人が家庭裁判所に選任を申し立てる必要があり、予納金として申立てを行う人が数十万円の納付を求められることもあります。

不在者財産管理人の選任にはある程度時間がかかるものですし、選任された管理人は不在者の財産や予納金から報酬の支払いを受けることもできます。不在者の配偶者に連絡が取れる場合には、この配偶者を不在者財産管理人に推薦すれば選任してもらえることが多いようですが、配偶者等にも連絡が付かない場合は、弁護士が管理人として選ばれることが通常です。

不在者分の相続財産等が十分な額であれば収めた予納金は返ってきますが、不在者の財産がわずかしかなければ予納金は返ってこないこともあります。そのような場合でも、行方不明者と遺産分割協議をするためには、不在者財産管理人を選任してもらうしかないのです。

不在者財産管理人は、不在者の財産を守るために裁判所から選任されますから、遺産分割協議においてはその不在者の法定相続分を割り込むような内容には合意してもらうことができません。弁護士等の専門家以外の者を不在者財産管理人として選任した場合には、家庭裁判所は不在者財産管理人が遺産分割協議等をする際に、協議の内容が不在者に不利になっていないかを確認しますから、親族が不在者財産管理人となっても自由な遺産分割はできないのです。

一度不在者財産管理人が選任されれば、一部の相続人が「後を継ぐ」ために大半の相続財産を承継するといったような柔軟な遺産分割を行うことはほぼ不可能になってしまいます。

3　遺言による対策

これらの問題点は、遺産分割協議をする必要があるため生じています。つまり、全財産に関する被相続人の遺言があれば、わざわざ遺産分割協議をしなくても、その遺言を執行すれば相続財産の処理は完了するため、特別代理人や不在者財産管理人を付けてもらわなくてもよいのです。

協議の前にこれらの手続が必要なことが予想される場合には、後で相続人に苦労をさせないためにも、特に遺言によって全財産の処理を決めておく必要性が高いといえるでしょう。

14 遺産分割協議がまとまらなければどうなるのか

Point

遺産分割協議で話がまとまらない場合、家庭裁判所での調停となり、調停でも決着が付かない場合は自動的に審判に移行する。調停の本質は当事者の合意であるため、柔軟な解決が可能だが、審判は裁判所が法定相続分に従って分割方法等を決めるため、融通は利かない。調停までで決着を付けることが大切。

1　協議ができなければどうすればよいのか

相続人間で話し合いをしても全員が納得できない限り、遺産分割を行うことができません。この場合は、原則として家庭裁判所に遺産分割の調停を申し立てる必要があります。遺産分割調停とは、家庭裁判所を通じての相続人間での話し合いの場であり、相続人の全員が合意することによって成立させることができます（図表1－14）。

●図表1－14　遺産分割協議と遺産分割調停

2　遺産分割調停とはどのような手続か

(1)　管　轄

調停や裁判といった法的手続をどの裁判所に対して起こすことができるのかということを「管轄」といいます。これらの手続は、どの裁判所に対しても申し立てられるわけではなく、担当する裁判所が決まっていますので、このことを踏まえて調停を起こす必要があります。

調停の管轄は、相手方の住所地にある家庭裁判所か、当事者が合意で決めた裁判所にあると決まっています。調停の相手方が複数いる場合は、そのうちの１人がいる地域の家庭裁判所に対して調停を申し立てることができます。例えば、自分は東京に、兄弟の１人は大阪に、別の兄弟は名古屋に住んでいる場合に、遺産分割調停を起こそうとすれば、自分の住んでいる東京ではなく、大阪家庭裁判所か名古屋家庭裁判所のどちらかを選択して、又は相続人全員の合意した裁判所があればその家庭裁判所に調停の申立てを行うことになります。

遺産分割調停は、相続人全員を当事者にして行わなければなりませんが、申立人が提案している分割内容で問題がないと考えている相続人は、必ずしも調停のたびに家庭裁判所にくる必要はなく、文書等で応じたり、成立の時１回だけ裁判所に来れば足りる手続もあります。しかし、申立人の主張とは違う主張をしたい相続人は実際に調停に出席して意見を述べなければなりませんから、スムーズな調停を行いたければ特に意見の対立する相続人がいる地域を管轄する家庭裁判所に調停を申し立てたほうがよいでしょう。また、各相続人の事情を考えて、どの地域の裁判所で行うのかという管轄について合意できるのであれば、自分の住んでいる住所地や交通の便の良い中間地点の裁判所等を選択することも可能です。

(2)　調停のために必要な資料

遺産分割調停を申し立てるには、当事者や申立ての趣旨・理由等を記載した申立書を提出する必要があります。定型の書式は、裁判所のホームページ上で公開されており、近くの家庭裁判所に行けば印刷済み書式も入手できます。この申立書は調停の相手方全員に郵送されますので、感情的なことを書きすぎてしまうと必要もないのに相手を怒らせてしまって、かえって合意できにくくしてしまうこともありますので、書く内容には注意しましょう。

調停の申立ての際にはこの申立書以外に、相続関係を明らかにする戸籍や遺産目録、目録に記載されている不動産の全部事項証明書（登記簿謄本）や固定資産評価証明書等の原本を提出しなければなりません。特に、戸籍関係はどこまでをそろえればよいのかわからない場合もあるでしょうから、迷った場合は弁護士、司法書士等の専門家や、家庭裁判所に確認してみてください。

裁判所にはこれらの提出書類は原本を提出しなければならず、法務局へ提出した場合と違って原本は還付されません。調停が成立した場合も、調停の内容を不動産登記や預貯金解約等に反映するためには相続人全員の判明する戸籍謄本を要求される場合がありますから、裁判所提出用と手続用の初めから２通ずつ取寄せを行ったほうがスムーズです。

(3)　調停の成立

調停は裁判所が主宰する話し合いの場ですから、調停によって結論を出すためにも協議と同様に相続人全員の合意が必要です。裁判所が間に入りますから、単に家族で話し合いを行うよりは法的な観点も入り、第三者からの指摘も受けられるため、成立しやすくなる傾向にあります。しかし、結局は話し合いですから、１人でも合意に応じなければ調停は成立しません。

調停では他の相続人にもわかってもらうためにも、裁判所にも相手方当事者を説得してもらえるようにすることが大切です。裁判所の理解を得るためにも、感情的な主張をするだけではなく、それを特別受益や寄与分といった法的主張に整理したうえで、裏付けとなる資料を提示するようにしていきましょう（図表１－15）。

●図表１－15　調停手続の概要

調停申立の方式	書面又は口頭
申立権者	各相続人・包括受遺者・相続分譲受人等
調停機関	審判官＋調停委員２名（原則）
調停の遺産分割基準	法定相続分に制約されない
調停調書	確定判決と同一の効力
調停不成立	審判手続へ移行

3　遺産分割調停が不調、自動的に審判に移行する

当事者の意向が合致せず遺産分割調停が不成立に終わった場合、手続は自動的に審判に移行します。

法制度上は、相続人間での協議が調わなければ、被相続人の最後の住所地の家庭裁判所に対していきなり審判を申し立てることはできます。しかし、裁判所はまず話し合いによる解決を図るべきであると考えており、実務上は審判の申立てに対して職権で調停に戻されることが多くなっていますので、まずは調停の申立てを行うべきでしょう。

4　遺産分割審判とはどのような手続か

遺産分割審判では、「分割方法を決めなければいけない相続財産」についてのみ判断が示されます。そのため、現在の判例上では当然分割とされている預貯金以外の貸付金等の金銭債権や被相続人の債務を審判の対象とすることはできません。なお、預貯金は遺産分割の対象になっており、以前に比べると非常に分割がしやすくなっているとはいえ、審判では一部の相続人を有利に扱うということはありません。裁判所は、どの相続人の権利も侵害することはできませんので、必ず各人の法定相続分は守るような審判を行う必要があり、結果として柔軟性に欠ける結論が出てしまいがちなのです（図表１－16）。

●図表 1-16　遺産分割審判

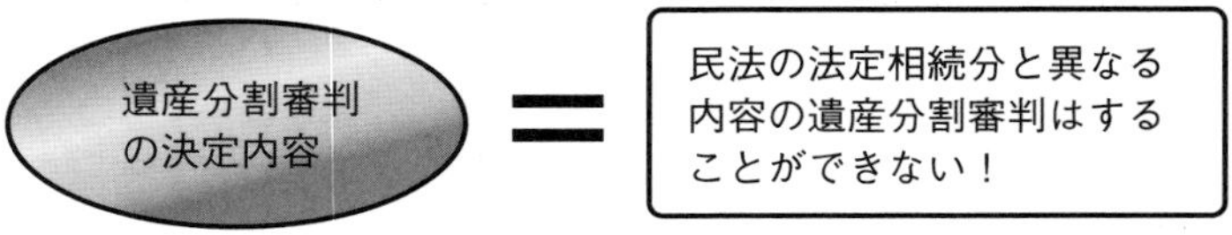

5　調停と審判の違い

相続人の中には、「調停で無理ならば、審判になれば裁判官の判断になり、自分の主張が認められるはずだから、調停では妥協しない」と言う人がいます。

確かに、法定相続分をきっちり取得したいのであれば、審判まで争えば、ほぼ希望するとおりの内容を実現できるでしょう。しかし、親に尽くしてきたから大半の財産を自分が取得するといったことや、「家」を継ぐために財産の分散を防いで遺留分程度の他の相続人に代償金を支払うかたちでの解決を望んでいる場合、その主張は審判の場になってしまえば実現不可能になってしまいます。

審判とは法定相続を実現するための制度であり、貸付金等の金銭債権や債務の扱い等も硬直的ですから、すべての相続人にとって「より良い遺産分割」を実現するためには、話し合いによることが結局は一番良いのです。調停では当事者が合意すればさまざまな点について、法律とは異なる特別な扱いをすることができますが、審判ではそういったことはできません。このため、ある程度納得のできない点があっても、結局は調停までの段階で、相続人間で合意することこそがより良い相続につながります（図表１－17）。

●図表1－17　調停と審判の違い

	調　停	審　判
分割方法を決める者	相続人全員	裁判所
結論に対する不服申立て	原則としてできない（全員が合意しなければ成立しない）	審判から2週間以内であれば、高等裁判所に対して不服申立てができる
貸付金等の金銭債権を各相続人が取得する分割方法	相続人全員が合意すれば可能	判例上、預貯金以外の金銭債権は相続開始時に法定相続分で当然に分割されるため、分割の対象にならない
寄与分の主張がある場合	合意した寄与分を反映した調停ができる	寄与分を定める手続は個別の手続であるため、別途寄与分を定める審判の申立てを行い先にそちらを確定させる必要がある
遺産の範囲に争いがある	遺産の範囲を合意して調停を行う	先に遺産確認の訴訟を起こし、遺産の範囲を確定させる必要がある
法定相続分どおりではない分割方法	相続人全員が合意すれば可能	裁判所は、法定相続分を守った審判をしなければならない
被相続人の配偶者の今後の生活等について決められるか	相続人が合意すれば、大半の財産を相続する長男が高齢の母と同居して面倒をみるという調停条項を入れることはできる	父の相続において、高齢の母の今後の生活というものは相続財産ではないので、裁判所は決定できない

第2章

相続法大改正後の遺言のしくみ

❶ 遺言の基本

Point

遺言は、被相続人のみが行うことのできる、法定相続分を変更したり、遺贈によって財産の取得者を自由に変えることのできる唯一の手段である。遺言については要件等が厳しく決まっているため、内容だけでなく方式についても十分注意すべきである。

1　遺言とは何か

遺言は、被相続人が生前に行った自己の相続財産の処分等に関する意思表示です。人は自分の財産をどうするのかということについては原則として自由に決められるのですから、遺言がある場合は、法定相続分ではなく、財産の相続や遺贈については遺言者の意思が尊重されます。

また、遺言には法律的に有効な財産処分や認知・相続人廃除といった身分行為に関する事項だけではなく、亡くなった被相続人の生前の思いを相続人たちに伝えることによって、被相続人の気持ちを汲んでもらって相続紛争を少しでも防止するという事実上の役割が期待できることもあります。

2　遺言と遺産分割の関係性

もっとも、遺言が存在する場合でも、すべての相続人と受遺者（遺言によって財産を遺贈された人）が合意をすれば、遺言とは異なる方法の遺産分割等を行うことができます。しかし、関係者全員では納得ができず、全員が合意できる分割内容がないのであれば、結局は遺言に従った分割を行うことになってしまいます。

相続人の間で意見が一致しないような場合は、遺言があればそれに従えばよく、無理に遺産分割協議を成立させる必要はありません。遺言がない場合は、いくら家庭裁判所で争っても法定相続分を変えることはできません。法定相続分を変更したり遺贈を行ったりできるのは、生前の被相続人だけなのですから、特に相続人間の紛争が予想できる場合は、遺言の作成を行うべき重要な場面です。

3　遺言の種類（民法968～970、976～979）

遺言には大きく分けて、事故等の緊急時のみ作成できる医師等の立会いなど特殊な条件が必要な特別方式の遺言と、普通方式の遺言があります。緊急事態に限り作成できる特別の方式による遺言は、死亡の危機や船舶の遭難、伝染病による隔離等のきわめて例外的な場合だけに作成できるもので、実際に利用できる場合はほとんどないものですから、この項目では通常の方式の遺言の形式について説明します（図表２－１）。

●図表２－１　遺言の種類

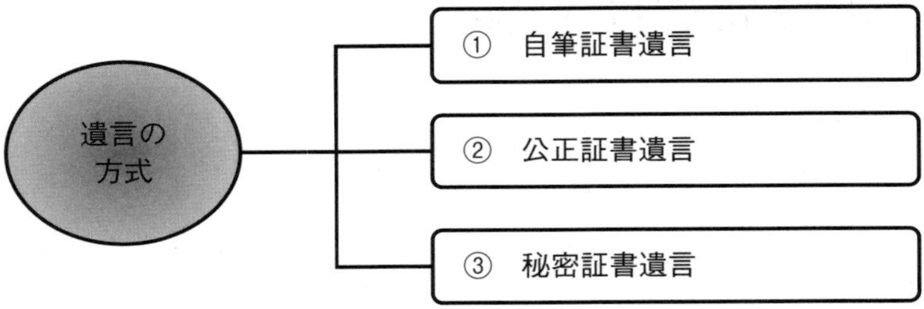

(1)　自筆証書遺言（民法968）

一般的に「遺言」と言われて真っ先に想像するのが、この自筆証書遺言でしょう。自筆証書遺言では、遺言者本人が①遺言の本文、②日付、③氏名のすべてを手書きし、認め印でもよいので押印もすることが必要です。この自筆証書遺言については平成30年の民法改正により、遺言の本文を手書きすれば、目録はパソコン等で作成してもよくなりました。ただし、印字の目録の場合はその全ページ（両面印刷の場合はその裏表とも）に署名・押印する必要があります（**第３章❷**参照）。他の遺言の形式とは異なり、証人もいらず公証役場に行く必要もないため、遺言者本人だけで作成することができます。このため、実際に多くの数が作成されている遺言でしょう。

一方、自筆証書遺言は手軽に作成できる反面、その作成に第三者が介入しないため、偽造や変造等のリスクも他の形式より高いものといえます。そのため、自筆証書遺言の要件については民法によって厳格に定められており、実際の裁判でも形式要件を満たさず無効になったものがあります。

裁判例

① 東京高裁昭和59年3月22日判決

本文は全文自署したが、財産目録をタイプで作成してしまった遺言を無効とした。

⇒民法改正により、目録に署名・押印があれば有効に！

② 最高裁昭和54年5月31日判決

作成日を特定せず○月吉日と記載した遺言を無効とした。

③ 最高裁平成28年6月3日判決

押印の代わりに「花押」が自署されていた遺言を無効とした。

また、自筆証書遺言のうち一部分を訂正する際には変更箇所に印を押す必要もあるなど、細かな部分まで制約がありますので、思わぬところで形式要件に違反して無効になってしまわないよう、作成に当たっては十分な確認が必要です。

また、自筆証書遺言は原本１通のみが存在する遺言ですから、誤って破棄されたり、その存在を知られていなかったために、いざ相続が発生した時に発見されないといったことのないように、保管方法についても気を配っておきたいものです。この保管の点についても遺言書保管法が新たに立法され、令和２年７月10日より全国の法務局で封をしていない自筆証書遺言の保管制度が開始されているため、この制度を利用すると安心できるでしょう（**第３章❷**参照）。

(2) 公正証書遺言（民法969）

公正証書遺言は、公証人が法律で定められた方式に従って作成する遺言です。公正証書遺言の作成に当たっては、証人２人以上の立会いのもと、遺言者が遺言の趣旨を公証人に口で伝える（口授する）

ことといった要件があるため、自筆証書遺言に比べると必要な事項が多い、特に厳格な様式の遺言です。しかし、今では公証人には事前に文章で作成したい遺言の内容を伝えることが多くなっています。自筆証書遺言と異なり公証人が作成に関与するため、形式的な面で無効となることはほぼない遺言ですから、その点は安心できます。

公証人には法律で定まった遺言作成の手数料を支払う必要はありますが、入院中等で公証役場に行くことのできない遺言者には出張してもらうことも可能なため、意識ははっきりしているが長文を自身で手書きすることができない人でも利用可能な遺言です。また、専門家である公証人が作成するため、自筆証書遺言とは異なり、形式的な要件等が原因で無効となるおそれはありません。

公正証書遺言は形式要件の安全性以外にも、後で説明する検認の手続が不要であり、原本は公証役場で保管されるため紛失の危険はないという長所があります。また、平成元年以降に作成された公正証書遺言は、遺言者の死後には全国の公証役場で検索をかけることができるため、発見されやすいこともメリットです。

(3)　秘密証書遺言（民法970）

秘密証書遺言は、自筆証書遺言と公正証書遺言の中間的な性質を有する遺言といえるでしょう。作成方法は、遺言者が遺言を作成してそれに署名押印を行い、これを封筒に入れて遺言書に押印したのと同じ印鑑を使って封印して、この封筒を公証人と証人２人の前に提出して、公証人に認証してもらいます。

秘密証書遺言は、自筆証書遺言とは異なり、署名以外の部分は自身で手書きする必要はありませんから、パソコン等で作成することも可能です。手軽でより作成しやすい遺言書といえるでしょう。ただ、秘密証書遺言も、法務局保管を選択しない自筆証書遺言と同様に原本は１通しか存在しませんから、破棄や未発見のリスク等が存在するため、保管方法等については気を遣う必要があります。

(4) 遺言能力（民法961、963）

いずれの方法で遺言を作成する場合も、作成時の遺言者には自らの意思で遺言という意思表示を行うことのできる判断能力、すなわち遺言能力が必要であることに変わりはありません。

特に高齢の遺言者の場合等では、相続開始後に相続人間で遺言能力について争われることもありますので、作成時に意思能力があることを客観的に証明できるようにしておくとよいでしょう。

4 検認手続とは（民法1004）

公正証書遺言と法務局保管の自筆証書遺言以外の遺言は、相続開始後に、家庭裁判所において検認の手続をとらなければなりません。仮に封印（図表２－２のとおり、封筒のふたを糊付け後、綴じ目に押印のあること）のしてある遺言書を検認手続以外で開封すれば、５万円以内の過料の制裁を受ける対象になってしまいます。

検認手続では、家庭裁判所から相続人全員に対して検認期日が通知され、遺言書の存在と内容等を知る機会が与えられます。また、裁判所が検認時点の遺言書の形状や署名等の状態を直接に確認することで、遺言書の偽造や変造を防止するための制度です。

もっとも検認手続は、あくまで遺言書の客観的な状態（封印はあるのかないのか、筆記具は何が使用されたか、筆跡はどのようなものかといった点）を確認するためのものであり、検認が済んだから

●図表2－2　自筆証書遺言を入れる封筒の記載例

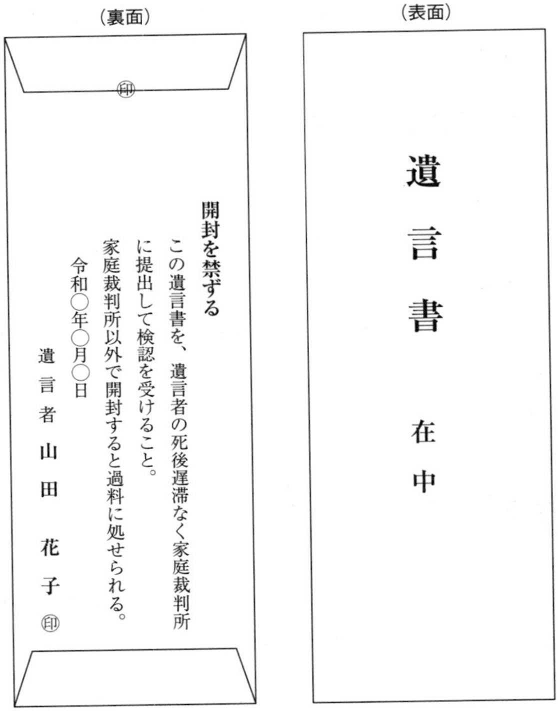

といって、その遺言書が有効か無効かを判断するものではありません。

ただし、遺言書に基づいて不動産登記や預貯金の解約等を行う場合で公正証書遺言と法務局保管の自筆証書遺言以外の遺言では、法務局や金融機関から検認手続を行ったことを証明する検認済証明書の提出を求められますので、検認が必要なタイプの遺言書の場合は早い段階で必ず検認手続を行うようにしてください。

❷ 有効な遺言をするための遺言能力

Point

法的な効力を持った遺言を作成するためには、形式面の要件を満たすだけではなく、自分で内容を理解する「遺言能力」が必要。相続開始後に遺言能力があったか否かで遺言無効の争いにならないよう、証明できることが重要である。

1　遺言書を有効に作成するために必要な要件

有効な遺言書を作成するためには、単に遺言の様式を満たしているだけでは足りません。遺言は法律行為ですから、遺言時点においてその法律行為を行うことの意味が理解できる一定の判断力を有していなければならないのです。

遺言をする際に十分な判断能力があることを「遺言能力」があるといい、誰に何を相続させ遺贈するのかを理解して決定できる状態であることを要します。

この遺言能力のない状態で作成された遺言は、たとえ形式的な要件を満たしていても無効となってしまうのです。

2　遺言能力の判断基準

通常、人は物事の意味を理解して判断できる意思能力を持っており、15歳以上であれば遺言能力も有しています。しかし、認知症は脳の働きを阻害させ知能等が低下する症状をもたらす病気ですから、記憶や認知機能に障害が出るため遺言能力自体について影響が出ることがあります。もっとも、認知症であることが遺言能力がないことには直結しませんので、認知症であってもその遺言者の作成時点ごとに判断力や遺言時の状況等に照らして、個別具体的に遺言能力の有無を判断することになります（民法961、963）。

遺言能力が争われた裁判例は数多く存在しますが、これらの裁判では遺言者の認知症の程度、病状の変化、遺言作成の経緯、遺言作成時の状況、遺言内容が理解できるものであったかというようなさまざまな要素を総合的に考慮して、その時点での遺言能力の有無が判断されています。

ここで挙げた各要素について、具体的に説明をします。

(1)　認知症の程度

一口に認知症といっても、その症状の重さはさまざまであり、認知症であるだけで遺言能力がないとはいえません。遺言作成当時の遺言者の判断力等における医師の診断等が参考になるでしょう。

よく使われるのが「長谷川式認知症スケール」という判断方法で、これは簡単な質問をして的確に答えられるかで瞬間的な記憶力や環境への認識等を測るテストです。長谷川式認知症スケールで30点満点中20点以下の時には認知症の可能性が考えられ、4点前後であれば高度の認知症とされています。

(2) 病状の変化

認知症の症状は人によってもさまざまであり、日や体調によってもできることとできないことが変わったり、タイミングによって正常な状態になる、いわゆるまだら認知症もあるため、遺言時点での体調等もポイントになります。

(3) 遺言作成の経緯

なぜ遺言を作ったのか、どうして遺言をしたのかが判明し、その経緯や動機が納得のいくものであれば、遺言者が自分の意思で遺言をしたと考えやすくなります。

(4) 遺言作成時の状況

遺言によって利益を受ける者から強く要望され、判断能力の低下した遺言者が言われるがままに、内容を理解せずにした遺言は無効です。自筆証書遺言の場合は、実際に遺言者がそれだけの量を手書きできる力があったのか、他人に運筆を助けてもらったのかという点が問題になることもあります。

(5) 遺言内容が理解できるようなものか

元気な人であれば複雑な内容の遺言の作成も可能でしょう。しかし認知症等の症状がある場合、その人の判断能力はある程度低下しています。したがって、その低下した判断能力でも理解できるような内容の遺言であれば、本人が自ら判断したと考えられるでしょう。

複雑な遺言、例えば遺言による信託の設定や、多くの土地を正確に記載し各相続人に細かく分けるような遺言、数多くの条項にわたる遺言、複雑な場合分けを行った技巧的な遺言は、認知症の人は到底こんな内容のものは作成できないと判断される可能性が高くなります。これに対し、数行で簡潔な内容の遺言であれば、認知症であっても本人が作成したとしてもおかしくないということになるのです。

このように遺言の有効性はさまざまな要素が影響を及ぼしており、単に弁護士や税理士が関与したり、公証人と証人が立ち会った公正証書遺言だというだけでは有効にはならないのです。現に、公正証書遺言が無効であると判断された裁判例も珍しくありません。

3　遺言能力があったことを証明するために

遺言が問題になるのは遺言者の相続が開始した場合ですから、遺言能力を他の相続人から争われれば、争いが起こった時点で判明する状況等だけで遺言能力があったことを証明しなければなりません。しかし、遺言が作成された当時の状況を、後から客観的な資料をもって証明するのは非常に困難です。

そのために、遺言を作成する時点から後の紛争を防ぐために「この時に遺言能力があった」ということをわかってもらえる証拠を残しておく必要性が高いのです。

例えば、遺言を作成する当日や前日にかかりつけ医の診断を受け、会話の内容や遺言者の状態、長谷川式認知症スケールを行ってもらった結果（単純な合計点のみでなく、詳細な内訳も記載してもらうこと）等を詳しくカルテに残してもらったり、診断書を作成してもらう方法や、遺言書を作成するときに財産をもらわない公平な立場の第三者に立ち会ってもらって、その状況や会話の様子を映像に残すといった方法が考えられます。

無理をして複雑な遺言をしてもらったせいで後から無効と言われてしまっては、遺言者の意思を反映できなくなってしまいます。判断能力が弱くなっている遺言者に遺言を作成してもらう際は、特に遺言者本人にしっかり理解してもらったうえで、判断能力があったという証拠を残しながら遺言書を作成することが大切です。

❸ 遺留分の基本と民法改正

Point

兄弟姉妹以外の法定相続人は、遺留分を有しているため、遺留分を侵害する遺贈や相続分の指定、生前贈与等に対しては、遺留分侵害額請求を行うことにより、遺留分の限度で遺留分義務者に金銭請求をすることができる。

1　民法改正と遺留分制度

(1) 遺留分制度の概要

兄弟姉妹以外の法定相続人には、被相続人の意思によっても奪うことのできない相続分が認められており、これを遺留分といいます。遺留分制度に対しては、平成30年の民法改正により大きな変更がありましたので、以下で説明いたします。

(2) 遺留分減殺請求権から遺留分侵害額請求権へ

改正前の相続法における遺留分制度は、遺留分減殺請求権を行使されれば当然に各遺贈等の対象財産に遺留分割合に応じた権利が生じることとされていました。例えば、不動産が特定の相続人に遺贈又は生前贈与され、これに対して他の相続人が遺留分減殺請求を行う場合は、減殺請求をする相続人は、遺留分権利者として贈与等された不動産について、受贈者等の了解なく一方的に「遺留分登記」を行うこともでき、一種の物権として扱われていたのです。この制度の例外としては、遺留分減殺請求を受けた者（受遺者等の遺留分義務者）が現物ではなく金銭で遺留分減殺請求に応じること（価額賠償）を希望した場合には、遺留分減殺請求権が現物に対する権利ではなく金銭の請求権に転換することとされていました。

平成30年の相続法改正では、遺留分権利者等からの不必要な遺留分登記がされるといった問題に対処するため、遺留分の原則と例外を逆転させ、遺留分減殺請求権が「遺留分侵害額請求権」と名称変更されました。これにより遺留分は原則として金銭による代償請求権とされ、受遺者等と遺留分権利者が現物での弁済を合意した場合にのみ現物財産に権利を生じさせることになり、取扱いが大きく変わったのです。

原則が金銭請求ですから、遺留分権利者から一方的に遺留分登記をされる可能性もなくなり、価額賠償の申出が行われることが多かった実態に即した法改正といえるでしょう。

(3) 遺留分計算についての改正

遺留分算定基礎財産の計算や、実際の遺留分権利者（遺留分を請求する相続人）から遺留分義務者（生前贈与や遺贈により遺留分侵害額を支払うべき立場の者）へ請求できる遺留分額の計算等について大きな改正が行われました。次の**2**以下で詳細に解説します。

2　遺留分算定の基礎となる財産

遺留分を計算するためには、まず算定の基礎となる財産を算定し、これに対して相続人ごとに法律で定められた遺留分の割合を掛けて求めます。

遺留分基礎となる財産は、以下の算式によって計算します。

相続開始時の積極財産 ＋ 贈与した財産の価額 － 債務の全額

この計算式の項目について、簡単に説明します。

まず、相続開始の積極財産には、遺贈や死因贈与契約によって処分された財産が含まれます。

次に贈与には、以下のものが該当し、遺留分の基礎財産に含まれることになります。

①	相続人に対する贈与のうち相続開始前10年間にした贈与 （婚姻等のための贈与や生計の資本としての贈与の場合）
②	相続人以外の者に対する贈与のうち相続開始前1年間にした贈与
③	当事者双方が遺留分権利者を害することを知ってした贈与 （年数制限はなく、何年前のものでも遡って戻される）

民法改正により、遺留分算定の際に戻される贈与は、相続人に対するものであっても10年という期間制限がされることになりました。もっとも、全財産を一度に贈与したような場合は、相続人に対する贈与や、孫等に対する贈与であったとしても「遺留分権利者を害することを知ってした贈与」とされて、年数制限なく持戻しをされることもありますので、注意が必要です。

なお、被相続人による特別受益の持戻免除の意思表示は、遺留分の基礎財産を算出するに当たっては適用されません。また、遺言等がなく法定相続になる場合（すなわち、遺留分の問題にはならない場合）の相続人への贈与は、通常の特別受益として、遺留分のみに規定されている10年という年数制限がなく、すべてを持ち戻して法定相続分を計算することになりますので、注意してください。

3　生前贈与等の特定

不動産等の生前贈与を受けたのであれば、登記等からその生前贈与された財産がどのようなものかが客観的に明らかになります。これに対し現預金等での生前贈与が行われた場合、実際の金銭の流れがわからないことも多く、金額自体もはっきりしないこともあるため、贈与があったことを証明すること自体が困難である傾向が高くなります。

被相続人の口座から出金された金額と同じような日に別の口座に同様の額が入金されている場合や、被相続人から相続人に振込みがあったような場合には生前贈与と認定されるでしょう。しかし、一度口座から引き出されて現金になってしまったものは使途が特定できないため、遺留分における「贈与」であるとは断言することは難しく、贈与の事実を主張する側は実際にどのように現金を渡したのかまで立証しなければなりません。

4　遺留分割合の計算

兄弟姉妹以外の法定相続人には遺留分が認められており、その割合については法律で決まっています。

その遺留分の割合は、父母等の直系尊属のみが相続人の場合は相続財産の３分の１、それ以外の場合は２分の１となります。兄弟姉妹やその代襲相続人（甥や姪）には遺留分が存在しませんから、兄弟姉妹は被相続人の行った生前贈与や遺贈について、遺留分侵害額請求を行うことができません。

具体的な遺留分割合を整理すると、図表２－３のとおりになります（民法1028）。

●図表２－３　遺留分割合

	配偶者の遺留分	血族相続人全体の遺留分
①　配偶者のみが相続人である場合	２分の１	—
②　子のみが相続人である場合	—	２分の１
③　直系尊属のみが相続人である場合	—	３分の１
④　兄弟姉妹のみが相続人である場合	—	なし
⑤　配偶者と子が相続人である場合	４分の１	４分の１
⑥　配偶者と直系尊属が相続人である場合	３分の１	６分の１
⑦　配偶者と兄弟姉妹が相続人である場合	２分の１	なし

（注）　複数の血族相続人がいる場合は、立場が同じもの同士の間では遺留分が等しいものとして計算する。

5　遺留分権利者が実際に請求できる遺留分の計算

２で求めた遺留分算定基礎財産に、**４**で説明した実際に遺留分を請求する遺留分権利者の遺留分割合を掛け算して、その遺留分権利者の遺留分額が計算されます。

もっとも遺留分権利者は、この遺留分の全額について、受遺者等の遺留分を支払うべき者（遺留分義務者）から支払いを受けられるわけではなく、遺留分額から下の表の金額を引き、遺留分権利者が相続により承継することになった債務の額を足した残額を請求することになります。

①	遺留分権利者（自身）の受ける遺贈の価額
②	被相続人から遺留分権利者が受けた特別受益に当たる贈与の価額（年数制限なし）
③	遺言の対象となっていないなどで、遺留分権利者が遺産分割に参加する財産から取得することのできる、遺留分権利者の具体的法定相続分

よって、遺留分権利者が実際に受け取ることのできる遺留分の計算は、以下の算式のとおりとなります。

｛遺留分算定基礎財産 × 遺留分権利者の遺留分割合
↑2で計算したもの
－ 上表の①～③の合計 ＋ 遺留分権利者の承継する債務の額｝

このように、遺留分算定基礎財産の計算上戻される相続人への贈与は、原則相続開始前10年という制限がありますが、遺留分から控除される受取済みの贈与は、特別受益に当たれば年数制限がないことになります。遺留分計算上問題となっている贈与がどの項目に当たるのか、遺留分計算の際には十分に注意してください。

6　遺留分侵害額請求の方法

遺留分侵害額請求は、遺留分権利者が、相続が開始したこと及び減殺すべき遺留分を侵害する贈与や遺贈があったことを知った時から１年以内に行わなければ時効によって消滅します。また、相続開始から10年が経過すれば、事情のいかんを問わず遺留分侵害額請求権を行使することができなくなります（民法1042）。

遺留分侵害額請求には、このような厳しい時間的な制約が存在しますから、期間内に権利を行使したことを後から確実に証明できるようしておくことが重要です。配達証明付内容証明郵便によって相手方である受贈者や受遺者に通知を送っておけば、後から通知があったのかどうかという点ではもめることがないため、できるだけこのような方法をとっておきましょう。

7　現物で遺留分侵害額を払うと譲渡所得税がかかる

遺留分減殺請求権から遺留分侵害額請求権へ改正されたことにより、次のように課税の取扱いが異なることになりました。

改正後は、遺留分侵害額の請求の規定による遺留分侵害額に相当する金銭の支払請求があった場合において、受遺者又は受贈者である遺留分義務者が金銭の支払いに代えて、その債務の全部又は一部の履行として、資産（その遺贈又は贈与により取得した資産を含む）を遺留分権利者に渡した場合には、代物弁済と同様に、遺留分義務者は、原則として、その引渡しがあった時に、資産の引渡しにより消滅した債務の額に相当する価額でその資産を譲渡したこととされます。

つまり、その資産の取得価額より譲渡時の時価が高い場合、現物で遺留分侵害額を払うと、その現物を侵害額相当額で譲渡したものとみなされ、その差額を譲渡益として譲渡所得税がかかることになります。遺留分を現物で支払うことを考えている場合は、十分ご注意ください。

●所得税基本通達

（遺留分侵害額の請求に基づく金銭の支払に代えて行う資産の移転）

33－1の6　民法第1046条第１項《遺留分侵害額の請求》の規定による遺留分侵害額に相当する金銭の支払請求があった場合において、金銭の支払に代えて、その債務の全部又は一部の履行として資産（当該遺留分侵害額に相当する金銭の支払請求の基因となった遺贈又は贈与により取得したものを含む。）の移転があったときは、その履行をした者は、原則として、その履行があった時においてその履行により消滅した債務の額に相当する価額により当該資産を譲渡したこととなる。

（注）　当該遺留分侵害額に相当する金銭の支払請求をした者が取得した資産の取得費については、38－７の２参照

❹ 遺言書と遺留分

Point

遺留分は、被相続人の意思によっても奪うことのできない相続分だが、遺留分を侵害する遺言自体を作成できないわけではない。遺留分を侵害する遺言をする場合には、相続発生後の遺留分侵害額請求に備えて代償資力を用意しておくことが大切である。

1　遺留分の意味

遺留分は、被相続人の意思によっても奪うことのできない相続分であり（民法902①)、これは兄弟姉妹以外の相続人（配偶者、子及びその代襲相続人、子がいない場合の直系尊属）に認められています。遺留分の計算をする際の基礎となる相続財産には、相続開始10年以内の特別受益も含まれますので、生前贈与であっても遺贈や遺言による相続分の指定であっても、遺留分を侵す限りは遺留分侵害額請求の対象となり得ます。

特別受益としての贈与の価額は、受贈者の行為によってその財産が滅失したり、価額の増減がある場合でも持ち戻す価額は贈与された財産の相続時点での価額です。例えば地価の低いときに土地を、株価の低いときに株式を贈与しても、遺留分計算時の価格は相続開始時のその土地や株式の時価ですので、値上がりしていれば反映されますし、建物を贈与した場合は通常は相続開始時には経年劣化によって値下がりしていますので、遺留分額計算上は贈与時より安いものとして反映されます。このように、生前贈与をしても遺贈をしても、遺留分の計算上は「相続開始時の時価」となってしまうため、まったく変わりはありません。

2　遺留分侵害額請求を行使された場合の対応

遺言や生前贈与によって遺留分を侵害された相続人（遺留分権利者）は、自らの侵害された遺留分に応じて、遺留分に相当する金銭の支払いを求めることができます（遺留分侵害額請求）。この請求は金銭債権であるため、請求の日から法定利率（年3%）による利息が付されます。少しでも支払額を抑えたい場合は、遺留分として認めてもよいと考えている金額をいったん支払ってから、具体的な協議を行うといった方法も考えられます。

遺留分侵害額請求の際、侵害額については土地や株式等の財産についてさまざまな評価方法があるため、直ちにいくらと評価できるものではありません。紛争が長引けば裁判所での裁判等で決定する必要が出てきますが、多くの場合当事者間の話し合いで遺留分の侵害額が合意されています。

この遺留分侵害額請求をされた相続人等（遺留分義務者）は、現金による支払いを行う必要がありますが、双方が合意すれば現物によって遺留分の支払いに充ててもかまいません。遺留分侵害額請求の課税上の注意点等については、前記❸を参照してください。

3 遺言書作成の注意点

(1) 遺言書による遺留分侵害

遺留分を侵害するような遺言はそもそも作成することができないと思っている人もいるようですが、これは思い違いです。遺留分を侵害するような内容の遺言書を作成したとしても、侵害された遺留分権利者から遺留分侵害額請求権を行使されるだけで、遺言自体が無効になることはありません。

税効果や事業承継等を考えてどうしても書きたい内容の遺言があるけれども遺留分を侵害してしまう、という場合にはその遺言を作成してしまって構いません。しかし、単に書きっぱなしにしてしまうと、後継者となる相続人等にとっては大変なことですから、その遺言を遺す意味や対策についても生前からよく確認し合っておくことが重要です。

(2) 遺留分を侵害しない遺言を行う意味

弁護士等の専門家に相談した際に遺留分を侵さない遺言にすることを勧められるのは、残された相続人等に遺留分侵害額請求をされるという負担を残さず、裁判まで至る可能性を可能な限り低くしておくためです。

常に遺留分を侵害しないことを守るのではなく、相続人の中に行方不明者がいる場合の遺言や、わざわざ生前に推定相続人に遺留分放棄をしてもらった場合の遺言でまで遺留分を確保する必要はありません。相続人間の関係やこれまでの経緯、多くを遺される相続人が遺留分侵害額請求を受けても構わないと覚悟をしているかという個別の事情を踏まえて遺言の内容を考えることが大切です。

4　代償財産確保の重要性

特に遺留分を侵害する内容の遺言を遺す場合には、多くの財産を取得する相続人が他の相続人に支払う代償財産を用意しておくことが重要です。遺留分侵害額請求を受けた際には、現金として支払うことのできる財産、つまり預貯金等の流動資産が必要になりますので、流動資産として遺産の確保が重要です。

遺産にこだわらず、原則として特別受益に当たらない生命保険金や死亡退職金を代償財産に充てる方法もあります。生命保険等を活用する場合は、受取人を、代償財産を支払うべき人にしておくことに注意してください。代償財産をわたすつもりで遺留分を請求できる人を受取人にしてしまうと、遺留分権利者としては代償財産を受け取ったことにはならず、保険金等を受け取ったうえでさらに遺留分侵害額請求を行うことが可能になってしまいます。遺留分問題を解決するためには、代償金を払う人を受取人にすることを忘れないでください。

他の方法としては、相続人自身が被保険者を被相続人とする生命保険契約の掛け金を支払って、自身を受取人にする方法もよいでしょう。この方法の場合は保険金が非常に高額であっても特別受益に当たるとされるおそれはありませんし、相続税の課税の対象にもなりませんので、検討してみてください。ただし、無税ではなく受け取った相続人に所得税が課税されることもあります。

単に遺言をするだけでなく、代償財産の確保にも気を配って紛争が起こらない相続を実現してください。

第3章

遺言書の作成方法

❶ 遺言制度の概要

Point

遺言は民法で定められた法律行為であり、どのような内容に法的効力があるかはすべて法律で決められている。また、遺言には法的効力を持たない遺言者の「思い」を書くことができ、これを付言事項という。

1　遺言の持つ法的な意味

遺言とは、亡くなった人が相続人の遺産分割を円滑に進めることができるように、遺産に関する指示を残した最後の意思表示です。遺言の内容が実行されるときには、すでに遺言を作成した被相続人（遺言者）は亡くなっていますから、遺言者がどのような意図をもってその内容の遺言書を作成したか知るためには、基本的には遺言の文面だけに頼ることになります。遺言は、原則として遺言者が単独で行うことのできる法律行為ですから、契約のように相手方当事者に交渉の様子等を確認することもできません。

このように、遺言はその有効性等を作成した本人に直接確認できないことから、有効になるための要件を法律で厳しく定め、またどのような遺言書の内容であれば法的に有効な意味を持つかを特別に規定しています。この遺言書に書くことで法的な意味を持つ事柄を

「遺言事項」といいます。

2　遺言に書くことで法的意味を持つ内容

遺言事項にどのような内容のものがあるか、その主なものを本項目で説明します。

(1)　相続分の指定

遺言等がない場合の相続人の相続分は、法定相続分という割合で決まっていますが、遺言者である被相続人は遺言書で自由に相続分を指定することができます。

文例

長女Aの相続分を3分の2、長男Bの相続分を3分の1とする。

(2)　遺産分割方法の指定と分割の禁止

遺言者は遺産分割の方法を決めることや、その遺産分割方法を第三者に委託することもできます。さらに、相続開始の時から5年を超えない期間で、遺産の分割を禁ずることもできます。

文例

東京都○○区＊＊＊＊の土地及び同土地上の建物を長男Aに相続させる。

大阪府◇◇市＊＊＊＊の土地及び同土地上の建物を次男Bに相続させる。

預貯金はすべて妻Cに相続させる。

(3)　相続財産の処分

遺言者は、法定相続人とならない孫等の親族や第三者、団体等に対し、相続財産を遺贈することができます。

> **文例**
>
> **公益財団法人○○に、現金1,000万円を遺贈する。**

(4)　非嫡出子の認知

例えば、結婚していない女性（内縁の妻）との間にできた子がいる場合、生前に自分の子であると認める「認知」を行うことが可能ですが、遺言書でも認知をすることが可能です。認知が行われることによって、生前でも死後でも、遺言者は認知した子を正式な自分の子として相続人に加えることができます。

> **文例**
>
> **遺言者は、本籍愛知県△△市＊＊＊＊の甲田花子（平成○年○月○日生）を認知する。**

(5)　相続人の廃除及びその取消し

相続人に虐待等の法定の廃除事由がある場合、遺言者は生前に自ら又は死後遺言によって、その相続人を相続人から除く「廃除」の申立てを行うことができます。特に遺言によって廃除を行う場合は、なぜ廃除したいのかの理由（いつどこで暴行を受けたなどの具体的な状況）もきちんと書いておくとよいでしょう。

ただし、廃除が認められても、廃除された元相続人に子がいる場合は、その子に代襲相続されますので、ご注意ください。

文例

遺言者は、遺言者の長女Aを推定相続人から廃除する。
……（以下、理由）

(6) 未成年後見人等の指定

残された子が未成年で、遺言者が死亡することによって親権者がいなくなる場合等では、遺言によって第三者を未成年者の後見人や後見監督人を指定することができます。未成年後見人には、未成年者の子の財産管理等を任せることができます。

文例

遺言者は、未成年者である三男Aの未成年後見人として次の者を指定する。

本籍　＊＊＊＊
住所　＊＊＊＊
職業　＊＊
氏名　乙　川　　太　郎
昭和○年○月○日生

(7) 配偶者居住権の設定

被相続人は、遺言によって配偶者居住権（**第1章⓫**参照）を設定し、配偶者に遺贈することができます（民法1028①二）。裁判所の関与が必要なく、遺言による遺贈以外の方法で配偶者居住権を設定するためには、全相続人が遺産分割協議等で配偶者居住権を設定して配偶者に取得させることに合意する必要があり、紛争の可能性のある相続においては配偶者居住権の成立を期待できません。

このため遺言による配偶者居住権の遺贈が、配偶者居住権の活用を願う遺言者にとっては特に重要となってくるのです。ただし、配偶者居住権の施行日（令和２年４月１日）前に書かれた遺言の場合は、遺言に配偶者居住権の遺贈について記載しても配偶者居住権を設定できません。よって、配偶者居住権に関する遺言を作成する場合には、必ず施行日以後に作成したうえで、「相続させる」ではなく、「遺贈する」という文言を使うようにしてください。

文例

遺言者は、遺言者の所有する下記自宅建物の配偶者居住権を遺言者の妻Ａに遺贈し、同建物の所有権を長男Ｂに相続させる。

記

所　　在	**○市○町○丁目○番地○**
家屋番号	**○番○**
種　　類	**居宅**
構　　造	**木造瓦葺２階建**
床 面 積	**１階　○平方メートル**
	２階　○平方メートル

(8)　遺言執行者の指定又は委託

遺言書の記載に従った財産の取得を行わせる場合、不動産の登記の変更（相続や遺贈の登記）や預貯金の解約・分配等の手続が必要となることがあります。遺言者は、遺言によってこのような手続を実際に行う者を遺言執行者として指定することができます。

文例

1．遺言者は、本遺言の執行者として、次の者を指定する。

住所　＊＊＊＊

職業　＊＊

氏名　西　山　一　郎

昭和○年○月○日生

2．遺言者は、遺言執行者に対し、本遺言の内容を実現するための名義変更、解約、換金等一切の権限を与える。また、遺言執行者は、遺言者名義の貸金庫契約の解約、内容物の引取の権限を有するものとする。

3．遺言執行者は、本遺言の執行事務につき、その全部又は一部を第三者に委任することができるものとする。

遺言事項はこれらの他にも、特別受益の持戻免除や祭祀承継者の指定、債務免除等があります。

3　遺言を書く際の注意点

遺言は、作成した時点と実際に効力を持つ時点（相続発生時）にタイムラグがあります。例えば、遺言を書いた時点では配偶者に多くの財産を遺そうと思ってそのような遺言書を作成していても、実際に相続が発生した時には配偶者が既に亡くなっているようなケースもあります。そうすると、遺言の多くは実現できない無意味なものになってしまいます。

そのため遺言を作成する際には、まずこの相続人に相続させ、仮にその者がすでに亡くなっていればこうする、というように場合分け等をしっかり行い、作成後のある程度の事情の変化には対応できるようなものを作成しましょう。もちろん、大きな不測の事態が起こった場合には、遺言書の書き直しを検討することも大切です。

4　法的な意味を持たないことを遺言に書く意味

遺言書に書かれる法的な意味のある内容（遺言事項）以外のものを「付言事項」といいます。付言事項には法律的な効力はありませんが、だからといってまったく書く必要のないものではありません。

付言事項で遺言者の思い（特定の相続人に多くの財産を遺す意味、感謝の気持ち、兄弟姉妹で仲良くやっていってほしいなど）を明らかにすることで、相続人たちは遺言者の気持ちを知ることができます。これにより、多少遺留分を侵害されていても遺言に従ったり、一見不公平に感じられる相続の指定にも納得することができることがあり、実際に相続人間の紛争が起こらなかった例も多くみられます。

遺言は、遺言者の意思をしっかり伝えることのできる大切な機会ですから、法律的な意味だけに囚われることなく、自身の気持ちを伝えることもまた重要な役割なのです。

❷ 相続法大改正後の自筆証書遺言

Point

自筆証書遺言は簡単に作成できる反面、非常に形式面が厳格な遺言である。書く際は特に法律上の形式を守るように注意する必要がある。また、法務局保管制度を利用するなどして、遺言書の死後に確実に発見されることにも注意を払う必要がある。

1　自筆証書遺言の作成方法

遺言は、15歳以上であり、かつ、これを十分に理解できる能力（意思能力）を有する人間が行うことのできる自分の死後の財産の帰属等を決めることのできる法律行為です。その中でも、本節で取り上げる「自筆証書遺言」は多くの人が容易に作成できるものでしょう。

自筆証書遺言とは、「自筆証書によって遺言をするには、遺言者が、その全文、日付及び氏名を自書し、これに印を押さなければならない」（民法968①）、「自筆証書（前項の目録を含む。）中の加除その他の変更は、遺言者が、その場所を指示し、これを変更した旨を付記して特にこれに署名し、かつ、その変更の場所に印を押さなければ、その効力を生じない」（民法968③）と、民法で定められている遺言の方法です。

自分で文字を書くことができ、印鑑を押せば作成できるうえ、民法改正によって目録を印字で作成できるようになりましたので、遺言の中では最も簡単な方法といえます。その反面、法律上の要件を満たしていなければ無効となるリスクも最も高い遺言方法ですので、残された相続人の負担にならないよう、無効にならない書き方を押さえておくことが重要です。

2　自筆証書遺言を書く際のポイント

(1)　直筆で書くこと

自筆証書遺言は、「目録以外の全文を自分の手で書く」ことが要件で、これを守らないと有効な遺言にはなりません。

過去の裁判では、他人が手を添えて運筆を助けたものが無効とされています。また、本文は全文自署したが財産目録をパソコン等で作成したものが無効な遺言とされていましたが、この点は平成30年の民法改正で大きく変わり、平成31年1月13日以降は自筆証書遺言の目録を印字で作成できることになっています。

なお、自筆証書遺言は法律で要式が決まっていますので、たとえ遺言者の意思を伝えるものだとしても、紙に書かずに録音や映像を遺していても、「遺言」としては認められません。

(2)　目録作成上の注意点

民法改正によって、自筆証書遺言の内容である本文自体は全文を手書きする必要がありますが、目録等はパソコン等で作成することも可能になりました。目録をパソコン等で作成した場合は、印字した紙面の1枚ずつに署名・押印をしなければなりません。この目録が両面印刷になっている場合は、裏面と表面の両方ともに署名・押印の必要がありますので、印字で目録を作成される方はご注意ください。

●自筆証書遺言の方式（全文自書）の緩和方策として考えられる例

1　遺言書本文（全て自筆）

遺　言　書

1　私は、私の所有する別紙目録第１記載の不動産を、長男甲野一郎（昭和〇年〇月〇日生）に相続させる。

2　私は、私の所有する別紙目録第２記載の預貯金を、次男甲野次郎（昭和〇年〇月〇日生）に相続させる。

3　私は、上記１及び２の財産以外の預貯金、有価証券その他一切の財産を、妻甲野花子（昭和〇年〇月〇日生）に相続させる。

4　私は、この遺言の遺言執行者として、次の者を指定する。
住　所　〇〇県〇〇市〇〇町〇丁目〇番地〇
職　業　弁護士
氏　名　丙山　太郎
生年月日　昭和〇年〇月〇日

令和３年４月５日
住所 東京都千代田区霞が関１丁目１番１号
甲野太郎 ㊞

2　別紙目録（署名部分以外は自筆でなく印字でもよい）

物 件 等 目 録

第１　不動産

　１　土　地

　　所　　在　○○市○○区○○町

　　地　　番　○番○

　　地　　積　○○平方メートル

　２　建　物

　　所　　在　○○市○○区○○町○番地○

　　家屋番号　○番○

　　種　　類　居宅

　　　　　　　構造木造スレート葺２階建

　　床 面 積　１階 ○○平方メートル

　　　　　　　２階 ○○平方メートル

　３　区分所有建物

　（１）一棟の建物表示

　　所　　　在　○○市○○区○○町○丁目○番地○

　　建物の名称　○○マンション

　（２）専有部分の建物表示

　　家 屋 番 号　○番○

　　建物の番号　○○号

　　種　　　類　居宅

　　構　　　造　鉄骨鉄筋コンクリート造○○階建

　　床　面　積　○階部分 ○○平方メートル

　（３）敷地権の表示

　　土 地 の 符 号　１

敷地権の種類　所有権
敷地権の割合　○○○○○分の○○○

甲野太郎㊞

署名・押印が必要

第2　預貯金
1　○○銀行○○支店 普通預金
口座番号　○○○
口座名義　甲野太郎
2　ゆうちょ銀行　通常貯金
記　　号　○○○
番　　号　○○○
口座名義　甲野太郎

甲野太郎㊞

署名・押印が必要

（出典）「民法（相続関係）等の改正に関する中間試案の補足説明」の「参考資料　自筆証書遺言の方式（全文自書）の緩和方策として考えられる例」（法務省民事局参事官室、平成28年7月）、一部加工

ここでいう「目録」には、遺言者自身や遺言者から依頼を受けた者がパソコン等で作成したものを印刷するほか、不動産の登記簿全部事項証明書や預金通帳の中表紙のコピー等を「目録」として署名・押印のうえで使用することも可能です。ただ通帳のコピー等を遺言書に付しても遺言の内容とリンクさせることができませんから、コピー等の1枚ずつ、遺したい財産ごとに番号を付して、この番号を遺言書本文と対応させる方法をとるとよいでしょう。

目録1

表　題　部　（土地の表示）	調製	余白	不動産番号	0000000000000
地図番号	余白	筆界特定	余白	
所　在	○○区○○町○丁目		余白	
①　地　番	②地　目	③　地　積　㎡	原因及びその日付〔登記の日付〕	
○○○番	宅地	○00　00	不詳 〔令和○○年○○月○○日〕	
所　有　者	○○区南都町○丁目○番○号　甲　野　太　郎			

権　利　部　（甲　区）　（所　有　権　に　関　す　る　事　項）			
順位番号	登　記　の　目　的	受付年月日・受付番号	権　利　者　そ　の　他　の　事　項
1	所有権保存	令和○○年○○月○○日 第○○○号	所有者　○○区○○町○丁目○番○号 甲　野　太　郎
2	所有権移転	令和○○年○○月○○日 第○○○号	原因　令和○○年○○月○○日売買 所有者　○○区○○町○丁目○番○号 法　務　五　郎

権　利　部　（乙　区）　（所　有　権　以　外　の　権　利　に　関　す　る　事　項）			
順位番号	登　記　の　目　的	受付年月日・受付番号	権　利　者　そ　の　他　の　事　項
1	抵当権設定	令和○○年○○月○○日 第○○○号	原因　令和○○年○○月○日金銭消費貸借同日設定 債権額　金○,○○○万円 利息　年○.○○%（年３６５日日割計算） 損害金　年○○○○%（年３６５日日割計算） 債務者　○○区○○町○丁目○番○号 法　務　五　郎 抵当権者　○○区○○町○丁目○番○号 株　式　会　社　○　○　銀　行 （取扱店　○○支店） 共同担保　目録(あ)第○○○○号

共　同　担　保　目　録			
記号及び番号	(あ)第○○○○号	調製	令和○○年○○月○○日
番　号	担保の目的である権利の表示	順位番号	予　　備
1	○○区○○町一丁目　○○○番の土地	1	余白
2	○○区○○町一丁目　○○○番地　屋屋番号　○○○番の建物	1	余白

甲野太郎 ㊞

これは登記記録に記録されている事項の全部を証明した書面である。

令和○○年○月○○日
○○法務局特別出張所　　　登記官　　　法　令　八　郎

＊　下線のあるものは抹消事項であることを示す。　　整理番号　○○○○○○　（　1／1　）　1／1

目録2

〇〇〇リテール口座・くらしの通帳
── 普通預金(兼総合口座) ──

おなまえ
コウノ　タロウ様

ご預金等の残高照会や各種お取引きは
〇〇〇コミュニケーションダイヤルへ　０１２０－××－××××

発行日　03-04-05
(銀行コード 0000)

店番	口座番号
999	1111111

お取引店
〇〇〇銀行
〇〇〇　支店
12-3456-7890
××××
印
××××

******
***　　　**
****
****
****

****
****
****

***********　************　************
***********　************　************
***********　************　************

****

甲野太郎 ㊞

別紙目録等の印刷での作成や、通帳のコピーの使用をすれば、詳細な内容の自筆証書遺言を作成することは容易です。よって、相続法改正前と比べると、改正後の自筆証書遺言の作成は非常に便利で正確になっています。

(3) 日付を書くこと

遺言は、常に最も新しいものが有効になります。このため、その遺言が「いつ書かれたものなのか」が非常に重要な意味を持ち、日付を書いていない遺言は無効とされます。

遺言に書く日付は必ず「年月日」を具体的に書かなければならず、日にちを「吉日」とした遺言は判例でも無効とされていますから、注意が必要です。

(4) 署名と押印を行うこと

遺言には必ず、署名と押印が必要です。印鑑は、法律上は認印等どのようなものでも構いませんが、自分がしっかり判断したことをわかりやすくするため、実印で押印することをお勧めします。

また、平成28年には最高裁判所で、押印の代わりに「花押」が自署されていた遺言を、押印がないため無効とした判決も出されています。

さらに、亡くなった後に指紋をとることは困難でもあるため、判例上拇印は有効とされていますが、できればしっかりとした印鑑のほうがよいでしょう。

仮に遺言書本文の署名の下に押印がなくても、遺言書自体が入れられていた封筒の綴じ目に押印があれば、これでも押印の要件は足りるとされています。相続人が遺言書の偽造を疑われるリスクを避けるためにも、法務局に預けないのであれば、自筆証書遺言はできるだけ封筒に入れ、その封筒の綴じ目にも押印をしておいたほうが安心でしょう。

(5) 修正テープ等は使わないこと

自筆証書遺言の修正方法は法律に決まっており、修正テープ等のこれ以外の方法を行うと遺言が無効になる危険があります。修正には、「遺言書に間違った箇所を指示して（二重線で削除）、変更する箇所を実際に訂正し（正しい文言の挿入）、変更箇所に押印のうえ、欄外等に変更した内容を付記し（「本行2字削除5字挿入」等）、付記した内容について署名をする」必要があります。

修正方法としては相当複雑なものになりますので、書き間違いの際には間違えたページ自体を書き直すほうが安全だといえます。

(6) 遺言は必ず１人ずつ作成すること

遺言は、遺言者が自由にいつでも撤回や書き直しができるものです。自分以外の人と同時に遺言をしてしまうとこのような撤回が自由に行えなくなってしまうため、夫婦等が共同で遺言をすることはできません。

内容を夫婦で話し合うことは自由ですが、書くときは必ず別々の紙に書き、封筒も別にしておくようにしましょう。

3 自筆証書遺言のメリット・デメリット

自筆証書遺言は、自分で文字を書くことができ、印鑑があればいつでも誰でも作成することができる点で、非常に作成しやすい方法の遺言です。1人で作成できるため、内容を秘密にしておくこともできますし、作成や書き直しの際も特に費用はかかりません。法務局保管制度を利用しても、その費用は大変安価なものです。

一方、自筆証書遺言は当然、自分で文字を書けない状態の人は利用できません。さらに要式に厳格なため、書き方を間違えるとせっかく書いた遺言も無効になってしまうことがあります。法務局保管制度を利用しなければ検認の手続が必要なうえ、遺言の存在自体を家族が知らないことがありますので、滅失・偽造・変造という危険性も生じます。このため、自筆証書遺言を作成した後は、ぜひ令和2年7月10日施行の法務局保管制度の利用をお勧めします。

❸ 自筆証書の法務局保管制度

Point

自筆証書遺言を法務局が保管する制度が開始しており、紛失の危険がない、遺言執行に用いることのできる公的証明書を何枚でも取得できる、検認手続が不要であるといった非常に便利なものである。利用のためには民法上の規定以外にも各種書式要件があるため、要件に注意して準備する必要がある。

1　遺言書の法務局保管制度の特徴

自筆証書遺言は文字さえ書くことができれば簡便に作成できることに加え、財産目録は印字でもよい（各頁に署名・押印は必要）ため、遺言書作成へのハードルは従来に比べ低いものとなりました。

しかし、自筆証書遺言には原本が１通しか存在しないため、遺言書が紛失したり、そもそも発見されない恐れがあります。また、偽造を疑われる可能性もあるため、令和２年７月10日、法務局における自筆証書遺言の保管制度がスタートしました。

法務局保管制度では、遺言書原本は法務局に保管されるため紛失の危険はありません。この原本は画像データとして電子的にも保存されますので、保管した法務局でなくとも、全国のどの法務局においても証明書等の取得が可能です。電子データを元にした遺言書の内容の証明書を取得できるため、複数の金融機関等で同時に遺言執行を進められることもメリットといえるでしょう。保管申請の際には、必ず遺言者が法務局に出向き、遺言書保管官は本人確認をしますので、本人が作成したものであることが疑われにくい点も紛争予防には効果的です。

また、原本は法務局で保管されてきたため、それ以降の偽造・変造の恐れもないことから、法務局保管遺言では家庭裁判所の検認手続が不要となっている点も、迅速な遺言執行の助けとなります。

2　遺言書の法務局保管制度における書式等

(1) 本文の作成

まず、第一のポイントは本文を直筆で書くことです。自筆証書遺言は、「財産目録以外の全文を自分の手で書く」ことが要件で、これを守らないと有効な遺言にはなりません。法務局に保管してもらえる遺言書は、用紙がＡ４サイズで、記載した文字が読みづらくなるような模様や彩色があってはいけません（一般的な罫線は問題ない)。また、余白は最低限上部５ミリメートル、下部10ミリメートル、左20ミリメートル，右５ミリメートル以上を設ける必要があります。なお、法務局保管の場合は片面のみ記載のあるもののみ受け付けられますので、両面に記載しないようにしなければなりません。

法務局のホームページに作成用の用紙のデータが公開されていますので、これをＡ４サイズの紙に印刷して用いるのがよいでしょう。

同様に、筆記具についても鉛筆や消えるインク等は使用せず、ボールペンや万年筆などの消えにくい筆記具を用いる必要があります。

(2) 目録の作成

自筆証書遺言の目録はパソコン等で文書として作成することも、登記事項証明や預金通帳等のコピーを用いることも認められていますが、必ず各ページに署名・押印が必要です。また、この目録も法務局保管の場合はＡ４サイズかつ片面のみ使用の上、本文と同様の余白を守る必要があります。参考に、法務局のホームページに記載されている遺言書のひな型と注意事項をご確認ください（122頁、123頁）。

(3) 本文と目録のあわせ方

データを保管する際にスキャン等をする関係上、法務局保管の場合は遺言本文及び目録はすべてホッチキス止めや封入は禁止されています。Ａ４サイズの用紙を全て束ねた状態で持参する必要があるのです。

また、ページの脱漏がないかを確認するために、本文から目録を通じた通しページ番号を記載する必要があります。これは総ページ数と現在のページ数を記載するもので、例えば全部で３ページの場合は各頁に「１／３、２／３、３／３」と記載していきます。特に本文の用紙はこのページ番号も自筆である必要がありますので、注意が必要です。

3　保管申請までの手続

(1) 保管申請を行う法務局を決定する

保管申請ができる法務局（遺言書保管所）は①遺言者の住所地、

遺言書の様式の注意事項（内容は専門家にご相談ください）

以下は，本制度で預かる遺言書の形式面での注意事項です。遺言書保管所においては，遺言の内容についての審査はしません。遺言の内容等についてご不明な点がある場合は，弁護士等の法律の専門家にあらかじめご相談ください。

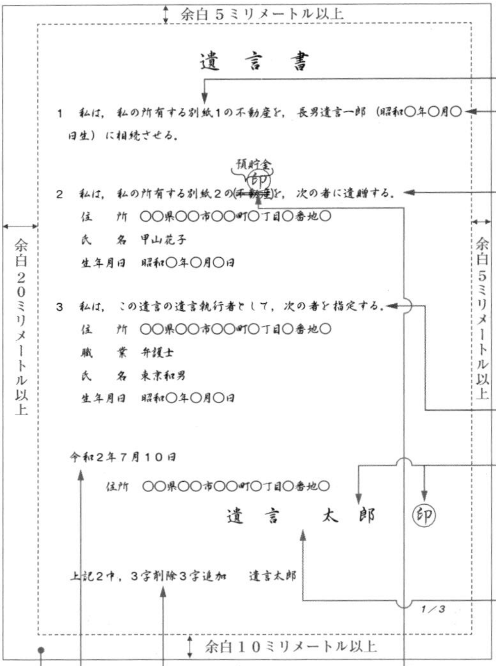

遺　言　書

1　私は，私の所有する別紙1の不動産を，長男遺言一郎（昭和○年○月○日生）に相続させる。

2　私は，私の所有する別紙２の（~~不動産~~ 預貯金 印）を，次の者に遺贈する。

住　　所　○○県○○市○○町○丁目○番地○

氏　　名　甲山花子

生年月日　昭和○年○月○日

3　私は，この遺言の遺言執行者として，次の者を指定する。

住　　所　○○県○○市○○町○丁目○番地○

職　　業　弁護士

氏　　名　東京和男

生年月日　昭和○年○月○日

令和２年７月１０日

住所　○○県○○市○○町○丁目○番地○

遺　言　　太　郎　㊞

上記２中，３字削除３字追加　　遺言太郎

1／3

財産の特定のためには，遺言書に財産目録を添付いただいた方が確実です。

推定相続人（相続が開始した場合に相続人となるべき者）には「相続させる」又は「遺贈する」と記載します。

※推定相続人に対して，財産を「相続させる」旨の遺言をする場合は，遺言書の保管申請書の【受遺者等・遺言執行者等欄】に受遺者として，記載する必要はありません。

※推定相続人に対して，財産を「遺贈する」場合は，遺言書の保管申請書の【受遺者等・遺言執行者等欄】に受遺者として，その氏名等を記載してください。

推定相続人以外の者には「相続させる」ではなく「遺贈する」と記載します。

※推定相続人以外の者に対して，財産を「遺贈する」場合は，遺言書の保管申請書の【受遺者等・遺言執行者等欄】に受遺者として，その氏名等を記載してください。

※遺言執行者については，推定相続人であっても遺言書の保管申請書の【受遺者等・遺言執行者等欄】にその氏名等を記載してください。

署名＋押印が必要です。押印は，認印でも問題ありませんが，スタンプ印は避けてください。

遺言者の氏名は，住民票や戸籍の記載どおりに記載してください。

※ペンネーム等の公的書類から確認できない記載では，お預かりすることができません。

文字の変更・追加がある場合は，その場所が分かるように明示して，変更・追加の旨を付記して署名し，変更・追加した場所に押印をする必要があります。

※変更・追加等がある場合には，書き直すことをおすすめします。

※修正テープ，修正インクで修正しないでください。

作成日付は，遺言書を作成した年月日を具体的に記載する必要があります。「○年○月吉日」などの記載は不可です。

- 用紙は，Ａ４サイズで，文字の判読を妨げるような地紋，彩色等のないものを使ってください。
- 財産目録以外は全て自書する必要があります。
- 長期間保存しますので，ボールペン等の容易に消えない筆記具を使ってください。
- 余白を必ず確保し，ページ数や変更・追加の記載を含めて，余白部分には何も記載しないでください。
- 片面のみを使用し，裏面には何も記載しないでください。契印も不要です。

5

（出典）法務省民事局「自筆証書遺言保管制度のご案内」（令和３年11月作成）

（自書によらない財産目録の例）

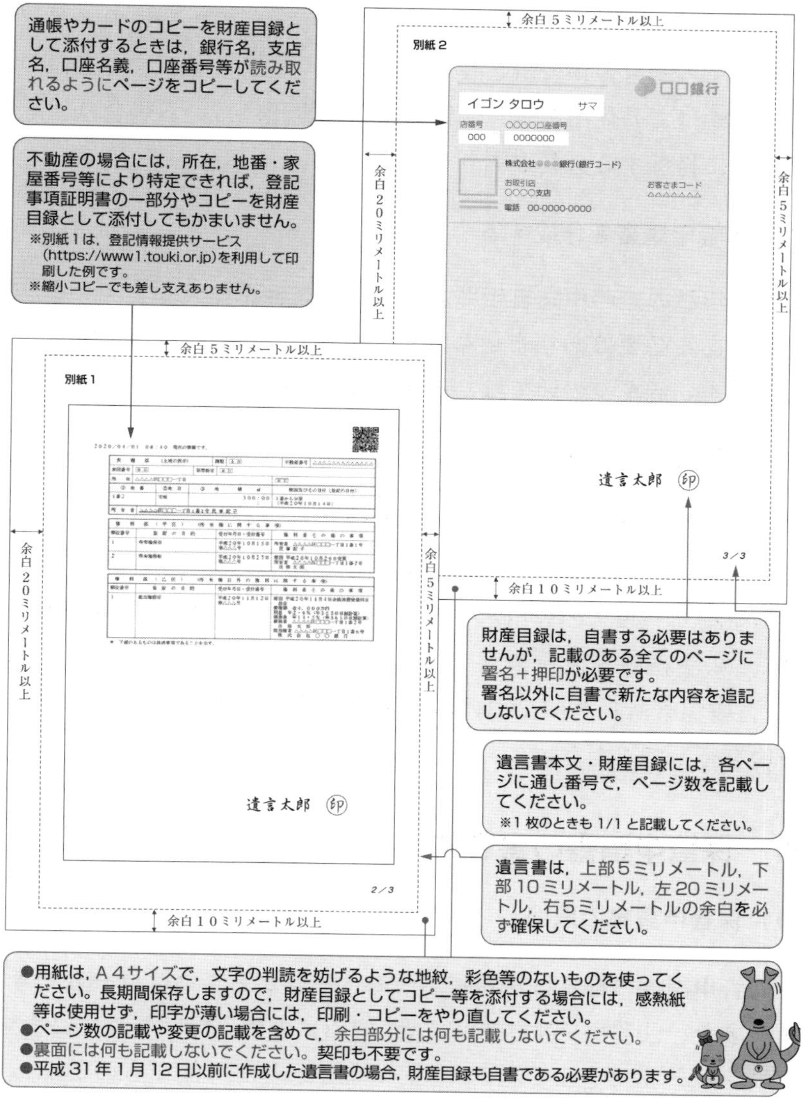

❻

（出典）法務省民事局「自筆証書遺言保管制度のご案内」（令和３年11月作成）

②遺言者の本籍地、③遺言者が保有する不動産の所在地のいずれかを管轄する遺言書保管所となっています。もっとも、すでに他の法務局（かつての住所地等）に別の遺言書を預けている場合は、その法務局に持参する必要があります。

(2) 保管申請書を作成する

保管申請の際の申込書類である保管申請書を作成します。これは自筆である必要はありませんので、印字又は代筆で作成してもかまいません。詳細については、以下の**4**を参照してください。

(3) 法務局に予約を行う

遺言書を預かることのできる係が限られるため、事前に予約が必要と決められています。(1) で選んだ法務局に対し、①法務局手続案内予約サービスの専用ホームページにおける予約（24時間365日可)、②法務局（遺言書保管所）への電話による予約、③法務局（遺言書保管所）窓口における直接の予約のいずれかの方法により予約を行ってください。

4　保管申請書の書き方

(1) 保管申請書の取得

保管申請書の様式は法務省ホームページからダウンロードできます。また、法務局（遺言書保管所）窓口にも備え付けられています。ダウンロードできるPDFファイルは書込みが可能なものとなっていますので、パソコン上で必要事項を埋めてもかまいませんし、印刷したものに手書きで記入して作成してもかまいません。

(2) 保管申請書作成の注意事項

保管申請書は遺言者自身の手書きである必要がないため代理作成も可能ですが、遺言者の自筆署名又は記名（印刷で可）押印の欄があるため注意してください。

また、２次元バーコード（QRコード）も印刷されている関係上、必ずサイズや余白の設定を変えずに、取得した印刷設定のままＡ４サイズの用紙に片面印刷で出力してください。

(3) 実際の記入方法

以下に実際の書式に従って作成方法を確認していきます。

最初のページは、遺言書の作成日や遺言者の氏名・住所・本籍等、遺言書自体に関する明細の記載となっています（126頁）。

２ページ目は、遺言者本人の確認・記入等の欄に必要事項を記入します（127頁）。

３ページ目以降は、相続人以外の受遺者や遺言執行人については法務局で調査することができませんので、受遺者等・遺言執行者等について住所等の必要事項を記載します。３人以上を記載するときはこの用紙のみを複数枚印刷して通しページ番号を振っていくことになるため、このページ以降は現在ページ番号が記載されていません（128頁）。

最後に、死亡時の通知を希望する場合には、指定する通知対象者の氏名・住所等を記載します（129頁）。

この記載により、死亡時に遺言書が法務局に預けられている通知が指定された人にされますので、遺言書が見つからないというリスクを防ぐことができるようになりました。

別記第２号様式（第１０条関係）

申請年月日　令和 □□ 年 □□ 月 □□ 日

遺言書保管所の名称		（地方）法務局		支局・出張所

遺言書の保管申請書

【遺言者欄】※保管の申請をする遺言者の氏名，住所等を記入してください。また，該当する□にはレ印を記入してください。

遺言書の作成年月日　□　1：令和／2：平成／3：昭和　□□ 年 □□ 月 □□ 日

遺言者の氏名　姓　□□□□□□□□□□□□□□□

名　□□□□□□□□□□□□□□□

遺言者の氏名（フリガナ）　ｾｲ　□□□□□□□□□□□□□□□

ﾒｲ　□□□□□□□□□□□□□□□

遺言者の出生年月日　□　1：令和／2：平成／3：昭和／4：大正／5：明治　□□ 年 □□ 月 □□ 日

遺言者の住所　〒 □□□ － □□□□

都道府県市区町村大字丁目

番地　□□□□□□□□□□□□□□□

建物名　□□□□□□□□□□□□□□□

遺言者の本籍　都道府県　□□□□　市区町村　□□□□□□□□□□

大字丁目　□□□□□□□□□□□□□□□

番地　□□□□□□□□□□□□□□□

筆頭者の氏名　□ 遺言者と同じ

（注）筆頭者が遺言者と異なる場合は，記入してください。

姓　□□□□□□□□□□□□□□□

名　□□□□□□□□□□□□□□□

遺言者の国籍（国又は地域）　コード □□　国名・地域名

（注）外国人の場合のみ記入してください。

遺言者の電話番号　□□□□□□□□□□□□□

（注）ハイフン（－）は不要です。

1001

ページ数　1／

【遺言者本人の確認・記入等欄】 ※以下の事項について，全て確認の上，記入してください。また，該当する□にはレ印を記入してください。

□ 遺言者が所有する不動産の所在地を管轄する遺言書保管所に保管の申請をする。
(注)不動産の所在地を記入してください。

都道府県　　市区町村

大字丁目

番地

□ 申請に係る遺言書は，私が作成した民法第９６８条の自筆証書による遺言書に相違ない。

□ 現在，遺言書保管所に他の遺言書が保管されている。

① 他の遺言書が保管されている場合は，その保管番号を記入してください。
(注)複数ある場合には，備考欄に記入してください。

保管番号 H□□□□－□□□□□□□－□□□□□□□□□□－□□

② 上記①の遺言書が保管された後，氏名，出生年月日，住所，本籍(外国人にあっては，国籍(国又は地域))又は筆頭者の氏名に変更があった場合は，その変更内容を記入してください。

変更内容

□ 上記①の保管番号の遺言書について，上記②の変更内容に基づく変更届出を行う。
(注)変更を証する書類を添付してください。

手数料の額　　金３，９００円

遺言者の署名又は記名押印

備考欄

遺言書の総ページ数　　ページ

1002

ページ数	2／

【受遺者等・遺言執行者等欄】 ※遺言書に記載している受遺者等又は遺言執行者等の氏名，住所等を記入してください。また，該当する□にはレ印を記入してください。

受遺者等又は遺言執行者等の番号　　番
(注)受遺者等又は遺言執行者等の全員に対して通し番号を記入してください。

受遺者等又は遺言執行者等の別　□受遺者等　□遺言執行者等
(注)受遺者等と遺言執行者等を兼ねる場合は，両方にレ印を記入してください。

氏名　姓
名
(注)法人の場合は，姓の欄に商号又は名称を記入してください。

住所　〒　－
(注)法人の場合は，本店又は主たる事務所の所在地を記入してください。
都道府県市区町村大字丁目
番地
建物名

出生年月日
(注)法人の場合は，記入不要です。
1：令和/2：平成/3：昭和/4：大正/5：明治/6：不明(注)6：不明の場合，年月日は記入不要です。　年　月　日

会社法人等番号
(注)法人の場合のみ記入してください。

受遺者等又は遺言執行者等の番号　　番
(注)受遺者等又は遺言執行者等の全員に対して通し番号を記入してください。

受遺者等又は遺言執行者等の別　□受遺者等　□遺言執行者等
(注)受遺者等と遺言執行者等を兼ねる場合は，両方にレ印を記入してください。

氏名　姓
名
(注)法人の場合は，姓の欄に商号又は名称を記入してください。

住所　〒　－
(注)法人の場合は，本店又は主たる事務所の所在地を記入してください。
都道府県市区町村大字丁目
番地
建物名

出生年月日
(注)法人の場合は，記入不要です。
1：令和/2：平成/3：昭和/4：大正/5：明治/6：不明(注)6：不明の場合，年月日は記入不要です。　年　月　日

会社法人等番号
(注)法人の場合のみ記入してください。

(注)記入欄が不足する場合は，用紙を追加してください。

1003

ページ数　／

【死亡時の通知の対象者欄】※死亡時の通知を希望する場合は，□にレ印を記入の上，①又は②のいずれかを選択し，指定する通知対象者の氏名，住所等を記入してください。

□ 死亡時の通知を希望するため，本申請書記載の私の氏名，出生年月日，本籍及び筆頭者の氏名の情報を遺言書保管官が戸籍担当部局に提供すること，並びに私の死亡後，私の死亡の事実に関する情報を遺言書保管官が戸籍担当部局から取得することに同意する。

(注)同意がある場合には，遺言書保管官が遺言者の死亡の事実に関する情報を取得し，当該遺言者があらかじめ指定する以下に記載の者に対して，遺言書が保管されている旨の通知を行います。

① 受遺者等又は遺言執行者等を通知対象者に指定する場合

通知対象者に指定する受遺者等又は遺言執行者等の番号 □ 番

(注)受遺者等又は遺言執行者等を通知対象者に指定する場合は，指定する「受遺者等又は遺言執行者等の番号」を記入してください。

② 推定相続人を通知対象者に指定する場合

遺言者との続柄 □ 1：配偶者/2：子/3：父母/4：兄弟姉妹/5：その他（　　　　　）

氏名 姓

名

住所 〒 □□□－□□□□

都道府県
市区町村
大字丁目

番地

建物名

(注)申立てによる死亡時の通知の対象者には，受遺者等，遺言執行者等又は推定相続人(相続が開始した場合に相続人となるべき者をいう。)のうち１名のみを指定することができます。

1004

ページ数 ／

別記第１２号様式（第５２条第１項関係）

手数料納付用紙

（地方）法務局　　　　支局・出張所　御中

（申請人・請求人の表示）

住所

氏名又は名称

（法定代理人の表示）

住所

氏名

（その他）

納付金額　　　　　　　　　　　　円

年　月　日	担　当

印紙貼付欄

収入印紙は，割印をしないで，印紙貼付欄に貼り付けてください。

ページ数　／

5　保管申請当日の注意事項

(1) 持参書類

保管申請に必要な書類は、法務局がホームページで公表している資料を参考にしてください。

次の㋐から㋔までのものを用意して，予約した日時に**遺言者本人**が，遺言書保管所にお越しください。

□ **㋐遺言書**
ホチキス止めはせず，バラバラのままお持ちください。封筒も不要です。

□ **㋑保管申請書**
あらかじめ記入して持参してください。

□ **㋒添付書類**
本籍と戸籍の筆頭者の記載のある住民票の写し等
（マイナンバーや住民票コードの記載のない作成後３か月以内のもの）
※遺言書が外国語により記載されているときは，日本語による翻訳文

□ **㋓顔写真付きの官公署から発行された身分証明書**
マイナンバーカード　運転免許証　運転経歴証明書　旅券 等
（有効期限のある身分証明書については，有効期限内のものである必要があります。）

□ **㋔手数料**
遺言書の保管の申請の手数料は，１通につき **3,900円**です
（必要な収入印紙を手数料納付用紙に貼ってください。）。
※一度保管した遺言書は，保管の申請の撤回をしない限り返却されません。

（出典）法務省民事局「自筆証書遺言保管制度のご案内」（令和３年11月作成）

(2) 所要時間

遺言保管申請は、内容等に不備等がない場合は、原則として即日処理されます。そのため、手続の完了まで一定程度の時間を要します（遺言の量等によっても変わる）。予約の際に、何時までの予定を空けておけばよいのかを確認しておくとよいでしょう。

また、法務局保管制度は出張制度のある公正証書遺言と異なり、この保管申請当日には必ず本人が直接法務局に行く必要があります。

体調を整え、法務局へ直接出向くことが可能な方のみが利用可能な制度である点にも留意すべきです。付き添いは可能ですのでご安心ください。

(3) 保管証の受領

上記の手続で遺言書保管の申請が完了すると、「保管証」という書類を受領できます。

この保管証には、遺言者の氏名、出生の年月日、遺言書保管所の名称及び保管番号が記載されています。遺言書の閲覧、保管の申請の撤回、変更の届出をするときや、相続人等が遺言書情報証明書の交付の請求等をするときに、保管番号があると便利です。また遺言書を法務局（遺言書保管所）に預けていることを家族に伝える際にも、わかりやすい資料となります。

保管証を紛失した場合には、再発行されません。保管証がなくても、遺言者の戸籍情報等から検索すること自体は可能ですが、保管証は大切に保存する必要があります。

6　保管後の閲覧手続

自分で作成した遺言の内容等を確認したい際には、保管した遺言書を閲覧することが可能です。

遺言者は、遺言書の閲覧の請求をして、遺言書保管所で保管されている遺言書の内容を確認することができます。閲覧の方法は、モニターによる遺言書の画像等の閲覧、又は、遺言書の原本の閲覧をすることが可能です。

モニターによる閲覧の場合はどの遺言書保管所でも、閲覧の請求をすることができますが、遺言書原本の閲覧は遺言書の原本が保管されている遺言書保管所のみでしか請求することができません。

閲覧の請求方法や遺言書閲覧の請求書の作成方法は遺言書の保管申請とほぼ同様で、請求書を遺言書保管所に提出します。閲覧についても、詳細は次の法務局のホームページの資料を参考にしてください。

閲覧の請求をする

遺言書保管所に以下のものを用意して，お越しください。

- ☐ **閲覧の請求書**
- ☐ **顔写真付きの官公署から発行された身分証明書**
  （マイナンバーカード，運転免許証，運転経歴証明書，旅券 等）
- ☐ **手数料**
  ※モニターによる閲覧の手数料は，１回につき **1,400 円**です。
  ※遺言書の原本の閲覧の手数料は，１回につき **1,700 円**です。
  ※必要な収入印紙を手数料納付用紙に貼ってください。

閲覧をする

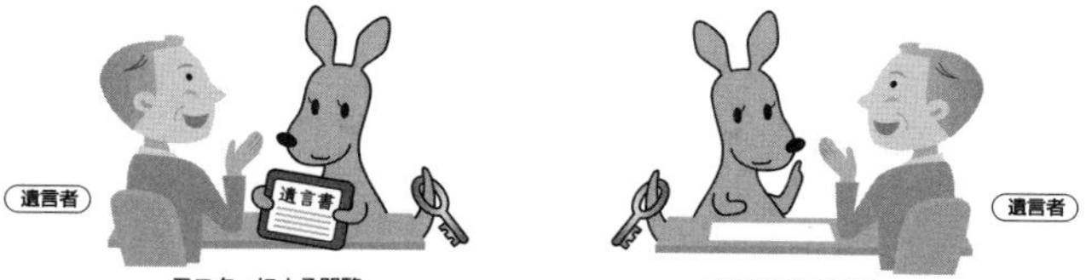

モニターによる閲覧　　遺言書原本の閲覧

（出典）法務省民事局「自筆証書遺言保管制度のご案内」（令和３年11月作成）

7　保管後の撤回の方法

遺言者は、遺言書保管所に保管されている遺言書について、保管の申請の撤回をすることにより、遺言書の返還等を受けることができます。ご安心ください。なお、保管の申請の撤回は、遺言の効力とは関係がありません。撤回されて返還された遺言書は、通常の自筆証書遺言としては有効ですので、内容を無効にしたければ遺言者自身で破棄等を行う必要があります。

保管の申請の撤回の手続は遺言者本人が撤回書を作成し、撤回の予約を遺言書の原本が保管されている遺言書保管所に行い、撤回し、遺言書を返してもらうことになります。なお、添付書類は不要で、遺言書の保管の申請の撤回には手数料はかかりません。

8　保管後の住所変更等の手続

遺言者は、保管の申請時以降に氏名、住所等に変更が生じたときには、遺言書保管官にその旨を届け出る必要があります。この場合においても、遺言者本人又は法定代理人等が届出書を作成、変更の届出の予約をしたうえで、全国のどの遺言書保管所でも届出をすることができます。変更の届出は保管申請とは異なり郵送でも可能です。添付書類は変更が生じた事項を証する書面（住民票の写し、戸籍謄本等）が必要ですが、変更の届出自体には手数料はかかりません。

受遺者等の住所等が変更された際にも、同様の手続で変更を届け出ておけば、相続発生後の手続がスムーズになります。

9　法務局保管制度に必要な手数料

これらの手数料は図表３－１でご確認ください。

請求者の欄に「関係相続人等」という記載がありますが、当然遺言者の生前は遺言者にしか、閲覧等の請求は認められていません。関係相続人等が請求できるのは、遺言者の死亡を戸籍等で証明し、自身が相続人又は受遺者・遺言執行者であることを公的書類等によって明らかにできる場合に限られます。相続人であることは戸籍で明らかですが、受遺者等であることは通常は申請前には証明ができない（遺言書がないため証明できないことが明らか）ため、事前の保管申請書で受遺者や遺言執行者が誰であるかを明らかにしておくことが重要となります。

●図表３－１　法務局保管制度の手数料

申請・請求の種別	申請・請求者	手数料
遺言書の保管の申請	遺言者	一件につき3,900円
遺言書の閲覧の請求（モニター）	遺言者、関係相続人等	一回につき1,400円
遺言書の閲覧の請求（原本）	遺言者、関係相続人等	一回につき1,700円
遺言書情報証明書の交付請求	関係相続人等	一通につき1,400円
遺言書保管事実証明書の交付請求	関係相続人等	一通につき800円
申請書等・撤回書等の閲覧の請求	遺言者、関係相続人等	一の申請に関する申請書等又は一の撤回に関する撤回書等につき1,700円

10　相続発生後の遺言書の有無の確認方法

(1) 法務局からの通知

遺言者が法務局に保管する際に、申請書で死亡時に遺言書のある旨の通知を希望すれば、法務局が指定された相続人等に遺言書があることを通知する制度があります。順次実施される予定ですが、死亡後、いつ通知が来るかは明確にされていませんので、法務局からの通知を待つことなく、相続人等から確認するようにしましょう。

(2) 遺言書保管事実証明書の交付請求

相続人又は保管された遺言書により判明している受遺者等は、全国のどの遺言書保管所でも、法務局が被相続人の遺言書を預かっているかどうかを確認することができる「遺言書保管事実証明書」の交付請求をすることによって、明らかにすることができます。

この請求は全国どこの法務局でもすることができますので、まず交付の請求をする遺言書保管所を決めます。たいていの場合、自分の住所の最寄りの法務局を選択しますが、その法務局に遺言書保管事実証明書の交付請求をして、自分を相続人や受遺者等又は遺言執行者等とする遺言書が保管されているか否かの確認ができます。なお、この交付請求ができるのは遺言者が亡くなっている場合に限られます。

また、遺言書保管事実証明書の交付の請求ができる者は相続人又は遺言執行者や受遺者等、及びこれらの親権者や成年後見人等の法定代理人となっています。交付請求に必要な添付書類は次のとおりです。

- 遺言者の死亡の事実を確認できる戸籍（除籍）謄本
- 請求人の住民票の写し

相続人が請求する場合

- 遺言者の相続人であることを確認できる戸籍謄本

請求人が法人である場合

- 法人の代表者事項証明書（作成後3か月以内）

法定代理人が請求する場合

- 戸籍謄本（親権者）や登記事項証明書（後見人等）（作成後3か月以内）

交付請求書の作成後3か月以内に、遺言書保管所に交付請求の予約をしてから交付の請求をすることになります。遺言書保管事実証明書の手数料は、1通につき800円で、必要な収入印紙を手数料納付用紙に貼ることとされています。送付の方法による交付の請求の場合は、自身の住所を記載した返信用封筒と、切手を同封してください。

- 窓口で請求の場合は、運転免許証等により本人確認が行われた後、遺言書保管事実証明書が渡されます。
- 郵送による送付請求をする場合は、請求人の住所に宛てて遺言書保管事実証明書が送付されます。

遺言書が法務局に保管されている場合には、このようにして遺言書保管事実証明書の交付の請求をして遺言書が預けられているかどうかを確認することができます。

遺言書保管事実証明書

請求人	
資格	☑相続人　☐相続人以外
氏名又は名称	遺言　一郎
住所	○○県○○市○○町○丁目○番地○
遺言者	
氏名	遺言　太郎
出生の年月日	昭和○年○月○日
遺言書	
作成の年月日	令和2年7月10日
遺言書が保管されている遺言書保管所の名称	○○法務局
保管番号	H0101-202007-100

上記の遺言者の申請に係る遺言書が遺言書保管所に保管され，上記のとおり遺言書保管ファイルに記録されていることを証明する。

令和3年7月10日
○○法務局

遺言書保管官
法務　三郎

みほん
電子公印

整理番号　ア000001　　1/1

遺言書保管事実証明書

請求人の資格	2　1：相続人/2：相続人以外
請求人の氏名又は名称	姓　乙山
	名　月子
請求人の住所	〒○○○－○○○○
	都道府県 市区町村 大字丁目　○○県○○市○○町○丁目
	番地　○番地○
	建物名
遺言者の氏名	セイ　イゴン
	姓　遺言
	メイ　タロウ
	名　太郎
遺言者の出生の年月日	3　1：令和/2：平成/3：昭和/4：大正/5：明治　○○年○○月○○日

上記の遺言者の申請に係る請求人を受遺者等（遺言書に記載された法務局における遺言書の保管等に関する法律第9条第1項第2号に掲げる者）又は遺言執行者等（遺言書に記載された同項第3号に掲げる者）とする遺言書が遺言書保管所に保管されていないことを証明する。

令和3年7月10日
○○法務局

遺言書保管官
法務　三郎

みほん
電子公印

整理番号　ア000001

●図表３－２　請求者の資格に応じた、証明書に記載された認証文の意味合いの違い

		認証文	
		保管されている○	保管されていない×
請求者の資格	相続人	遺言者の申請に係る遺言書が遺言書保管所に保管され，上記のとおり遺言書保管ファイルに記録されていることを証明する。	遺言者の申請に係る遺言書が遺言書保管所に保管されていないことを証明する。
	相続人以外	遺言者の申請に係る請求人を受遺者等（略）又は遺言執行者等（略）とする遺言書が遺言書保管所に保管され，上記のとおり遺言書保管ファイルに記録されていることを証明する。	遺言者の申請に係る請求人を受遺者等（略）又は遺言執行者等（略）とする遺言書が遺言書保管所に保管されていないことを証明する。

（出典）法務省HP「自筆証書遺言書保管制度について」―「05　証明書について」より一部修正

保管証がある場合には、この法務局に遺言書があるか否かを確認する遺言書保管事実証明書申請をすることなく、いきなり次の閲覧や証明書請求の手続を行うことが可能です。

11　相続開始後の遺言書の閲覧

相続人等は、遺言書の閲覧請求をして、遺言書保管所で保管されている遺言書の内容を確認することができます。閲覧の方法は、モニターにより遺言書の画像等を閲覧するか、又は遺言書の原本を閲覧することになります。この場合も、遺言者が亡くなられている場合に限られます。遺言書閲覧請求の流れはほとんど、遺言書保管事実証明書の交付の請求と同様ですが、閲覧の方法により、法務局の選択が変わります。

まず、モニターによる閲覧の場合は、全国のどの遺言書保管所でも、閲覧の請求をすることができます。一方、遺言書原本の閲覧の場合は、遺言書の原本が保管されている遺言書保管所でしか閲覧を請求することができません。

閲覧をしたい相続人等は遺言書閲覧の請求書を作成し、遺言書保管所に閲覧の請求の予約をしてから閲覧の請求をすることになります。遺言書閲覧の手数料は、モニターによる閲覧の手数料は1回につき1,400円、原本の閲覧の手数料は1回につき1,700円となっています。遺言書保管事実証明書と同様に、運転免許証等により本人確認が行われた後に遺言書を閲覧することができます。

12　遺言書情報証明書の取得

閲覧をしても、その遺言書による遺言の執行はできないため、遺言書の内容を実現するためには、法務局に対し遺言書情報証明書という書類の発行を申請することになります。

この遺言書情報証明書は、法務局が発行する遺言の写しで、原本と相違がないことを法務局が保証するものになります。この遺言書情報証明書によって手続をすることで、検認がなくても遺言執行を行うことが可能とされました。その上、何通でも発行してもらえるので、相続手続が非常にスムーズに進みます。

遺言書情報証明書

遺言者	
氏名	遺言　太郎
出生の年月日	昭和○年○月○日
住所	○○県○○市○○町○丁目○番地○
本籍又は国籍（国又は地域）	○○県○○市○○町○丁目○番地

整理番号　ア０００００１

1 / 6

遺言書	
作成の年月日	令和2年7月10日
保管を開始した年月日	令和2年7月20日
遺言書が保管されている遺言書保管所の名称	○○法務局
保管番号	H0101-202007-100
受遺者等　（遺言書に記載された法務局における遺言書の保管等に関する法律第９条第１項第２号に掲げる者）	
氏名又は名称	甲山　花子
住所	○○県○○市○○町○丁目○番地○
遺言執行者等　（遺言書に記載された法務局における遺言書の保管等に関する法律第９条第１項第３号に掲げる者）	
氏名又は名称	東京　和男
住所	○○県○○市○○町○丁目○番地○

整理番号　ア000001　　　　2 / 6

遺　言　書

１　私は，私の所有する別紙１の不動産を，長男遺言一郎（昭和○年○月○日生）に相続させる。

２　私は，私の所有する別紙２の（~~不動産~~）預貯金（印）を，次の者に遺贈する。

住　　所　○○県○○市○○町○丁目○番地○

氏　　名　甲山花子

生年月日　昭和○年○月○日

３　私は，この遺言の遺言執行者として，次の者を指定する。

住　　所　○○県○○市○○町○丁目○番地○

職　　業　弁護士

氏　　名　東京和男

生年月日　昭和○年○月○日

令和２年７月１０日

住所　○○県○○市○○町○丁目○番地○

遺　言　　太　郎　（印）

上記２中，３字削除３字追加　遺言太郎

１／３

整理番号　ア０００００１　　保管番号　H0101-202007-100　　3 / 6

別紙１

２０２０／０４／０１　０８：４０　現在の情報です。

表題部（土地の表示）		調製	余白	不動産番号	△△△△△△△△△△△△△△
地図番号	余白	筆界特定	余白		
所在	△△△△区□□□一丁目			余白	
①地番	②地目	③地積㎡		原因及びその日付〔登記の日付〕	
１番２	宅地	３００：００		１番から分筆 〔平成２０年１０月１４日〕	
所有者	△△△△区□□□一丁目１番１号　民事記子				

権利部（甲区）（所有権に関する事項）			
順位番号	登記の目的	受付年月日・受付番号	権利者その他の事項
１	所有権保存	平成２０年１０月１５日 第△△△号	所有者　△△△△区□□□一丁目１番１号 民事記子
２	所有権移転	平成２０年１０月２７日 第△△△号	原因　平成２０年１０月２６日売買 所有者　△△△△区□□□一丁目１番２号 遺言太郎

権利部（乙区）（所有権以外の権利に関する事項）			
順位番号	登記の目的	受付年月日・受付番号	権利者その他の事項
１	抵当権設定	平成２０年１１月１２日 第△△△号	原因　平成２０年１１月４日金銭消費貸借同日設定 債権額　金４，０００万円 利息　年２・６％（年３６５日日割計算） 損害金　年１４・５％（年３６５日日割計算） 債務者　△△△△区□□□一丁目１番２号 遺言太郎 抵当権者　△△△△区□□□一丁目１番６号 株式会社○○銀行

＊　下線のあるものは抹消事項であることを示す。

遺言太郎 ㊞

２／３

整理番号　ア０００００１　　保管番号　H0101-202007-100　　4 / 6

別紙２

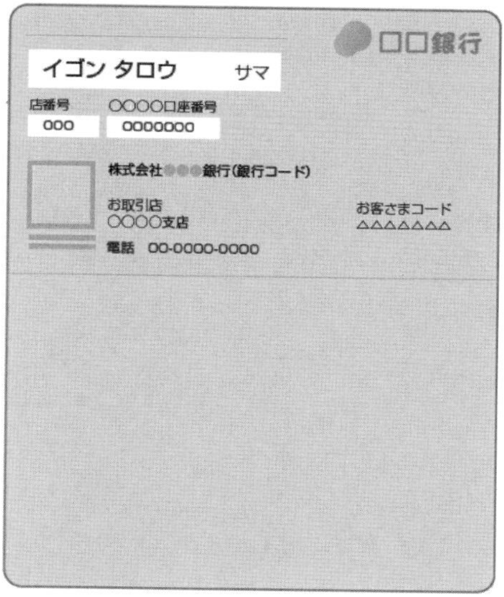

遺言太郎 ㊞

3 / 3

整理番号　ア０００００１　　保管番号　H0101-202007-100　　5 / 6

上記のとおり遺言書保管ファイルに記録されていることを証明する。

令和2年10月10日
○○法務局

遺言書保管官
法務　三郎　みほん 電子公印

整理番号　ア０００００１

6 / 6

（141頁～146頁の出典）法務省HP「自筆証書遺言書保管制度について」―「05 証明書について」―「遺言書情報証明書の見本」

相続人等は、全国のどの法務局に対しても遺言書情報証明書の交付の請求をし、遺言書保管所に保管されている遺言書の内容の証明書を取得することができます。これも遺言者が亡くなられている場合に限られ、生前には他の人は遺言の中身を見ることはできません。

遺言書情報証明書の交付の請求の流れはほとんど、遺言書保管事実証明書の交付の請求と同様です。相続人等が遺言書情報証明書の作成をし、交付予約をしてから遺言書保管所に交付請求をします。

なお、遺言書情報証明書の手数料は、1通につき1,400円となっています。遺言書保管事実証明書と同様に、窓口請求の場合は運転免許証等により本人確認が行われた後に遺言書情報証明書が渡され、送付請求の場合は請求人の住所に宛てて遺言書情報証明書が送付されます。

●遺言書情報証明書の交付の請求時の添付書類

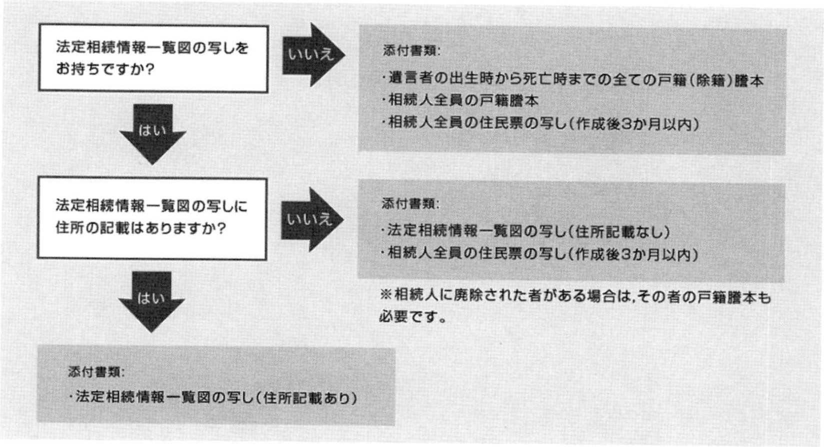

(出典) 法務省HP「自筆証書遺言書保管制度について」—「04　相続人等の手続」

13　相続人等への連絡

　ある相続人等が、法務局保管の遺言書の閲覧や遺言書情報証明書の交付を受けた場合、他の相続人等に遺言の内容を知る機会を与えるために、遺言書保管官は閲覧等を行った者以外の相続人、受遺者、遺言執行者に対して遺言書を保管している旨を通知します。

　これにより、検認手続がなくとも、他の相続人等に遺言書の存在がわかる仕組みになっています。公正証書遺言の場合はこのような通知の仕組みがないため、この点も法務局保管制度の特徴といえます。

　つまり、自筆証書であっても、必ず相続人全員が知ることのできる制度なのです。

❹ 公正証書遺言

Point

公正証書遺言は作成に時間や費用がかかる反面、無効になりにくく、紛失や偽造・変造のリスクがない遺言である。検認が不要な点も、遺言執行のためには重要なポイント。

1　公正証書遺言の作成方法

公正証書遺言は、遺言者が公証役場の公証人に遺言内容を口で伝えて、公証人は遺言者から聞いた内容を遺言書として作成するという遺言方法です。

自分１人で書いた自筆証書遺言に比べ、公証人という専門家が作成し証人もいるものですから、形式的な面で遺言が無効になることがないのが最大の特徴です。ただし、公証人が関与する分、作成に時間や費用がかかる点には注意が必要です。

2　公正証書遺言を書く際のポイント（民法969）

(1)　遺言内容について、公証人や弁護士・税理士等の専門家に相談する

公正証書遺言の作成には、遺言者が公証人に対し、どのような内容の遺言を作りたいかを説明する必要があります。

全財産に関する遺言を作成するためには、まず財産を把握しなければなりませんし、具体的な分け方も考えておく必要があります。遺留分や分割方法、相続税等について事前に弁護士や税理士といった専門家に相談のうえ、その専門家から公証役場にコンタクトを取る方法が広く用いられています。

(2)　２人以上の証人の立会い

公正証書遺言の作成には、公証人以外に証人２人が必要です。原則として、遺言者の側で証人になってくれる人を公証役場に同行する必要がありますが、頼むのが難しい場合は事前に公証役場に連絡すれば、費用はかかりますが証人になってくれる人を準備してもらうことが可能です。

また、証人になることができる人は法律で決まっており、以下の要件に該当しない人である必要があります。証人になることができない人が証人になった遺言は無効となりますので、注意してください。

＜公正証書遺言の証人になることのできない者＞

①　未成年者
②　推定相続人及び受遺者ならびにこれらの配偶者及び直系血族
③　公証人の配偶者、四親等内の親族、書記及び使用人

簡単にいうと、「20歳以上」で「相続人や遺言で財産を遺される人等の遺言で直接の利害関係を持つ者でなく」、「公証人の血縁関係者等でない」人に証人を頼むことになります。相続とは利害関係の

ない親族や友人、弁護士・税理士等の専門家が考えられます。

(3) 公証人による文書作成、署名等

公証人は、遺言者の意思に沿って遺言書を作成し、その内容を遺言者本人と証人に読み聞かせるなどして説明し、内容に誤りがないか確認します。問題がなければ、遺言者と証人がその原本に署名・押印し、最後に公証人が手続等に問題がなく作成されたことを付記したうえ、署名・押印して完成します。

このとき、遺言者本人が障害や疾病等で署名ができない場合は、署名の代わりに公証人がその旨を記載することで遺言を作成できます（証人は署名しなければならない)。このため、文字を自分で書くことができない人にとっては、通常の場合、公正証書によってのみ遺言を作成できるのです。

(4) 公正証書遺言作成に必要な書類

公正証書遺言を作成するためには、遺言者らと面識のない公証人に本人確認をしてもらう必要があります。このため、以下のような書類を公証役場に提出するように求められます。

- 遺言者本人の印鑑証明書
- 遺言者と相続人との続柄がわかる戸籍謄本
- 財産を相続人以外の人に遺贈する場合には、その受遺者の住民票
- 遺産に不動産が含まれる場合には、登記簿謄本及び固定資産の評価証明等
- 証人2人の住所・氏名・生年月日・職業が判明するもの

(5) 公正証書遺言の保管方法

公正証書遺言は、原本が公証役場に保管され、遺言者は「正本」「謄本」という公式な写しを渡されます。実際に相続が起こった際の手続は正本で行えるのですが、原本が公証役場に保管されているため万が一これらを紛失しても、もう一度同じものを発行してもらうことができるのです。

さらに、平成元年以降に作成された公正証書遺言は、データベース化されていますので、全国のどこの公証人役場でも、「遺言検索システム」による検索を依頼して、遺言の有無を確認することができるのです。

もちろん、再発行や検索のいずれも、遺言者の生存中は、遺言者本人にしかできず、相続人が検索等を行えるのは相続が発生した後に限られます。

3 公正証書遺言の作成にかかる費用

公正証書遺言は、公証人の手によって作成されるため、最も費用のかかる遺言です。公証人の手数料は、遺言の対象となった相続財産の価額に応じて算出されます（図表３－３）。

遺言は、それぞれの取得者に対する遺贈や相続分の指定といった法律行為であるため、図表３－３による計算は、財産をもらう人ごとに行われます。例えば、１億円の遺産を１人のみに相続させた場合の手数料は、4万3,000円ですが、複数人に分けて遺す場合は以下のような費用計算を行います。

遺産総額：1億円
配偶者：4,000万円　➡　2万9,000円
長　男：5,000万円　➡　2万9,000円
長　女：1,000万円　➡　1万7,000円
合計：7万5,000円

したがって、財産の総額だけでなく分け方によっても公証人への手数料は変動しますので、ご注意ください。

●図表3－3　公証人の手数料

法律行為の目的の価額	金　額
100万円以下のもの	5,000円
100万円を超え200万円以下のもの	7,000円
200万円を超え500万円以下のもの	1万1,000円
500万円を超え1,000万円以下のもの	1万7,000円
1,000万円を超え3,000万円以下のもの	2万3,000円
3,000万円を超え5,000万円以下のもの	2万9,000円
5,000万円を超え1億円以下のもの	4万3,000円
1億円を超え3億円以下のもの	4万3,000円に超過額5,000万円までごとに1万3,000円を加算した額
3億円を超え10億円以下のもの	9万5,000円に超過額5,000万円までごとに1万1,000円を加算した額
10億円を超えるもの	24万9,000円に超過額5,000万円までごとに8,000円を加算した額

4　公正証書遺言のメリット・デメリット

公正証書遺言には、形式面で無効になることがなく、公証人や証人が確認しているため遺言能力の面で無効になる危険は他の遺言の形式と比べて低くなります。さらに、専門家の手が入るため紛失や偽造・変造のおそれがなく、遺言内容も正確になるため、実現しやすい遺言になることも良い点といえます。大きな特徴としては、家庭裁判所の「検認」の手続が不要なため、遺言執行が即座に可能となります。

一方で、公正証書遺言には作成に時間や費用が発生することや証人を探す大変さ、遺言を完全には秘密にできないといったリスクも生じます。

自筆証書遺言の場合も、法務局保管制度の創設によって安全性がきわめて高くなりますから、公正証書か自筆証書かも検討することになります。

これらの点を考慮して、自分にとってはどのような遺言をどのような方式で作成するのがよいかを検討する必要があるでしょう。

❺ 秘密証書遺言

Point

秘密証書遺言は公正証書遺言と自筆証書遺言の中間的な形式の遺言で、全文が自筆でなくてもよく公証人の関与は必要であるが、内容は公証人にも秘密にしておくことのできる遺言である。死後の開封には検認手続が必要な点や、紛失後の復活ができない点は法務局保管制度を利用しない場合の自筆証書遺言と同様なので、保管・管理には十分気を付けなければならない。

1　秘密証書遺言の作成方法

秘密証書遺言は、遺言者が自分で作成した遺言を封印し、それを公証人に確認してもらう方法の遺言で、ちょうど自筆証書遺言と公正証書遺言の中間のような性質を有している遺言です。

遺言者は署名・押印した遺言書を封筒に入れて封印し、公証人に提出し、証人２人以上の立会いのもとで氏名・住所等を述べることで作成できますので、公証人等の関与はありつつも、公正証書とは異なって遺言書の内容を秘密にすることができます。

しかし、結局は費用がかかったり、開封の際には検認の手続がいるといったデメリットもあります。

2　秘密証書遺言を書く際のポイント（民法970）

(1)　全文自筆でなくてもよいこと

自筆証書遺言と異なり、遺言の本文を含めて全部を自分で書く必要がありません。パソコンで遺言書の本文や目録を作成しても構いませんし、他の人の代筆でも有効です。そのため、内容は理解できても全文を自分の手で書くのが困難な高齢者等でも、利用しやすい遺言といえるでしょう。

(2)　署名・押印を必ず行うこと

全文が自筆でなくともよいといっても、遺言書への署名・押印だけは必ず遺言者本人で行う必要があります。パソコン等で自分の名前を打ち込んでも署名にはなりませんので、自分の手で署名することを忘れないでください。

押印に用いる印鑑は、自筆証書遺言のときと同様に、法律上は認印等どのようなものでも問題ありませんが、実印を使用することをお勧めします。

(3)　修正をするときは自筆証書遺言と同様の方法で行うこと

自筆証書遺言と同様に、秘密証書遺言の際も遺言に修正を行うときは修正テープ等を使うことはできず、法律で決められた方法で行い必要があります。詳しい修正の方法は前記❷の自筆証書遺言の項目で説明していますが、複雑な修正方法のため、書き間違いの際にはそのページ全体を書き直すほうが安全でしょう。

(4)　封筒に入れ、遺言書に押印したものと同じ印鑑で封印をすること

自筆証書遺言では封筒に入れなくとも遺言としては有効でしたが、秘密証書遺言では必ず遺言書を封筒に入れなければなりません。そして遺言書を入れた封筒を糊付けして閉じ、その綴じ目に必ず「遺言書本文に押印したものと同じ印鑑で」封のための押印をする必要があります。

この「封印」は法律で定められた決まりですので、遺言書本文に押したものと違う印鑑を使った場合は、秘密証書遺言としては無効になってしまいますので、よく気を付ける必要があります。

なお、封印を違う印鑑で押してしまった場合のように、秘密証書遺言としては無効であっても、遺言書自体が全文自筆で日付もある等で自筆証書遺言としての要件を満たしていれば、自筆証書遺言としては有効なものになります。不安な人は、秘密証書遺言としては認められない場合の保険として、自筆証書遺言として認められるように、念のため全文を自筆で書いておくという方法もあります。

(5)　２人以上の証人の立会い

秘密証書遺言の作成にも、公正証書遺言の場合と同様に、公証人以外に２人の証人が必要です。証人になれる人や同行の原則等は前記❸の公正証書遺言の項目で詳しく説明をしていますので、ご参照ください。

(6)　公証人と証人の前での申述

遺言者は作成して封印した遺言書を公証役場に持参のうえ、公証人と証人２人の前にその封書を提示して、それが自分の遺言書であ

ることとその遺言書を書いた人の氏名・住所を述べる必要があります。

この申述を受けた公証人は、その遺言の封筒に、その証書を提出した日付と遺言者の申述を記載した後、遺言者・公証人・証人2人の全員がその封筒に署名・押印を行います。

この公証人等の署名をもって秘密証書遺言が完成します。

(7) 秘密証書遺言作成の手数料

秘密証書遺言の作成には公証人の関与が必要ですので、公証人に支払う手数料がかかります。この費用は1通1万1,000円と決まっていますので、公正証書遺言に比べると安価といえます。

(8) 遺言者の死後の開封には検認手続が必要

秘密証書遺言は、公証人の認めた封印があることが要件です。この封が破られていたり、開かれた跡が残る秘密証書遺言には法律上の効果が認められません。

秘密証書遺言の開封には、家庭裁判所による検認の手続を受ける必要があります。相続人が勝手に開けてしまうことのないように、注意喚起をしておくことを心がけましょう。

3 秘密証書遺言のメリット・デメリット

秘密証書遺言は、自筆要件がない点で自筆証書遺言より緩和されており、公正証書遺言とは異なって公証人にも内容を知られなくて済むという利点があります。また、法務局に預けていない自筆証書遺言と違って、遺言書に封がしてあることを公証人が保証してくれますので、内容の偽造や変造の疑いも起こりませんし、公証人による本人確認もありますから、遺言者の真意による遺言であったことを証明しやすくなります。

一方、秘密証書遺言は専門家である公証人による内容のチェックは受けられませんので、その点では無効等の危険性が残るということができます。さらに公証人への費用が必要であったり、証人の準備が必要な点は公正証書遺言と変わりませんので、なかなか気軽には使いにくい遺言です。開封のためには検認の手続が必要な点も、執行までの時間や手間がかかってしまいます。公正証書遺言と異なり、秘密証書遺言の原本は公証役場には残っていません。公証役場にあるのは公証人や証人等が証明・押印した封筒の控えだけですので、紛失や遺族らがその秘密証書遺言を発見できなかった場合にはどうすることもできません。

自筆証書を書きたいのだけれども、全文自分で書くことができない場合におすすめできる遺言書です。

秘密証書遺言を遺す際は、保管方法や発見してもらうための管理について十分に注意を払っておきましょう。

❻ 検認手続

Point

公正証書遺言と法務局保管制度を利用した自筆証書遺言以外のすべての遺言を開封するためには、家庭裁判所で検認手続を受ける必要がある。封のない遺言もこれに従って登記手続等を行うためには、検認手続が必要である。相続人には、検認の必要性を認識していない人も多いため、注意喚起を。

1 遺言書の検認手続

遺言書を見つけた場合、公正証書遺言と法務局保管制度を利用した自筆証書遺言以外の遺言（法務局に預けていない自筆証書遺言と秘密証書遺言）は、封をしているものについては勝手に開封してはならず、家庭裁判所による「遺言書の検認」という手続を受けなければならないことになっています。仮に、法務局保管でない自筆証書遺言や秘密証書遺言を勝手に開封してしまった場合は、民法により５万円以下の過料が課せられることがあります。

封印のされていない自筆証書遺言についても、法務局に保管されていない限りは遺言書による登記や預貯金の解約等を行う場合は検認手続を行って、「検認済証明書」を添付しなければ登記等はできません。公正証書遺言と法務局保管制度を利用した自筆証書遺言以外の遺言がある場合には必ず検認手続が必要です（民法1004）。

2　検認手続の流れ

家庭裁判所が行う検認は、相続人に対し遺言の存在とその内容を知らせるとともに遺言書の状態等を裁判所で確認するものです。検認手続は、次のような手順で行われます。

(1)　検認手続の申立て

公正証書及び法務局保管の自筆証書以外の遺言書の保管者又はこれを発見した相続人は、遺言者の死亡を知った後、遅滞なく遺言書を家庭裁判所に提出して、その検認を請求しなければならないものと定められています。

検認の申立てには、遺言者の出生時から死亡時までのすべての戸籍謄本や相続人全員の戸籍謄本を添付する必要があります。

(2)　検認手続の申立先・費用

検認手続は遺言者の最後の住所地の家庭裁判所で行うことと民法で決まっていますので、その裁判所へ申立書や必要書類を持参又は郵送で提出します。

自身で検認手続を行う場合に裁判所に支払う手数料は遺言書1通につき800円ですが、裁判所が相続人らに連絡を行うための郵便切手も予納する必要があります。この切手の金額等は裁判所によって異なりますので、提出の前に確認するようにしてください。

(3) 裁判所から相続人への通知

検認の申立ての請求を受けた裁判所は、遺言者の相続人全員の住所に対し、遺言者の遺言が存在することと、裁判所で検認を行う日時を連絡し、出席を希望する相続人は期日に来るように促します。

公正証書遺言と法務局保管制度を利用している自筆証書遺言以外の遺言の場合は、この通知によって検認の前の段階で相続人全員が遺言の存在を知ることになります。

(4) 検認手続期日

実際の検認手続の場は、その時点での遺言書の状態を記録するためのものであって、遺言の有効・無効を判断する手続ではありません。検認手続では、相続人に対し遺言の存在と内容を知らせるとともに、遺言書の形状・加除訂正の状態・日付・署名などについて、検認の時点における遺言書の内容を明確にして、その後の遺言書の偽造・変造を防止するために行われます。

検認期日では、前述のような遺言に関する一切の事実（文面の写し、使用された用紙や筆記具、作成年月日、筆跡等に関する出席相続人の意見等）を確認して、「検認調書」という書類が作成されます。

(5) 検認済証明書の交付

検認手続が完了すれば、裁判所の検認済証明書が付いた遺言書が返却されます。この検認済証明書は、裁判所書記官によって作成され、「この遺言書は令和○年○月○日に検認されたことを証明する」といった文章が書かれています。この検認済証明書がなければ、遺言書に基づいた不動産登記や預貯金の解約等はできません。

第4章

遺言書作成における相続税法上の留意点

❶ 小規模宅地等の特例適用を考慮して遺言書を作成する

Point

小規模宅地等の特例では、相続した宅地等のうち特定居住用宅地等については330㎡まで80%、特定事業用宅地等及び特定同族会社事業用宅地等については400㎡まで80%、貸付事業用宅地等については200㎡まで50%と、相続税の課税価格を減額することができる。

1　小規模宅地等の特例が適用される面積

相続又は遺贈によって取得した財産のうち、相続開始の直前において被相続人等の事業の用又は居住の用に供されていた宅地等で、建物等の敷地の用に供されているものがある場合において、相続人等が取得したこれらの宅地等のうち限度面積までの部分を「小規模宅地等」といい、相続税の課税価格に算入すべき価額は、それぞれの用途に応じ一定割合を減額して計算した金額とされています（措法69の４）。

図表４－１のとおり、特定事業用等宅地等（特定事業用宅地等と特定同族会社事業用宅地等）については400㎡を上限にその評価額の80%が、特定居住用宅地等については330㎡を上限にその評価額

●図表4－1　小規模宅地等の特例の適用関係

利用区分		限度面積	減額割合
事業用	特定事業用宅地等	400㎡	80%
	特定同族会社事業用宅地等	400㎡	80%
	貸付事業用宅地等	200㎡	50%
居住用	特定居住用宅地等	330㎡	80%

の80％が、賃貸事業に供されている貸付事業用宅地等については200㎡を上限にその評価額の50％がそれぞれ減額されます。これらを「小規模宅地等についての相続税の課税価格の特例」（以下「小規模宅地等の特例」）といいます。

2　適用最大面積は730㎡に

なお、特定事業用等宅地等と特定居住用宅地等のみを特例の対象として選択する場合については限度面積の調整がなく、特定事業用等宅地等の400㎡までと、特定居住用宅地等の330㎡までの合計730㎡まで適用することができ、宅地についての最大の減税措置となっています（措法69の4②一・二）。

ただし、貸付事業用宅地等を選択する場合については、図表4－2

●図表4－2　調整計算

$$\left[\begin{array}{c}\text{特定事業用宅地等}\\+\\\text{特定同族会社}\\\text{事業用宅地等}\end{array}\right]\times\frac{200}{400}+\left[\begin{array}{c}\text{特定居住用}\\\text{宅地等}\end{array}\right]\times\frac{200}{330}+\left[\begin{array}{c}\text{貸付事業用}\\\text{宅地等}\end{array}\right]\leqq 200\text{ ㎡}$$

400㎡まで	330㎡まで	200㎡まで

に示すような調整計算を行わなければなりませんので、ご注意ください（措法69の4②三）。

3　適用要件のポイントと遺言書作成の注意点

特定事業用等宅地等、特定居住用宅地等については誰が取得するのか、その後どう利用するのかなど、図表４－３の要件を充足しているかにより、特例の適用可否が異なります（措法69の4③一・二）。

被相続人や生計一親族の事業の用に供されていた宅地等で、その宅地等を取得した相続人等がこれらの事業を継続する場合には、一定の場合を除き、特定事業用宅地等として400㎡まで評価が80％減額されます。

なお、相続開始前３年以内に事業の用に供された宅地等は適用除外とされます。ただし、その宅地等の上で事業の用に供されている建物・附属設備・機械等の減価償却資産の価額がその宅地等の価額の15％以上である場合には、特例を適用することができます。

同様に被相続人等が相続発生まで居住に供していた宅地等で、その宅地等を取得した相続人等が配偶者である、同居しており居住を継続する者である、３年以内に同族関係者等が有する家屋等に居住していない者等である場合には、特定居住用宅地等として330㎡まで80％減額されます。

配偶者は無条件でこの特例を適用でき、令和２年４月１日に施行された配偶者居住権に対しても適用できます。このように、取得者やその後の利用状況によって、特例適用の可否が決まり相続税負担が大きく異なりますので、遺言書を作成する場合には要件を充足するかどうか熟慮したうえ、誰に取得させるかを決めてから作成してください。

●図表４－３　対象宅地等の要件

◎被相続人か、被相続人と生計を一にしていた親族の居住もしくは事業用に供していた家屋の敷地（宅地）

↓

特定居住用宅地等（注）

①　配偶者が取得した場合

②　被相続人と同居していた親族が申告期限まで引き続いて居住している場合

③　配偶者及び同居法定相続人がいない場合で、相続開始前３年以内に自己又はその配偶者・３親等内の親族・同族会社・一般社団法人等が所有する家屋に居住したことがない者又は居住している家屋を有したことがない者等が相続するなど一定の場合で申告期限まで保有している場合

↓

特定事業用宅地等（注）

①　被相続人が営んでいた事業を申告期限まで引き続き営んでいる場合

②　被相続人と生計を一にしていた親族が相続開始前から申告期限まで自己の事業の用に供している場合

相続開始前３年以内に事業の用に供された宅地等は特定事業用宅地等から除外。ただし、その宅地等の上で事業の用に供されている建物・附属設備・機械等の減価償却資産の価額がその宅地等の相続時の価額の15%以上である場合には、特例適用可。

（注）・配偶者が自宅を取得した場合（要件なし）
・相続税の申告書の提出期限まで引き続きその宅地を所有し、居住や事業を継続している場合に限る。
・居住や事業を継続しない相続人の共有持分については適用できない。

❷ 二世帯住宅や老人ホームに入居していた場合の注意点

Point

同居が原則の小規模宅地等の特例適用だが、別生計の二世帯住宅の敷地であっても区分所有していない限り、適用できる。また、老人ホーム入居後に空家になっている旧自宅の敷地であっても、一定要件の下、この特例の適用を受けることができる。

1　二世帯住宅でも80%評価減の対象となる

二世帯住宅にもさまざまありますが、一棟の建物であっても内部では相互に移動できない建物の場合、それぞれ独立した建物となります。例えば２階部分に子夫婦が、１階部分に両親が居住している完全分離型二世帯住宅の場合に、その敷地を所有している父に相続が発生した場合、子は被相続人と同居していないうえ生計が別であるため、原則として、小規模宅地等の特例の適用を受けることができません。

しかし、完全分離型の二世帯住宅であっても区分所有登記されていない一棟の建物の敷地の場合、取得者が特例の適用を受けるとして申告すれば、生計が別であっても生計が一であるとみなし、被相続人のみならずその親族が居住していた部分に対応する敷地もすべてが特例の対象とされます（措通69の4－21）。

ところが、建物のうち二世帯が区分所有登記されていると、子夫婦の居住している2階部分に対応する敷地については、被相続人の居住用宅地等に該当せず要件を満たさないとして、特例の適用ができません（措通69の4－7の3）。

完全分離型の建物であってもそれぞれが区分所有登記されていない場合には、二世帯住宅の敷地全体が特定居住用宅地等の適用対象となり大きな減税措置が受けられるのですから、二世帯住宅を取得する際には、誰が資金を負担しどのように登記するのか、十分気を付けたいものです。

また、同居とみなされた場合には、父の一次相続と母の二次相続と2回の相続の双方で適用を受けると、合計660㎡も80％減額の対象となるのですから、しっかりとこのことを考慮して遺言書を作成してください。

2　老人ホームに入居していた場合には？

被相続人が老人ホーム等に入居したことにより、居住の用に供されなくなった自宅の敷地等であっても、次の3条件を満たしている場合に限り、相続開始の直前において被相続人の居住の用に供されていたものとしてこの特例が適用されます。

① 被相続人が相続開始直前に要支援・要介護の認定を受けていること（措通69の4－7の2）
② その家屋が事業（貸付け等）の用に供されていないこと
③ その家屋が生計別の親族等の居住の用に供されていないこと

なお、老人ホーム（老人福祉法29条に規定する所有権方式によるホームを除く）だけではなく、一定の法律に定めるグループホーム・介護老人保健施設・サービス付高齢者向け住宅や障害者支援施設のような施設に入居している場合も適用対象となります。

やむを得ず老人ホームに入所した、地価の高い都心に自宅を有する人の相続人にとっては、安心できる特例の適用です。

3　信頼関係と支え合う気持ちが特例を大きく活かす

親が老人ホームに入り空家になった後、相続人一家が引っ越してきた場合は特例は適用できませんが、一緒に生活していた親が老人ホームに入った場合には適用できます。こういった生前の信頼関係や支え合う気持ちが、小規模宅地等の特例を最大限に活用する方法です。

また、配偶者や同居法定相続人がいない場合において、相続開始前３年以内に自己又はその配偶者・３親等内の親族・同族会社・一般社団法人等が所有する家屋に居住したことがない者又は居住家屋を有したことがない者等が取得すれば、この特例の適用を受けることができます。遺言書で相続する予定の子は自己又はこれらの者が所有する家屋に居住しないほうが相続税負担が軽くなります。

家族が一団となってお互いに信頼し合い助け合う円満な家族関係こそが、この特例を活かし一挙に相続税が減額することになるのです。将来同居しようかと考えている人は、熟考のうえ、被相続人の生前中に引っ越して、親と二世帯で同居するならば、大きな相続税の節税となるでしょう。遺言書を作成する前に、家族で今後どのように生活していくのかを検討しておくことをお勧めします。

③ 事業用宅地等の特例適用を受けるための注意点

Point

小規模宅地等の特例を適用すると、特定事業用宅地等の場合は400㎡につき80％減額される。被相続人のみならず生計一親族の事業用宅地等の場合も対象となり、特定同族会社の事業用宅地等の場合も一定要件のもと対象となる。有利に活用できるよう遺言書を作成すべき。

1　特定事業用宅地等の適用要件

特定事業用宅地等として400㎡まで80％減額される特例対象は、図表４－４のいずれかに該当する宅地等をいいます。ただし、家賃や地代の授受がある場合には貸付事業用となるため、特例の適用対象となりません（措法69の4③一）。

(1)　被相続人の事業用宅地等

被相続人の事業の用に供されていた宅地等で、相続等した者が被相続人の事業を相続税の申告期限までに承継し営んでおり、かつ、相続税の申告期限まで有している場合には、この特例の適用対象となります。

●図表4－4　特定事業用宅地等の適用要件

区　分	特例の適用要件	
被相続人の事業の用に供されていた宅地等 （措法69の4③一イ）	事業承継要件	その宅地等の上で営まれていた被相続人の事業を相続税の申告期限までに承継し、かつ、その申告期限までその事業を営んでいること
	保有継続要件	その宅地等を相続税の申告期限まで保有していること
被相続人と生計を一にしていた被相続人の親族の事業の用に供されていた宅地等 （措法69の4③一ロ）	事業継続要件	相続開始前から相続税の申告期限まで、その宅地等の上で事業を営んでいること
	保有継続要件	その宅地等を相続税の申告期限まで有していること

(2)　被相続人と生計を一にしていた親族の事業用宅地等

被相続人と生計を一にしていた親族の事業の用に供されていた宅地等を、その事業を行っていた親族が取得した場合において、その親族が相続開始前から相続税の申告期限まで事業を継続し、その宅地等を相続税の申告期限まで有している場合には、この特例の適用対象となります。

(3)　相続開始前3年以内に事業供用された宅地等は除外

ただし、平成31年4月1日以後の相続又は遺贈に係る相続税から、相続開始前3年以内に事業の用に供された宅地等は、特定事業用宅地等から除外され、小規模宅地等の特例が適用できないことになりました。なお、一定規模以上の事業は対象外とされています。

一定規模以上の事業とは、その宅地等の上で事業の用に供されている建物又は構築物及びその事業に係る減価償却資産の相続開始時における価額の合計額が、その新たに事業の用に供された宅地等の相続開始時の価額の15％以上である場合とされています（図表4－5）。

図表4－5　一定規模以上の事業

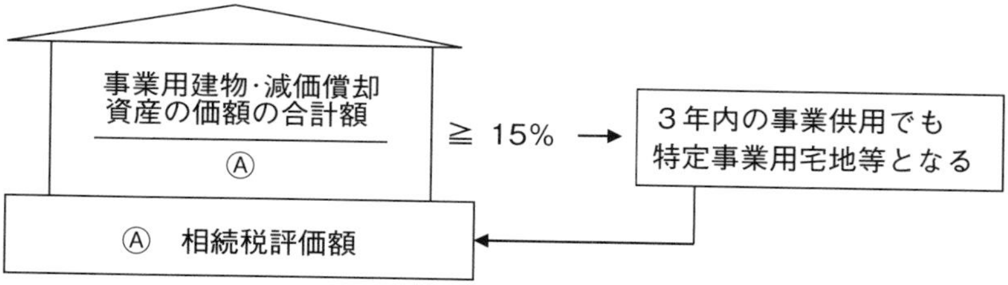

また、被相続人が相続開始前3年以内に開始した相続等により特定事業用宅地等を取得し、かつ、その取得の日以後引き続き特定事業の用に供していた場合におけるこの宅地等は、前述の新たに事業の用に供された宅地等には該当しないとされ、小規模宅地等の特例の適用を受けることができます。

2　特定同族会社事業用宅地等の適用要件

(1)　特定同族会社事業用宅地等の特例の適用要件

被相続人が所有していた宅地等が、特定同族会社の事業（不動産貸付業を除く）の用に供されていた場合において、その宅地等を相続した親族が相続税の申告期限においてその会社の役員であり、かつ、その宅地等を相続税の申告期限まで有していた場合には、特定

●図表４－６　特定同族会社事業用宅地等の要件

区　分	特例の要件	
特定同族会社(注1)の事業(注2)の用に供されていた宅地等	法人役員要件	相続税の申告期限においてその法人の役員(注3)であること
	保有継続要件	その宅地等を相続税の申告期限まで有していること

（注１）　特定同族会社とは、相続開始の直前において被相続人及びその親族等がその法人の発行済株式の総数又は出資の総額の50％超を有している法人（相続税の申告期限において清算中の法人を除く）をいう。
（注２）　不動産貸付業でないこと。
（注３）　法人税法２条15号に規定する役員（清算人を除く）をいう。

同族会社事業用宅地等として特例の適用対象となります（図表４－６）（措法69の4③三）。

特定同族会社とは、相続開始直前において、被相続人及びその親族等がその会社の発行済株式総数又は出資の総額の50％超を有している会社をいいます。

（２）賃料の授受がなければならない

被相続人が有していた宅地等の上に特定同族会社が所有する建物等があり、その事業を行っている場合には、被相続人とその会社の間で地代の授受をしていることが必要です。また、被相続人又は生計を一にしていた親族の建物があり、特定同族会社が建物を借りて事業を行っている場合にも家賃の授受をしていることが必要です。ゆえに、無償又は固定資産税相当額の授受しかしていなかった場合には、この特例の適用対象となりません。

ただし、建物を被相続人と生計を一にしていた親族が所有していた場合において、その親族が被相続人からその敷地を無償で借り受けていた場合にはこの特例の適用対象となります。

このように、特例の実際の適用に当たっては、詳細に適用要件を満たしているか否かについて検討しておく必要があります。

3　貸付事業用宅地等の適用要件

貸付事業用宅地等とは、次のいずれかに該当する宅地等をいいます。ただし、対象面積は200㎡まで、減額割合は50%とされています（措法69の4③四）。

(1)　被相続人の貸付事業用宅地等

被相続人が所有していた土地等が、不動産貸付業、駐車場業、自転車駐車場業等の用に供されていた場合において、宅地等の取得者が、被相続人がその宅地等の上で営んでいた貸付事業について、相続税の申告期限までにその貸付事業を承継し営んでおり、かつ、その宅地等を相続税の申告期限まで有している場合には、この特例の適用対象となります。

(2)　被相続人と生計を一にしていた親族の貸付事業用宅地等

被相続人と生計を一にしていた親族の貸付事業用宅地等を取得した者が、相続税の申告期限までその貸付事業を営んでおり、かつ、その宅地等を相続税の申告期限まで保有している場合には、この特例の適用対象となります。

(3) 相続開始前３年以内に貸し付けられた宅地等は除外

ただし、貸付事業用宅地等の範囲から、相続開始前３年以内に新たに貸付事業の用に供された宅地等は除外されます。

なお、相続開始の日まで、３年を超えて特定貸付事業（事業規模の不動産経営をいう）を行っていた被相続人が貸付事業の用に供しているものは、３年以内の事業供用宅地等であっても除外されません。よって、すでに特定貸付事業を行っている方は見直しに該当しませんのでご安心ください。

4　どの宅地に適用するかの判定

最も減額の大きな宅地等を小規模宅地等の特例の対象として選択するのが、相続税の総額を減少させるにはベストですが、当然に特例適用者が最も有利になります。相続税の総額は増えても、相続人１人ひとりにとっては自分自身の相続税額が最少であるのが、最も有利な選択になります。その意味では、どの宅地でこの特例を適用するかは、財産分割を決める際にしっかりと考えておくことが必要です。

また、相続税の申告に当たっては、全員の同意がなければこの特例の適用は受けられないので、遺言書に誰がこの特例を適用するかも指示しておけば、もめごとが少なくなるでしょう（措令40の2⑤）。

5　同居で相続税を大きく節税する

地主にとっての相続税節税のポイントは、この小規模宅地等の特例適用による減額を最大限に活用することです。この特例の適用を受けることのできる面積は、小規模宅地等のうち、特定事業用宅地等及び特定同族会社事業用宅地等ついては400㎡まで、特定居住用宅地等は330㎡まで、相続税評価額が80％評価減されますので、これを最大限に活用する方法を考えます。

例えば、被相続人は事業をしておらず、生計別の相続人が事業をしている宅地の場合にはこの特例は適用できません。そこで、図表４－７の事例のように二世帯住宅を建て、相続発生までに被相続人と相続人が生計を一にすれば、一気に相続税評価が大きく下がることになります。

ただし、特定居住用宅地等の適用要件は一棟の建物であれば完全分離型の二世帯住宅でも可能ですが、特定事業用等宅地等の場合は生計一親族が条件ですので、事例のようなケースで完全併用するには二世帯が自由に往来でき、かつ食事等をともにするなど、生計一の形態となる二世帯住宅であることが必要ですのでご注意ください。

こうすれば、遺言書で自宅や事業用建物の敷地をその子に相続させ、かつ、小規模宅地等の特例を適用できるように付言事項を書いておけば、他の相続人も納得できるのではないでしょうか。

●図表４－７　二世帯住宅を建て生計を一にする

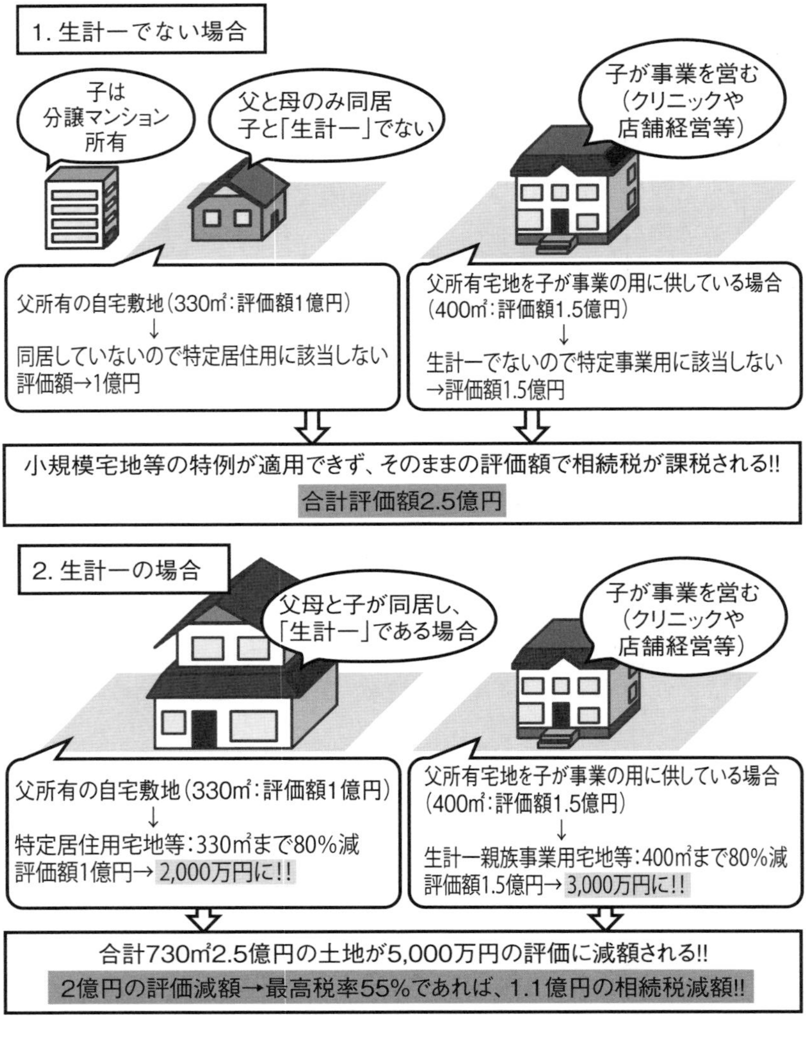

6　特定同族会社の判定は同族関係者で50%超

被相続人等が同族株主である会社が事業をしている店舗や工場の敷地については、相続税の申告期限までその会社の事業の用に供されていた場合、特定同族会社事業用宅地等として400㎡の土地について、80%の評価減ができます。特定同族会社とは、被相続人等と同族関係者が株式の議決権総数の50%超を有する会社をいいます。なお、同族関係者には六親等内の親族、三親等内の姻族及び同族会社を含みますが、生計を一にしているかどうかは問いません。

ただし、特定同族会社の役員が取得した宅地等のみが対象となりますので、その点をきちんと理解して遺言書を作成することが望まれます。

❹ どのように相続させるかが節税のポイント

Point

土地の評価は相続分割後の利用状況によって評価する。自用地等の場合、分筆して複数の相続人に分割して取得させれば、別々に評価することになり評価額が下がることもある。また、筆が分かれていても建物が建っていれば、一体として評価することになる。

1　相続後の状況により取得した土地ごとに評価

相続又は遺贈により取得した土地の評価は、被相続人が所有していた時の状態ではなく、相続人等が取得した１画地の土地（利用の単位となっている１区画の土地）ごとに評価します。すなわち、被相続人の相続発生時の状態で評価するのではなく、相続後の取得者ごとに、かつ利用単位ごとに評価します。１画地になるかどうかは次のような基準によって判断します（評基通7）。

①　宅地を居住用、事業用の二つの用途に利用していても、所有と利用を自ら行っている場合には、１画地となる。

②　一団の宅地のうち、一部を貸地、残りを自己使用する場合には、それぞれを１画地とする。

③　普通借地又は定期借地で土地を複数貸している場合には、同一

人に貸し付けられている部分ごとに１画地の宅地とする。

④　貸家建付地を評価する場合において、貸家が複数あるときは、原則として、各棟の敷地ごとに１画地の宅地とする。

なお、登記している土地の一つの単位を「１筆」といいますが、同じ地目の２筆以上の土地が一体利用されていれば全体で一つの評価単位となりますし、１筆の土地が２以上の利用形態であればその利用単位ごとの評価単位となります。

例えば、空閑地を分筆して相続人それぞれに取得させ、相続人ごとに異なる利用をしていれば、不合理分割でない限り、相続後の利用単位に応じ評価することになります。

2　分筆して相続したほうが有利な場合

相続に際し、正面と裏面の二方の道路に接している土地や角地等の場合、複数の相続人が共有で相続すると二方路線影響加算や側方路線影響加算があり、１㎡当たりの土地の相続税評価額が高くなります。しかし、以下の設例のように分筆して取得させると、それぞれの土地がそれぞれの路線価を正面路線価として評価することになり、土地の評価額を引き下げることができます。

例えば、評価の高い表通り（20万円）と評価の低い裏通り（15万円）の路線価が異なる二方に面している土地を配偶者と子に共有で取得させると、表通りを基準に裏面影響加算をして評価します。ところが、二つに分筆して配偶者と子に別々に土地を取得させると、裏通りに面した土地は裏面の路線価で評価することになり、相続税評価額が14％近くも下がります。相続後に配偶者と子が２人でこの土地を一体活用すれば、土地の経済的な価値は同じとなるにもか

●図表4－8　事　例

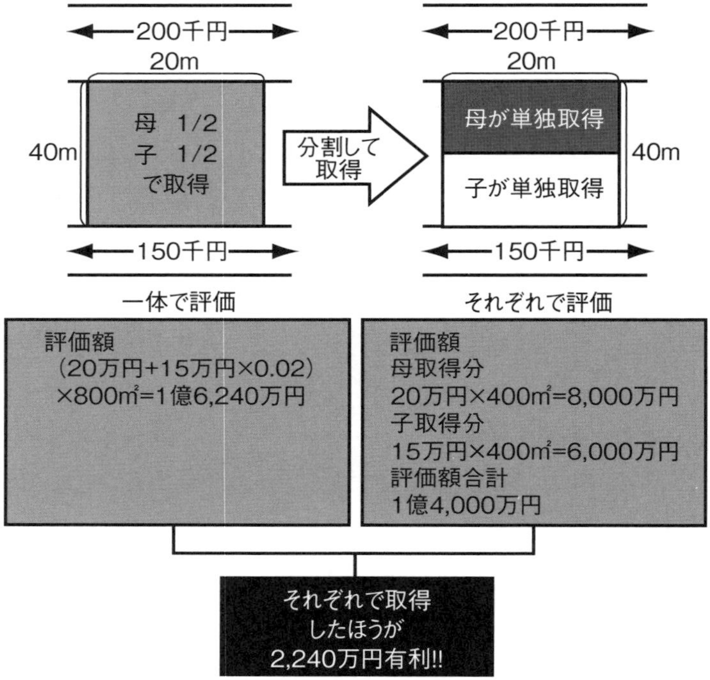

かわらず、親子であっても取得者ごとに評価しますので、相続税評価額は下がり有利となります（図表4－8）。

遺言書を書くに当たっては、その前に一工夫したいものです。

3　地積規模の大きな宅地の評価方法

従来の「広大地評価」が廃止され、平成30年1月1日以後の相続・贈与から新たに「地積規模の大きな宅地の評価」の適用が開始されています（評基通20－2）。

この通達では、その判定を明確にし、評価対象地の特性によってその適用可否が変わらないように適用範囲が明確化され、所在地と地積、地区区分等のみで以下の適用要件と計算方法が定められています。

(1) 適用要件

地積規模の大きな宅地の判定は、以下の①、②をともに満たすことが要件とされています。

① 地積要件

(イ) 三大都市圏に所在する宅地……500㎡以上

(ロ) 三大都市圏以外の地域に所在する宅地……1,000㎡以上

三大都市圏の範囲は、以下のとおりとされています。

ⓐ 首都圏整備法2条3項に規定する既成市街地又は同条4項に規定する近郊整備地帯

ⓑ 近畿圏整備法2条3項に規定する既成都市区域又は同条4項に規定する近郊整備区域

ⓒ 中部圏開発整備法2条3項に規定する都市整備区域

② 地区要件

「普通住宅地域」・「普通商業・併用住宅地域」に所在する宅地のみが対象とされます。ただし、次の(イ)～(ハ)に該当するものについては対象外とされます。

(イ) 市街化調整区域に所在する宅地（ただし、開発行為が可能な地域を除く）

(ロ) 都市計画法に規定する工業専用地域に所在する宅地

(ハ) 容積率が400％（東京都の特別区においては300％）以上の地域に所在する宅地

（注）　市街地農地等の評価における「宅地であるとした場合の1㎡当たりの価額」についても、同様に評価する。

(2)　補正率の算式

地積規模の大きな宅地の規模格差補正率は、次の計算式によります（図表４－９）。

$$\text{規模格差補正率} = \frac{\text{Ⓐ} \times \text{Ⓑ} + \text{Ⓒ}}{\text{地積規模の大きな宅地の地積Ⓐ}} \times 0.8$$

（注）　小数点第2位未満切捨て

●図表４－９

三大都市圏に所在する宅地

地　積	Ⓑ	Ⓒ
500㎡以上 1,000㎡未満	0.95	25
1,000㎡以上 3,000㎡未満	0.90	75
3,000㎡以上 5,000㎡未満	0.85	225
5,000㎡以上	0.80	475

三大都市圏以外の地域に所在する宅地

地　積	Ⓑ	Ⓒ
1,000㎡以上 3,000㎡未満	0.90	100
3,000㎡以上 5,000㎡未満	0.85	250
5,000㎡以上	0.80	500

(3)　計算過程

地積規模の大きな宅地は、次の計算式により評価されます。

（各種補正等(注)を考慮後の土地評価額）× 規模格差補正率 ＝ 評価額

（注）　各種補正等

側方加算・二方加算・三方四方加算、奥行価格補正、不整形地補正が含まれ、ここまでの補正率は0.6が限度とされている。

なお、無道路地は「規模格差補正率」を乗じた後の価額の0.6が限度とされている。

4　地積規模の大きな宅地評価の注意点

地積規模の大きな宅地の場合、利用単位を変えずに活用して、面積のすべてに地積規模の大きな宅地の評価を適用できるようしておくことが節税のポイントです。地域によって500㎡以上又は1,000㎡以上と異なりますが、適用面積を超える地積規模の大きな宅地については、評価額が通常の評価後20％以上引き下げられるからです。

例えば、1,000㎡を超えると地積規模の大きな宅地となる場合、800㎡のＡ宅地と900㎡のＢ宅地を所有しているとします（三大都

●図表４－１０　事　例

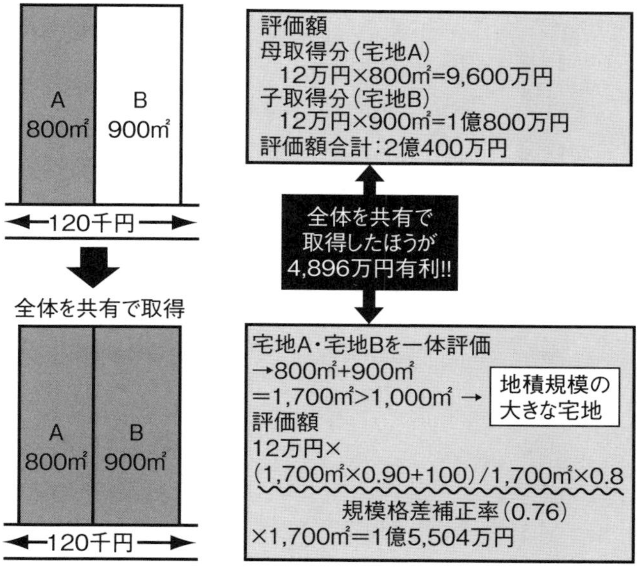

市圏以外の地域)。ＡとＢの宅地を別々に評価すると1,000㎡以下で、地積規模の大きな宅地としては評価できませんが、１人の人がどちらも相続すると1,000㎡を超えることになります。

ＡとＢを一体として評価するならば、1,000㎡を超えることになり、地積規模の大きな宅地として相続税評価額が減少することになります。この場合には、ＡとＢを別々の相続人に取得させるのではなく、ＡとＢのどちらをも２人の相続人に共有で取得させるとよいでしょう（図表４－10)。

5　遺言書の作成時には相続税を考慮する

遺言書作成に当たって重要なことは、相続人にあまり負担がかからず、相続してよかったと思ってもらえる相続を実現することでしょう。よって、相続人の資金負担という面からすると、相続税の問題は無視できません。遺産の取得方法により相続税額は異なるのですから、可能な限り、相続税が高額にならないように配慮と工夫をすることは遺言書作成には必要不可欠ですので、以下の点を考慮した検討が必要でしょう。

①	複数の道路に面している宅地は分筆して、取得者が異なると評価が低くなることがある
②	地積規模の大きな宅地の評価減を受ける場合には、一体評価できる土地の面積が一定規模を超えなければならない
③	誰が相続すれば小規模宅地等の特例の適用を受けられ、有利になるのか考慮して遺産の分配を工夫する
④	農業従事者でないと納税猶予の適用を受けられず、終身営農をする覚悟がある農地についてのみ納税猶予の適用を受けるよう助言する
⑤	配偶者の税額軽減を最大限活用して、その後、二次相続税の対策をするのも有効な遺産分割である

6　遺言書で上手に相続させるには事前準備が重要

図表４－８の事例のように、土地を分割して複数の相続人に取得させる場合、まず土地を分筆してそれぞれを別々地番の土地として登記したうえで、各相続人に取得させることになります。原則として、分筆の際には隣地との境界確認、測量等が必要とされるため、相当な費用がかかります。

遺言書の作成に備え、評価引下げ対策ともめごとを残さないための準備として、生前に分筆しておけば、これらにかかる費用相当額の預金が減少しますので相続税の課税対象から除外できます。

分筆することが決まっているなら相続開始前に実行しておき、分筆後の土地を誰に遺すかを記載した遺言書を作成しておけば、対策の完了となりますので安心です。

5 配偶者の相続を考慮した遺言書作成のポイント

Point

配偶者が相続人である場合、二次相続での相続税等の負担軽減を考慮した遺産の取得が望まれる。残された配偶者は、値上がりしない財産や消費される財産を相続することが基本。また、将来の生活が安定して、安心して暮らせる資産を相続させることも大切である。

1　一次相続の工夫は二次相続対策の出発点

相続の基本は、人の死亡によるその人の財産の次の世代への承継であるといわれています。しかし、実際には、同世代である配偶者への相続や同じ世代の兄弟姉妹のほか、前の世代である親への相続もあります。

夫婦間の相続においては、配偶者の税額軽減規定が設けられていることから、配偶者が相続税を納税しなければならないケースは少ないと思われます。配偶者と子が相続人である相続で遺産総額が相続税の基礎控除額を超える場合において、配偶者が法定相続分（又は1億6,000万円）までを相続しても相続税はかかりませんが、子が相続した部分に対して相続税が課されることになります（相法19の2)。

次に、その配偶者から子が相続し相続税を納税することにより、親の世代から子の世代にすべての財産が承継されることになり、相続税の納税義務は完結することになります。

そこで、一次相続（例えば、父の相続）が発生したときに、母がどのような種類の財産をいくら相続するかということは、二次相続（母の相続）に大きな影響を与えます。一次相続における遺産取得の工夫は、二次相続対策の出発点ということになります。配偶者がいる場合の遺産取得の工夫による相続税等の軽減の具体策について説明します。

2　配偶者が相続により取得する財産の選択基準

配偶者の相続により取得させる財産の選択については、二次相続の際の税負担が軽くなるように工夫することが必要です。

例えば、評価会社が大会社で、類似業種比準価額で計算し評価される会社の場合、死亡退職金の支給に伴い１株当たりの利益金額が小さくなることで評価額が下落することが見込まれる自社株式や、消費される財産（現金預金等）を中心に選択することが賢明です。

さらに、残された配偶者の生活の安定を図ることができる財産も優先して取得させるべきでしょう。例えば、自宅建物などは最適です。なぜならば、建物についての相続税評価額は固定資産税評価額とされており、時の経過とともに減価していくからです。また、現預金や安定した収益を生む不動産などを取得させれば、配偶者の将来生活は安心です。なお、これらの現預金は本人の消費や子や孫への贈与等により減少する可能性が高いので、二次相続対策にもなります。

3　配偶者は小規模宅地等の特例を選択しない

小規模宅地等の特例の適用を受ける場合には、できるだけ、配偶者に相続させた宅地等に適用しないほうが、一次相続と二次相続の合計税額の負担は軽減されます。すなわち、配偶者が取得した宅地等から小規模宅地等の特例の適用を受ける場合で、配偶者が法定相続分以上相続するときは、一次相続における相続税額は変わりませんが、二次相続までの通算相続税で比較すると大きな負担額の差が生じます。

なお、配偶者居住権についてもその敷地所有権についても小規模宅地等の特例は適用できます。それぞれの適用面積については、評価額で按分して計算することとされています（図表４－11）。

●図表４－11　事　例

前提条件

- ❻２の事例（後述）の金額を用いる
- 宅地面積は300㎡と仮定する

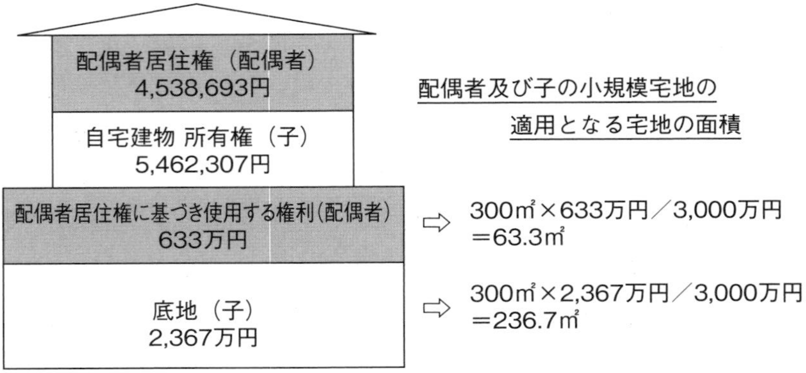

小規模宅地等の特例の適用は、相続人等の全員の合意による選択に任されていますので、遺言書の付言事項で誰が適用を受けるとよいか書いておくとよいでしょう。

4　配偶者に相続させると税法上有利になる場合

同居している子がいるなら、自宅の敷地のうち330㎡に対応する割合を子に相続させるとよいでしょう。また、330㎡を超える部分の割合は配偶者に相続させます。一次相続では特定居住用宅地等の80％評価減の適用は相続税がかからない配偶者でなく、相続税がかかる子が適用を受けるのが望ましいからであり、限度面積を超える部分について配偶者に相続させておけば、二次相続でも小規模宅地等の特例適用を受けることができるからです。

●図表4－12　事　例

相続税評価額合計10億円……相続税　3億円

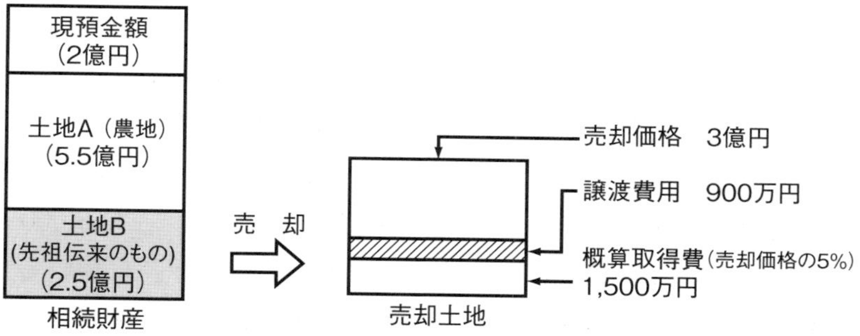

3億円－1,500万円－900万円－ $\boxed{\text{3億円} \times \dfrac{\text{2.5億円}}{\text{10億円}} = \text{7,500万円}}$ ＝2億100万円

（注）　上記の計算は、復興特別所得税を考慮していない。

また、売却予定の土地も配偶者以外に相続させると所得税法上有利となります。相続した土地を相続税の申告書の提出期限から３年以内に売却した場合、相続税のうち売却した土地に係る割合の部分を土地の取得費に加算できる特例（取得費加算特例）があるからです。譲渡所得税が減税になることは確かですので、売却予定地は配偶者以外に相続させるように遺言書を作成してください（図表4－12）。

5　通算相続税を軽減するための配偶者の相続割合

配偶者が高齢で、かつ、配偶者固有の財産が多額にあるにもかかわらず、遺言書で配偶者が法定相続分以上を相続し、結果として二次相続まで含めた通算相続税が重くなった事例も少なくありません。

配偶者にどのような財産をいくら相続させるのか慎重に検討を重ねなければなりません。さらに、相続税の課税の特例の選択を誤らないようにしなければ、相続税等の負担は過重なものとなってしまいます。専門家からアドバイスを受けながら、賢く遺言書を作成することが大切です。

相続又は遺贈により財産を取得した者が被相続人の配偶者であるときは、一定の要件のもとでその配偶者の相続税額が軽減されます。そこで、一次相続の納付すべき相続税額を最も少なくするには、配偶者に相続させる財産の価額を、法定相続分以上又は１億6,000万円以上にすればよいことになります。しかし、一次相続に続いて二次相続が短期間に発生することが想定される場合には、配偶者に一次相続においていくら遺産を相続させれば有利かについては、一次相続及び二次相続の相続税を通算して判定する必要があります。

極端な例として、同一年中に連続して相続が発生した場合において、被相続人の遺産が５億円で残存配偶者に固有の財産が１億円ある事例では、同一年中に相続が発生したことによる相次相続控除を考慮すると、配偶者が一次相続の財産の10％のみを相続するケースが一次及び二次相続における通算相続税額は最も少なくなるのです。

このように遺言書を作成するときには、子が払うべき相続税の総額を最も低く抑えたいならば、配偶者の固有財産もきちんと考慮しておく必要があります。

❻ 配偶者居住権を考慮した遺言書作成のポイント

Point

配偶者居住権が施行され、相続税評価額や消滅時の課税上の取扱いは明確化されている。残された配偶者の居住権と生活の安定を守りながら、遺産分けや相続税対策を考えるうえで配偶者居住権の活用は重要。配偶者の今後の動向や二次相続も考えたうえで、配偶者居住権を考慮した遺言書を作成することが望まれる。

1　配偶者居住権を設定するかどうかの判断

配偶者居住権については、相続税評価の計算方法が定められています（**第１章⓫**参照）。配偶者居住権は不動産の相続税評価額から所有権の評価額を控除して計算しますので、配偶者の相続分と子等の負担付所有権を相続した者の相続分を合計すると、単独で相続した場合と評価額が同額になります。つまり、相続時に配偶者居住権を設定しても相続財産評価額の合計額が変わるわけではないので、相続税の節税になるわけではありません。

しかし、配偶者が死亡したときの相続税の取扱いや、配偶者が介護施設へ入居するなどにより配偶者居住権が消滅した場合の課税の取扱いが明らかになり、どう活用するかで税金の負担が大きく変わってきます。これらをきちんと踏まえたうえで、配偶者居住権を考慮した遺言書を作成しましょう。

2　事例による配偶者居住権の相続税評価額

遺言書で配偶者居住権を設定した場合、配偶者と所有者の相続税評価額がどうなるかを事例で確認してみましょう。

（前提条件）

① 夫に相続が発生、妻は85歳（夫死亡時）

② 自宅建物相続税評価額1,000万円
（金属造、骨格材の肉厚3.2mm：耐用年数27年、経過年数15年）

③ 自宅土地相続税評価額3,000万円

④ 遺言により、妻に配偶者居住権（終身）を設定して遺贈し、子に自宅の建物・土地を相続させる。

(1) 負担付建物所有権の評価額（子の相続分）

$$1{,}000\text{万円} \times \frac{(27\text{年}\times 1.5)^{※1} - 15\text{年}^{※1} - 9\text{年}^{※1※2} = 17\text{年}}{(27\text{年}\times 1.5)^{※1} - 15\text{年} = 26\text{年}^{※1}} \times 0.766^{※3}$$

$$= 5{,}008{,}461\text{円}$$

（※1） 6か月以上は1年に切上げ、6か月未満は切捨て

（※2） 住居権の存続年数　85歳女性の完全生命表による平均余命（6か月以上は1年に切上げ、6か月未満は切捨て）…… 8.73年 ⇒ 9年

なお、完全生命表は5年に1度作成され、令和4年

３月に第23回が公表されました

（※3）　複利現価率　年利率３％のときの９年の場合

……0.766

⑵　配偶者居住権の評価額（妻の相続分）

10,000,000円－5,008,461円＝4,991,539円

⑶　負担付土地所有権の評価額（子の相続分）

30,000,000円×0.766＝22,980,000円

⑷　配偶者敷地利用権の評価額（妻の相続分）

30,000,000円－22,980,000円＝7,020,000円

⑸　配偶者居住権の評価額（⑵＋⑷、妻の相続分の合計）

4,991,539円＋7,020,000円＝12,011,539円

⑹　負担付建物・土地の所有権の評価額

（⑴＋⑶、子の相続分の合計）

5,008,461円＋22,980,000円＝27,988,461円

3　配偶者死亡等による配偶者居住権消滅時の課税の取扱い

配偶者居住権は配偶者の一身専属的な権利ですから、設定時の期間満了又は配偶者の死亡によって消滅します。この場合の課税関係については、相続税も贈与税も課税されません。

配偶者居住権を設定することにより、第一次相続時に子が取得した建物・土地等の所有権については配偶者居住権が控除されますので、大きく相続税評価額が下がることになります。その後、配偶者の死亡により第二次相続が発生した場合においては、配偶者居住権が消滅し建物・土地等が完全所有権となり、子の財産価値が増え相続税評価額が上がるのですが、この評価増に相続税はかかりません。

死亡により消滅した配偶者居住権については贈与税も相続税もかからないのですから、小規模宅地等の特例を十分に考慮したうえでの判断なら、相続税対策の効果が高い方法といえるでしょう。

4　小規模宅地等の特例と配偶者居住権の関係

配偶者敷地利用権についてもその負担付土地所有権についても、相続税では土地等とみなし、適用要件を満たしている場合には小規模宅地等の特例を適用することができます。土地所有権又は配偶者敷地利用権について、特定居住用宅地等に係る小規模宅地等の特例の適用を受ける場合においては、その特例対象宅地等の面積は、その面積に、土地所有権の価額又は配偶者居住権の価額が、これらの価額の合計額のうちに占める割合を乗じて計算した割合を面積とみなして、小規模宅地等の特例の適用を受けることができます。つまり、その土地の面積を配偶者居住権とその土地の負担付所有権の価額で按分することになります。

例えば、配偶者が子と同居しており、配偶者が居住権を、子が土地所有権を相続により取得した場合、それぞれの価額で面積を按分しますので、一人で相続した場合と同じ面積について適用を受けることになるためデメリットはありません。

5　合意や放棄による配偶者居住権消滅時の課税の取扱い

(1)　土地・建物の所有者の課税の取扱い

死亡する前に介護施設への入居などにより、配偶者が自宅を必要としなくなることもあります。その時に配偶者が配偶者居住権を放棄したり建物所有者と合意すれば、配偶者居住権が消滅することになります。この場合には、建物及び土地等の価値は完全所有権となり、所有者が自由に使用収益できるようになるため所有者側の価値が上がることになります。

課税においてはその経済的価値の増加に着目し、建物・土地の所有者が、その消滅直前に、配偶者が有していた配偶者居住権の価額を、配偶者から贈与によって取得したものとみなし、贈与税が課税されますのでご注意ください。なお、合意によって対価が支払われた場合には、その対価の額を控除した価額に対して贈与税が課税されることになります。

(2) 配偶者の課税の取扱い

相続又は遺贈により配偶者居住権を取得した者が、配偶者居住権及び配偶者敷地利用権の消滅により所得を得た場合には、総合課税による譲渡所得とされ、その取得者である配偶者は被相続人からその取得時期を引き継いだものとされ、取得した日以後5年を経過する日後の消滅かどうかにより、長期又は短期の判定がされます。

配偶者居住権が消滅した場合の譲渡所得の計算は消滅による対価の額から取得費を控除することになります。ただ、配偶者居住権は取得時に対価を支払うわけではありませんので、取得費をどう計算するかが明確ではありません。そこで、取得費を配偶者居住権と配偶者敷地利用権に区分し、取得費の計算方法が定められました。

① 配偶者居住権の取得費の計算

配偶者居住権を取得したときにおける配偶者居住権の目的となっている建物の取得費の額（減価償却後の金額）に、相続開始時における配偶者居住権の相続税評価額が相続開始時における建物の相続税評価額に占める割合（配偶者居住権割合）を掛けて計算した金額により取得したものとします。

その金額から、その金額に配偶者居住権を開始の時において取得した時から消滅した時までの期間の年数（6か月以上は1年とし6か月未満は切捨て）が、取得時における配偶者居住権の存続年数のうちに占める割合（1を超える場合は1）をかけて計算した金額を控除した金額が、配偶者居住権の譲渡所得金額の計算上、取得費とされます。

☆配偶者居住権の取得費の計算

取得費 ＝

$$\underbrace{\text{建物の取得費の額}^{※1} \times \text{配偶者居住権割合}^{※2}}_{Ⓐ} - Ⓐ \times \text{存続年数のうち取得時から消滅時までの割合}^{※3}$$

※1　取得時までの減価償却をした金額

$$※2 = \frac{\text{相続開始の時における配偶者居住権の相続税評価額}}{\text{相続開始の時における建物の相続税評価額}}$$

$$※3 = \frac{\text{取得時から消滅時までの期間の年数}\begin{pmatrix}\text{6か月以上1年}\\\text{6か月未満切捨}\end{pmatrix}}{\text{取得時における配偶者居住権の存続年数（相続税評価による年数）}}\ \text{（1超は1）}$$

② 配偶者敷地利用権の取得費の計算

配偶者敷地利用権を取得したときにおけるその土地等の取得費の額（減価償却後の金額）に、相続開始時における配偶者敷地利用権の相続税評価額が相続開始時における土地等の相続税評価額に占める割合（配偶者敷地利用権割合）をかけて計算した金額により取得したものとします。

その金額から、その金額に配偶者敷地利用権を開始の時において取得した時から消滅した時までの期間の年数（６か月以上１年、６か月未満切捨て）が、取得時における配偶者居住権の存続年数のうちに占める割合（１を超える場合は１）を掛けて計算した金額を控除した金額が、配偶者敷地利用権の譲渡所得金額の計算上、取得費とされます。

☆配偶者敷地利用権の取得費の計算

取得費 ＝

$$\underbrace{\text{土地等の取得費の額}\times\text{配偶者敷地利用権割合}^{※1}}_{Ⓐ} - Ⓐ \times \text{存続年数のうち取得時から消滅時までの割合}^{※2}$$

$$※1 = \frac{\text{相続開始の時における配偶者敷地利用権の相続税評価額}}{\text{相続開始の時における土地の相続税評価額}}$$

$$※2 = \frac{\text{取得時から消滅時までの期間の年数}\begin{pmatrix}\text{6か月以上1年}\\ \text{6か月未満切捨}\end{pmatrix}}{\text{取得時における配偶者居住権の存続年数（相続税評価による年数）}}\ \text{（1超は1）}$$

6　配偶者居住権の賢い活用法

説明してきましたように、配偶者居住権は取得時の相続税の取扱い、消滅時の贈与税及び譲渡所得税の取扱い、配偶者の相続時における相続税の取扱いと非常に税金の取扱いが複雑になっています。これらをきちんと理解し、配偶者の相続時のみならず将来の生活設計も踏まえたうえで、配偶者居住権を設定すべきかどうかを判断しなければなりません。

たとえ遺言で配偶者居住権を設定させたとしても配偶者がそれを拒否し他の遺産をもらうことができるように、遺言による配偶者居住権は遺贈しか認めておらず配偶者居住権のみを放棄することができます。税金のことを考えると配偶者居住権など設定しないほうが良かったということのないように、きちんと相続税・贈与税・所得税の負担を考慮したうえで配偶者居住権について遺言書に盛り込むことをお勧めします。

7 遺言書代わりに生命保険金等の受取人を指定する

Point

生命保険金や年金契約は被相続人の財産ではなく、遺言書に書かなくても遺せる受取人固有の財産である。死亡保険金と死亡退職金は相続税がかかるが、どちらにも非課税枠（500 万円×法定相続人数）があるので、賢く活用すれば遺産分けにも納税資金としても効果的だ。

1　生命保険金や死亡退職金は誰の財産？

死亡退職金や生命保険金、定期金（年金）給付契約は受取人の定めがあれば、相続財産にはならないことが原則です。これは、生前に被相続人が有していた財産ではなく、会社の規定や保険契約によって受取人のもとで初めて発生する性質の財産だからです。

よって、被相続人が保険契約者で保険料を支払っていた契約に基づき被保険者の死亡により保険金受取人が受け取った生命保険金や、被相続人が死亡したことにより遺族が会社から受け取った死亡退職金は受取人の固有の財産となります。そのため、遺産分割をする必要はないのです。まさに、遺言書の必要がなく相手に遺せる財産といえるでしょう。

2　生命保険金や退職金にも相続税がかかる

１で説明したように、死亡保険金は被相続人の財産ではなく受取人固有の財産なのですが、実態は保険料を負担していた被相続人の財産であるとみなされ相続税が課税されます。よって、保険料負担者と被保険者が被相続人であり、かつ、その死亡保険金の受取人が相続人等である場合、受け取った死亡保険金は「みなし相続財産」として相続税が課税されます（相法3①一）。

また、会社から支給される退職金は本来被相続人が受け取るべきものであるとして、会社の退職金規定に定める人が受け取った死亡退職金も、同様に「みなし相続財産」として相続税が課税されます。

3　相続税法上の非課税限度枠

しかし、遺族の生活保障という観点から、相続人が受け取った生命保険金及び死亡退職金のうち、図表4－13に示す一定金額につい

●図表４－13

生命保険金及び死亡退職金の非課税枠
500万円×法定相続人の数＝非課税金額 ・法定相続人の数は相続の放棄がなかったものとして計算する。 ・養子の場合、実子がいる場合には１人、実子がいない場合には２人までしか法定相続人の数に加えることはできない。
弔慰金の非課税枠
・業務上の死亡の場合……………………最終報酬月額の36か月分 ・業務上以外の死亡の場合……………最終報酬月額の６か月分

ては、相続税が課税されません。また、会社の規定に基づき支給される弔慰金に関しても、図表により計算した金額について非課税扱いとされています（相法12①五・六、相基通3－20）。

ただし、受取人が相続人であるのか、相続人以外であるのかによって、手取り額が大きく異なります。相続人以外の場合、相続人がもらった場合と比較すると、上記で説明した非課税枠がないうえ、財産を取得した者が一親等の血族（養子になった孫は除く）及び配偶者以外の場合は、相続税額が20％増しとなるからです（相続税の２割加算）。非課税枠を活用するためには、生命保険金等の受取人は相続人にしておかないと意味がありません。法定相続人であったとしても、相続を放棄すれば相続人ではなくなり、この非課税規定は適用されませんのでご注意ください。

なお、この非課税枠を活用するためには、養老保険や定期保険では長生きすると保険期間が終了してしまう可能性があるため、保障が一生涯続く終身保険に加入するとよいでしょう。

４　非課税枠の死亡保険金の受取人は配偶者を避ける

配偶者についてはさまざまな相続税法上の特典があり、その中に配偶者の相続税額の軽減措置があります。この制度は、配偶者が法定相続分まで、又は1億6,000万円までならば相続で財産をもらったとしても相続税がかからないというものです。しかし、子の立場に立つと、父が亡くなった時（一次相続時）に相続税を払い、また父の財産を相続した母が亡くなった時（二次相続時）に、もう一度相続税を払わなければなりませんので、両方の対策を考えなければなりません。

そうすると、相続税のかからない生命保険金は、税金のかからない配偶者ではなく、相続税を払わなければならない子が受け取るのが税法上ベストです。日本では慣習的に、生命保険金の受取人は配偶者になっていることが多いのですが、相続税のことを考えると、受取人は相続税を払わなければならない配偶者以外の相続人にすべきでしょう。

5　一次相続だけでなく二次相続にも備える

４で説明したように、子にとっては父と母の両方の相続を考える必要があります。ぜひ、生命保険のこの非課税枠は父の相続時のみならず、父の財産を半分法定相続する母の相続時にも活用したいものです。

母に収入がなければ、父が母の保険料を払ってください。父の相続の発生の時に、母がその契約を引き継げば効果は同じです。夫婦が健在の場合には、この非課税枠の特典をぜひダブルで活かしてください。

6　保険契約者が保険料を負担したとは限らない

一般的に、契約者＝保険料負担者と思い込んでいる人が多いようですが、生命保険契約においては、「両者を一致させなければならない」との取決めはありません。実際、子が契約者なのに、親の銀行口座から引き落とされているケースもよくあります。

例えば、妻が保険契約者・夫が被保険者で、夫の口座から保険料が引き落とされていた死亡保険金を妻が受け取った場合、夫が保険料を負担していたとされますので、所得税でなく相続税の対象となるのです。保険料を誰が負担しているのかは重要なポイントです。

7 死亡退職金の活用

生命保険金と同様に、死亡退職金と会社規定により支給される弔慰金は相続税の課税対象となりますが、非課税部分については相続税がかからず有利な資産となります。ただ、同族会社の経営者でない限り死ぬまで働き続け、会社から死亡退職金を受け取ることはレアケースでしょう。

個人事業、小規模な会社や不動産事業の経営をしている場合には、小規模企業共済等に加入しておくと、廃業しない限り経営を継続できますので、相続時に死亡退職金として共済金を受け取ることができ最適です。また、自分の不動産を出資する等により会社を設立し高収益経営を行い、相続発生までその会社の経営に従事し、相続発生時に子などに死亡退職金を受け取らせるのもよい方法でしょう。

ただ、事業会社の場合において、後継者に事業に必要な自社株式や事業用財産をすべて相続させると、他の相続人の遺留分を侵害する場合があります。この場合には、経営者の生前に役員退職金規定を整備し退職金の受取人を後継者に指定しておき、後継者がその死亡退職金を原資として、他の相続人へ代償金を支払うことができれば、問題解決となります。また、残った退職金で自社株式に係る多額の相続税の納税資金とすることもできますので、後継者にとって嬉しい方法といえます。

なお、小規模企業共済等の共済金の受取人は規約によって定められており、自由に受取人を決められないことにご留意ください。

8　死亡退職金や弔慰金の準備をしておく

役員退職金や弔慰金を支給するためには、会社で資金を確保しておかなければなりません。そこで、死亡退職金の準備を経常化し、会社の短期的な損益に関係なく行う手段として、経費性のある定期保険契約を利用する手法があります。例えば、役員給与を一部減額して保険料に充当したような場合においては、会社の資金繰りにも問題は生じません。ただ、令和元年以後法人税法上における保険料の損金算入の規定が大きく改正されていますので、ご注意ください。

遺言書代わりに活用するつもりなら、役員退職金や弔慰金規定を整備し、支給総額を誰がどのように受け取るのかを規定に定めたうえで、その原資となる資金を確保しておくことが重要です。

8 相続税では遺言による負担者から債務控除する

Point

遺言書で債務の負担者を指定した場合、相続税の申告でもその指定どおりに債務控除できる。ただ、所得税の計算上不利になることもあるので注意が必要。なお、公租公課については法律によって相続分により承継することが決められている。

1　民法における債務の承継と相続税における債務控除

遺言書で債務の承継者を指定した場合、相続人間ではその指定どおりということになるのですが、気を付けておかなければならないのは、債権者が遺言書の記載に従って、法定相続分の債務を免責してくれるかどうかです。免責してくれれば遺言書どおりで何の問題もないのですが、免責してくれなければ、遺言書で指定された者が債務の返済をできなくなれば、それ以外の相続人も各自の法定相続分の債務は返済しなくてはならないのでご注意ください。

一方、相続税は実質課税が原則ですので、債務については誰が相続したというより、誰が実質的にその債務を負担したかということで課税されます。よって、金融機関から免責されなくても、遺言書で指定された者が借金を引き受けたら、相続税の計算上、その引き受けた金額を債務控除することになります。

結果として、遺言により当事者間での債務引受けの認識があり、かつ借金を相続していないとして相続税の申告を行っていても、債権者が免責しない場合、もし債務を引き受けた者が払えなくなれば、他の相続人が法定相続分の債務を返さなくてはなりませんので、ご注意ください。これを併存的債務引受といいます。

2　相続財産から控除できる債務

相続財産から控除できる債務とは、確実と認められるものに限られます。遺言書で負担することになっても、契約に基づく違約金等で確実と認められるもの以外の債務は控除できません（相法14）。

また、賃貸不動産がある場合の敷金・保証金等については、その賃貸不動産等を取得した人が当然に引き継ぎますので、相続税の申告に際しては債務控除するのを忘れないでください。

なお、借入金等については、その資金で何を取得したかによって所得税の取扱いが異なります。例えば、賃貸不動産を全額借入金で取得した父が、長男・長女にそれぞれ２分の１ずつ相続させ、借入金の残額のすべてを、自宅を相続させる長男に引き継がせる遺言をした場合、相続後の所得税の計算において、その借入金利子がどのように取り扱われるかを考えてみます。

不動産所得の計算上必要経費となるものは、不動産所得を生ずべき業務の遂行上生じた費用に限られています。よって、長男は賃貸不動産の２分の１しか相続していませんので、不動産所得の計算上、引き継いだ借入金の利子のうち必要経費となるものは、借入金残額の２分の１に対応する利子だけとなります。長女については、２分の１の持分に応じた不動産所得が発生しますが、借入金を相続していませんので借入金利子を必要経費とすることができません。

このように、不動産と借入金がひも付き関係にあるものは、プラスの財産とそれに対応するマイナスの財産を一括して相続させないと、相続後の不動産所得金額の計算上、借入金の一部について必要経費とすることができなくなり、相続後の取得者の所得税計算上は不利になることもあります。

３　公租公課の債務控除

相続税の計算において、債務控除の対象となる公租公課は、被相続人の死亡の際、納税義務が確定しているもの以外に、被相続人の死亡後、相続税の納税義務者が納付することとなった被相続人に係る所得税・住民税、相続税、贈与税、登録免許税、自動車重量税及び消費税等の税金も含まれます。固定資産税については、賦課期日であるその年の１月１日において納税義務が確定していますので、固定資産税の納税通知書が届いていてもいなくても、相続開始年の固定資産税は支払った分を除き、相続税の債務控除の対象となります（相法13①・②）。

ただし、相続があった場合の国税について、国税通則法により、相続人が法定相続分によりあん分して計算した額を承継するとされていますので、遺言書によっても特定の割合で負担させることはできません。ただ、包括遺贈の場合には債務もその割合で負担することになり、相続税の申告上もその割合で債務控除することになります。

9 国外財産を持っている場合の留意点

Point

被相続人、相続人のいずれかが 10 年以内に国内に居住していたことがある場合には、相続税は全世界にある遺産に対して課税される。また、国外に財産が 5,000 万円超ある人は国外財産調書が必要で、提出漏れには罰金等の重い罰則がある。さらに、その国の相続税や相続の手続などがあるので、きちんとした遺言書を作成するなどの注意が必要である。

1　国外財産に対する相続税の課税

金融資産を多額に持っている人、特に過去に海外在住の人が国外に財産を所有しているのは、ごく一般的なことです。海外にある財産は日本の課税当局が把握できず、相続税を免れられると勘違いしている人もいますが、国際条約等により、今では不動産のみならず、容易に金融資産の残高を調べることもできるようになっています。

日本における所得や財産の移転については、世界中どこに居住していても日本の所得税や相続税・贈与税がかかります。また、日本に居住している人からの相続や贈与についても全世界課税ですので、世界中の財産の移転について、日本の相続税がかかるのです。

さらに、財産を相続等した人が日本に居住していなくても、日本国籍の有無にかかわらず、被相続人、あるいは相続人等のいずれか一方でも10年以内に日本に居住していたことがある場合には、一時的居住者である場合を除き、世界中の財産の移転につき、日本の相続税・贈与税がかかるのです。

2　税務署は国外財産の課税漏れに目を光らせている

近年では、土地や非上場株式の評価はもとより、上場株式などの金融資産も配当金等の資料との突合でその存在の確認が行われます。さらに、家族名義預金のチェックを最重要視するなど、調査担当官は課税漏れに目を光らせており、とりわけ富裕層の国外財産に対しては非常に注目度が高いといわれています。

高額所得者や資産家については、税務当局は生前から正確な財産把握に努めており、国際条約により世界中の税務当局と連携した情報交換が行われ、よりいっそう透明度が進み脱税の摘発がされる時流となっています。なお、国外財産に関する相続税の税務調査は、次の点を重視して行われます。

① 国外に財産を所有
② 相続人、被相続人のいずれかが国外に居住
③ 国外財産に関する資料がある
④ 国外の金融機関と取引がある

例えば、国外送金等調書により生前に外国の税務当局から外国税の還付金を受け取っていたことが判明している場合には、国外に不

動産などを所有していることや国外の金融機関に預金があることが想定できます。また、国外の銀行に100万円超の送金をすると、振込銀行から税務署へ報告書が提出され、その書類には、不動産を購入するためといった「送金の目的」が記載されています。

さらに、金融機関にその証拠として契約書や請求書のコピーの提出が求められますので、虚偽の送金目的は記載できません。この状況で、国外財産が相続税の申告書に記載されていなければ、税務当局から申告漏れと指摘されることは間違いないでしょう。

3　国外財産調書の提出義務

近年、国外財産に対する調査による所得税や相続税の申告漏れが増加しています。積極的に国外財産を申告してもらうために、その年の12月31日現在で合計5,000万円を超える国外財産を有する居住者は、財産の種類・数量・価額等を記載した「国外財産調書」を翌年３月15日までに提出しなければなりません。

国外財産の価額は、その国外財産のその年の12月31日における時価又は見積価額によります。国外財産の価額が外国通貨で表示される場合の円貨換算は、その年の12月31日における外国為替の売買相場により行うものとされます。

4　国外財産は換価手続が困難なので納税に注意

日本の金融資産の場合は多少手間がかかりますが、遺言書や遺産分割協議書があれば必ず、解約や名義書換えをすることができますので、相続税の納税に困ることのない財産です。ところが、国外財産の換金や名義書換えは、その地の法律に基づき行わなければなりませんので、日本の常識や専門家ではなかなか完了することはできません。世界には戸籍などない国が多く、相続人の証明すらなかなかできないからです。

たとえ、遺言書があったとしても、国外では通用せず、結局国外の専門家に一から依頼することになり、多くの時間と費用がかかったという話も聞きます。

よって、相続税が多額にかかる資産家が国外財産を持っている場合は注意が必要です。遺言書があったとしても、遺産分割が確定したとしても、納税期限までに国外財産を日本円に換金することができなければ、相続税を払うことができず、途方に暮れることが想定できるからです。

●図表4－14　国外財産調書制度のイメージ

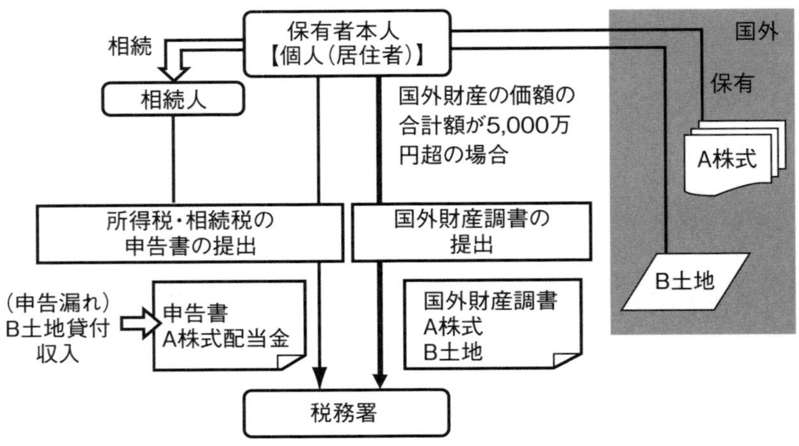

国外財産を所有している人はその地の法律を十分考慮し、きちんと名義書換えをすることができる遺言書を作成することが重要でしょう。もし遺言書では手に負えないと感じるなら、国内に財産を戻しておくなど、今からどう対処すべきか熟慮しておく必要があります。

また、相続税のことだけを考えるなら、相続発生前に金融資産を、国内にある賃貸不動産等の評価が下がるものに変換しておくなどの方法も、一つの選択肢といえます。遺言書を書く前にまず、整理しておきたい事項の一つです。

⑩ 遺言書もなく遺産分割も確定しないデメリット

Point

遺言書もなく遺産分割も確定しなくても、相続発生を知った日から10か月以内には法定相続分により相続税の申告を行わなければならない。また、その場合、配偶者の税額軽減や小規模宅地等の特例、納税猶予の適用を受けることはできず、物納をすることもできない。

1　遺言書もなく遺産分割も確定しない場合の相続税の申告書

相続が起こっても遺言書がなければ、遺産分割協議によって取得者が決まるまでは、原則として、相続人全員による法定相続分の割合による共有状態となります。その後、相続人間で話し合いがまとまれば法定相続分とは異なる遺産分割をすることができますが、相続人全員の一致が必要です。この遺産分割請求権には時効が定められておらず、何年後でも遺産分割をすることができますので、１人の賛同が得られないため十数年にわたって遺産分割協議を続けているというケースもあります。

そうすると、遺産分割協議が確定するまで、原則として遺産の最終取得者が確定しないことになり、相続税の計算ができないことになります。そこで、遺産分割が確定しなければ何年たっても相続税が徴収できない状態を回避するため、相続税法では相続税の申告期限までに遺産の全部又は一部の遺産分割が未確定であっても、その分割されていない財産は、共同相続人が法定相続分によって取得したものとしてその課税価格を計算するものとされています（相法55）。

このように遺言書もなく遺産分割も確定していない場合には、単独では遺産の利用が制限され、納税資金の準備が困難であるにもかかわらず、相続を知った日から10か月以内に相続税を払わなければなりません。

2　遺産確定前の申告におけるデメリット

遺言書がなく遺産分割が確定しないと、相続税の申告に当たって、課税上の取扱いが次のように不利になります。

(1)　配偶者の税額軽減制度

配偶者は相続税法上優遇されており、課税価格の合計額に対する配偶者の課税価格が法定相続分（法定相続分の割合が１億6,000万円に満たないときは１億6,000万円）以下であれば、相続税がかかりません。どのような巨額の相続をしても、配偶者であれば相続税の心配がいらないといわれているゆえんです（図表４－15)。

ところが、大変優遇されている配偶者の税額軽減ですが、相続税の申告書の提出期限までに遺産分割が確定していなければ、この特例の適用を受けることができず、全額を納税しなければなりません（相法19の2②）。２分の１以上の相続税額の軽減措置に待ったをされるのですから、配偶者にとっては残念なことです。

●図表4－15　配偶者の税額軽減額の計算式

相続税の総額 × (課税価格の合計額のうち配偶者の法定相続分相当額（1億6,000万円に満たない場合には1億6,000万円）と配偶者の実際取得額のうちいずれか少ないほうの金額) / (課税価格の合計額) ＝ 配偶者の税額軽減額

（注）　この場合の「配偶者の法定相続分」は、相続の放棄があった場合でも、その放棄がなかったものとした場合における相続分をいう。

(2)　小規模宅地等の特例

被相続人等やその同族会社が経営している事業用宅地、及び被相続人等の自宅の敷地については、一定の条件、規模で「小規模宅地等についての相続税の課税価格の計算の特例」という規定が設けられており、相続税の評価額が大きく減額されます（前記❶参照）。

(1)と同様、この特例についても、相続税の申告書の提出期限までにその適用を受ける宅地等について分割が確定し、相続人全員の同意を得なければ適用を受けることはできず、納税者全員の相続税額が増えることになりますので、残念なことです。

(3)　農地等の納税猶予制度の特例

三大都市圏の生産緑地とそれ以外の地域の農地等については、相続税の申告書の提出期限までに対象となる農地を取得し、かつ、農業経営を開始するなどの厳しい種々の要件を満たせば、本来の相続税額と、その農地等を農業投資価格という非常に低い相続税評価により計算した相続税額との差額の納税猶予が認められています（図表4－16）（措法70の6）。

●図表4－16　相続税の納税猶予適用要件の概要

誰から？	死亡の日まで、農業を営んでいた個人	
いつ？	申告期限内に取得	
誰が？	申告期限までに農業経営を開始する相続人	
何を？	①　調整区域農地 ②　三大都市圏の特定市の市街化区域にあるもの以外の農地 ③　生産緑地（都市営農農地等）	
どうする？	①　期限内申告書の提出 ②　担保の提供	遺言書又は遺産分割協議書が必要

ただし、遺言書もなく、申告書の提出期限までに遺産分割も確定しなかった場合には、この農地等の納税猶予の特例の適用を受けることができません。

特定生産緑地や調整農地は農業以外に使途のない土地ですから、この特例の適用を受けることができるかどうかは、まさに死活問題です。

(4)　非上場株式等の特例納税猶予制度

非上場株式等の相続税の特例納税猶予の適用を受ける場合には、令和6年3月31日までに認定経営革新等支援機関の指導及び助言を受けて作成された「特例承継計画」を都道府県に提出し、知事の確認を受けなければなりません。その後、令和9年12月31日までに相続が開始した場合には、会社は相続開始から8か月以内に経済産業大臣に対して認定申請を行い、猶予対象株式を取得した後継者はその認定書を添付して、相続税の申告書の提出期限までに特例納税猶予を受けたい旨の申告を行う必要があります（措法70の7の2）。

また、被相続人は、①代表者であったこと、②相続開始前と代表者であった当時のいずれかの時点において、被相続人と同族関係者で総株主等議決権数の50％超の株式を保有、かつ、同族関係者間（後継者を除く）で筆頭株主であったことが必要です。

さらに、特例納税猶予を適用できる後継者は、①少なくとも相続開始前に役員に就任し（被相続人が60歳未満で死亡した又は特例承継計画に後継者として記載されていた場合、直前において役員でなくても可）、相続発生後５か月を経過する日までに代表権を有すること、②後継者と同族関係者で総株主等議決権数の50％超の株式を保有していること、③単独の場合は同族関係者間で議決権が筆頭である株主、複数の場合は議決権割合を10％以上有する上位２人又は３人であること――などとされています。

これらの要件を充足している場合に限り、経営承継相続人が取得した株式等について非上場株式等の特例納税猶予を受けることができるとされていることから、遺言書がなく申告書の提出期限までに遺産分割も調わなかった場合にはもちろんのこと、５か月以内に代表者になっていなければならないこと等を考慮すると、遺産分割でもめることが予想される場合、納税猶予を受けるためには「後継者に自社株式を相続させる」遺言書が必要でしょう。

(5) 個人事業者の事業用資産に係る納税猶予制度の特例

個人の特定事業用資産の相続税・贈与税の納税猶予制度の適用を受ける場合には、認定経営革新等支援機関の指導及び助言を受けて作成された「個人事業承継計画」を令和６年３月31日までの間に都道府県に提出し、知事の確認を受けなければなりません。その後、令和10年12月31日までの間に相続が開始した場合には、特例事業相続人は相続開始から８か月以内に経済産業大臣に認定申請を行い、猶予対象事業用資産を取得した特例事業相続人はその認定書を添付して、担保の提供を条件に、相続等により取得した特定事業用資産の課税価格に対応する相続税の納税猶予を適用する旨の申告を行う必要があります。

なお、死亡した先代経営者からのみならず、先代経営者の相続開始の日の翌日から１年以内に、先代経営者以外の者が死亡したことにより、先代経営者と生計を一にしていた親族が保有していた特定事業用資産についても、相続税の納税猶予の適用対象となります。また、被相続人は相続開始の日の属する年、その前年、その前々年の確定申告書を、55万円又は65万円青色申告特別控除の適用を受けて提出していることが必要です。

さらに、後継者については、①先代が60歳以上である場合には、相続開始の直前において特定事業用資産に係る事業に従事していたこと等、②相続税の申告期限において、その特定資産に係る事業について開業届出書を提出し、青色申告者の承認を受けている（見込みも可）こと等が必要です。

先代事業者から相続等により財産を取得した者が特定事業用宅地等の小規模宅地等の特例の適用を受けている場合は適用できず、特定居住用宅地等を除き、他の宅地等が小規模宅地等の特例の適用を受けている場合には面積の制限がありますので、ご注意ください。

非上場株式等の特例納税猶予と同様、これらの要件を充足しなければ、後継者が取得した事業用財産について納税猶予の特例を受けることができないのですから、遺産分割がスムーズに完了できないことが予想される場合には、事業用財産を後継者に相続させる遺言書が必要でしょう。

(6)　国等に相続財産を贈与した場合は非課税

相続又は遺贈により、国・地方公共団体、又は特定認定ＮＰＯ法人等が取得した財産については、相続税がかかりません（措法70）。ただし、この遺贈により相続人等の相続税負担が不当に減少する場合は除かれます。

相続財産のうち相続人に必要がないと思われる財産があれば、それらを「世の中の役に立つ」ように国等に取得させ、相続人に必要な財産だけを取得させる遺言をしておけば、余分な相続税を払わなくて済みます。

(7)　物　　納

物納申請は相続税の納期限までに行うこととなっており、遺言書がなく遺産分割が調っておらず相続財産の所有権が確定しない場合には、物納財産としては不適格とされており、納期限後に合意が成立し遺産分割協議が確定したとしても、物納は認められません。修正申告書や更正の請求に併せた物納申請についても、増えた税額分しか物納は認められず、当初申告の納税額を物納に充てることはできません（相法41）。

したがって、遺産分割が相続税の申告書の提出期限までに調わない場合には、物納による納税が明らかに有利な場合であっても適用できないので、物納を予定している場合には、遺言書を書いておく必要があります。なお、複数の相続人が共有で相続した財産については、その共有者全員が持分の全部の物納手続を行うのであれば物納が可能となりますので、相続人が共同で物納する予定の財産については、共有で取得するよう遺言するとよいでしょう。

ZJS＜税理士情報サイト

①税理士向けニュース記事

無料会員　有料会員

毎日公表される税務に関する法令や通達、事務運営指針その他の情報を漏れなく、スピーディーに発信。また、キーワード検索もできますので、「過去の通達がいつ発出されたか」などの疑問もその場で氷解します！

②税理士情報メルマガ配信

無料会員　有料会員

日常業務に追われて、日々のニュースさえも毎日はチェックできない税理士先生のために、1週間まとめた税界の情報をパックでお送りします。さらに、話題の税務判決・裁決事例について、わかりやすく紹介します。

③税理士向け動画セミナー

無料会員　有料会員

無料会員向けの「セレクト動画」、有料会員向けの「プレミア動画」で、著名な税理士、弁護士、学者やその道のプロが、タイムリーなテーマを深く掘り下げてレクチャーします。いつでも手が空いた時に視聴可能です。

④税理士業務書式文例集

有料会員

税理士事務所の運営に必要な業務書式はもちろん、関与先企業の法人化の際に必要となる定款・議事録文例、就業規則等各種社内規程、その他税務署提出書式まで、約500種類の書式が、編集・入力が簡単なWord・Excel・Text形式で幅広く収録されています。

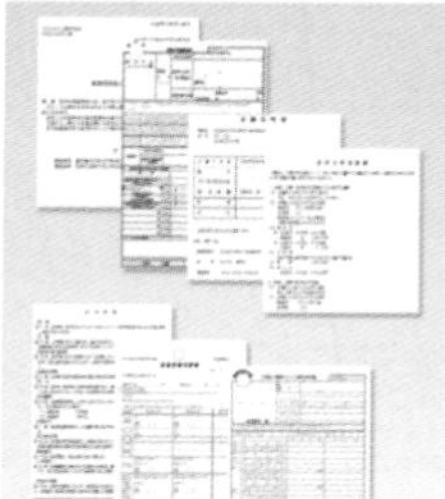

⑤ビジネス書式・文例集

有料会員

企業の実務に必要となる書式、官庁への各種申請・届出様式、ビジネス文書、契約書等、2000以上の書式・文例をWEB上でダウンロードすることができます(Microsoft Word・Microsoft Excel・PDF形式)。

サービス・コンテンツ一覧

⑥電子書籍の無料提供

有料会員

税理士にとって日頃の情報収集は必要不可欠。そこで、税理士情報サイトの有料会員向けに、原則として2ヵ月に1冊のペースで、日本法令の税理士向け最新刊（WEB版・PDFファイル形式）を無料提供します。

⑦ビジネスガイドWEB版

有料会員

会社の総務・経理・人事で必要となる企業実務をテーマとした雑誌「月刊ビジネスガイド」のWEB版が、2002年1月号から最新号まですべて読み放題。キーワード検索も可能です。

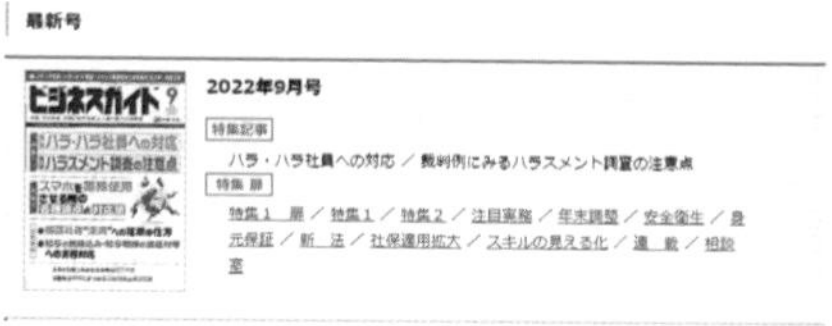

⑧税制改正情報ナビ

有料会員

税制改正に関する情報を整理し、詳しく解説します。具体的には、
- 税制改正に関する日々のニュース記事の配信
- 年度版『よくわかる税制改正と実務の徹底対策』Web版
- 上記書籍の著者による詳細な解説動画

等を無料で利用できます。

⑨税務判決・裁決例キーワード検索

有料会員

税理士業務遂行上、さまざまな税務判断の場面で役立てたいのが過去の税務判決・裁決例。ただ、どの事例がどこにあるのか、探すのはなかなか一苦労だし、イチから読むのは時間がかかる…。そこで、このアーカイブでは「キーワード検索」と「サマリー」を駆使することで、参照したい判決・裁決例をピンポイントで探し出し、スピーディーに理解することが可能となります。

⑩モデルフォーム集

有料会員

『法人税　税務証拠フォーム作成マニュアル』『家族間契約の知識と実践』などに収録した書式、文例および解説を完全収録。税理士業務でそのまま活用できます。

⑪弊社商品の割引販売

有料会員

日本法令が制作・販売する書籍、雑誌、セミナー、DVD商品、様式などのすべての商品・サービスをZJS会員特別価格〈2割引き〉で購入できます。高額な商品ほど割引額が高く、お得です！

税理士情報サイト　お申込みの手順

❶WEBで「税理士情報サイト」を検索

❷トップページ右上の「新規会員登録」をクリック

❸「無料会員登録」or「有料会員登録」を選択

無料会員登録

❹「個人情報方針」への「同意」をチェックして「申込ページ」へ。

❺お名前とメールアドレスを入力して、お申込み完了。

❻お申込みを確認後、ご登録いただいたメールアドレス宛に、「ログインＩＤ（会員番号）：弊社が設定した5ケタの半角数字」と「パスワード：お客様が設定した８文字以上の半角英数字」をご連絡いたします。

有料会員登録

有料会員年会費

税込 29,700円

❹「個人情報方針」、「会員規約」、「Japplic利用規約」への「同意」をチェックして「申込フォーム」へ。

❺入会申込みフォームに必要事項を入力、お申込み。

❻お申込みを確認後、弊社から請求書と郵便振込用紙（払込取扱票）をお送りいたしますので、所定の年会費をお振り込みください。お振込みを確認後、ご登録いただいたメールアドレス宛に、「ログインＩＤ（会員番号）：弊社が設定した5ケタの半角数字」と「パスワード：お客様が設定した８文字以上の半角英数字」をご連絡いたします。

日本法令®

お問合せ

〒101-0032　東京都千代田区岩本町1-2-19

株式会社日本法令　ZJS会員係

電話：03-6858-6965　FAX：03-6858-6968

Eメール：sjs-z@horei.co.jp

⓫ 相続税を考慮した遺言書作成のポイント

Point

財産をどう分ければよいかだけで遺言書を作成すると、特例が使えない、財産評価が異なるなどにより、思わぬ相続税の増加に驚くことになりかねない。相続税のことをきちんと熟知して遺言書を作成することは、何よりも大切なことである。

1　遺言書作成の手順

遺言書の作成は、前記❶から❾までにまとめたことを行ったうえで、次のような手順で行うとよいでしょう。

①　次の世代に伝えたいことを書き出す。
②　それぞれの相続人への分割案をまとめる。
③　分割案による各人の相続税額を計算する。
④　各人が相続税を金融資産で納税できるかどうかを検討する。
⑤　相続税負担が最小になるような分割案となっているか確認する。
⑥　④、⑤が確保されていなければ分割案を変更する。
⑦　分割案がまとまったら遺言書を作成する。

2　タイムスケジュールの例

(1)　現状分析

図表4－17は、タイムスケジュールの例です。まず、専門家に現況分析や相続・相続税対策に当たっての資料作成を依頼しますが、その業務を行ってもらうためには、依頼者が準備しなければならないことが多くあります。財産・債務の明細書を作成するための資料を準備するだけでも、相当時間がかかります。

依頼された専門家が整理して一覧表にし、その評価を出すだけでも3か月近くかかることもあります。最初から完璧に集めようとするのではなく、ある程度集まったら依頼した専門家等に渡し、不足分はその後随時追加するくらいのほうがよいでしょう。また、専門家等から追加資料を具体的に指示されることもあります。

(2)　遺言書を作成する

次に、万一に備えて現状分析を踏まえて現時点で実現可能な遺言書を作成します。遺留分に配慮して分割案を決めるのが理想ですが、各相続人への思いを第一に分割案を検討し、その分割案に沿って各人の相続税額を確認、各人の相続税額資金を手当てできるかどうかの確認も行います。

相続税の特例適用を限度いっぱい使い、かつ、各相続人への思いもかなえ、相続税の納税も問題ないかどうかはここでは満足させられないことが予想されます。まずは、万一への備えの第一弾の遺言書なのですから、それもやむを得ないでしょう。

●図表４－17　タイムスケジュールの例

項　目	資料準備	依頼日	実行日	済チェック
専門家への依頼				
現状分析	家系図作成			
	財産債務の把握			
	相続税の総額			
３か月以内	特別の貢献・感謝の思い			
	過去の贈与			
自筆遺言書作成				
相続対策	生前贈与対策			
	資産保有会社設立・活用			
随時	財産組替え			
３か月～２年	寄附			
	信託			
最終の遺言書作成	各相続人への思い			
	分割案			
	相続税額			
３か月以内	各人の納税資金			
	シミュレーション			
	確定			

3　生前に行う対策を選択し実行する

決定した分割案について、特例が最適に活用できるか、相続税の納税問題をどう解決するのか、相続税額をもっと減額する方法はないのか等をしっかり再検討します。遺言書で承継させるのではなく、生前に承継させる、財産を会社に持たせるなど、より有利な方法があれば、それらの対策を立案し実行します。

4　生前対策を考慮した遺言書を作成する

このように生前に最適な対策を実行していくと、自分の財産が大きく変動することになります。ここで、もう一度じっくり考えて遺言書を作成します。遺留分に配慮して分割案を決めるのが理想ですが、各相続人への想いを重視して構想を練り、その構想に沿った各人の相続税額を試算するとともに、相続税の特例適用を最適に活用できているか、その相続税額を納税できる資金が手当てできるかどうかを確認します。ここでは何度もシミュレーションを繰り返して、自分の思いをかたちにすることが非常に重要です。

これは最終的な遺言書となりますので、慎重にじっくりと検討するとともに、より確実にするために公正証書遺言や自筆証書遺言の法務局保管制度を利用することが望ましいでしょう。心残りのないようにしておき、あとは大好きな人たちと明るく楽しく元気よく過ごされることをお勧めいたします。

第5章

ケース別
遺言書の
上手な作り方

1 特定の後継者に不動産を相続させる遺言書の作り方

Case 1

３年前に妻を亡くした吉川さんは、東京都板橋区に広大な土地を所有しており、相続人は長男、次男、長女と３人の子です。自宅の他、アパートや賃貸マンションを多数所有しており、その管理運営は同族会社である株式会社吉川興産に任せています。

現在78歳で、長男の太郎夫婦と一緒に暮らしており、その長男は㈱吉川興産の社長として吉川家の不動産経営を担っています。次男の二郎さんは転勤の多い金融機関に勤務しており、現在は大阪に住んでいます。長女の花子さんは結婚して、夫と子に囲まれて隣町で幸せな生活を送っています。

吉川さんは後継者である長男に不動産を相続させ、預貯金と有価証券を次男と長女の２人に均分に相続させたいと思っていますが、相続で争って後々子たちがもめないような遺言書を作るにはどうすればよいか悩んでいます。

1　遺言書は法定相続分に優先する

現在の民法では、遺言や死因贈与契約等がない場合、亡くなった人（被相続人）の相続については法定相続が行われることになっています。法定相続とは、民法に定められた相続人（法定相続人）が、民法の定める割合（法定相続分）に従って遺産を承継する制度です

（民法900）。

吉川さんの場合、相続人は３人の子たちで、民法では３人の相続分は平等ですから各自が３分の１の相続分を有しています。しかし、法定相続以外では、必ずしも民法の定める相続分の割合に従って行わなければならないというわけではありません。民法では、被相続人が遺言で民法の定める相続分とは異なる相続分を指定することや遺言とは別に死因贈与契約を締結することを認めています。ですから、吉川さんは長男に不動産をすべて相続させ、次男と長女に預貯金等を均分に相続させる遺言を作成しておけば、遺言は遺言者の死亡と同時に効力を生じますので、相続が発生した場合には、直ちに長男が不動産を相続できる効果が生じるため、安心です。

2　遺留分制度と遺言の関係

遺留分とは、被相続人が有していた相続財産について、その一定割合の取得を一定範囲の法定相続人に保障する制度で、相続人の生活の保障等を目的にした制度です（民法1028）。

法律で定められた遺留分を侵害された相続人は、遺留分を侵害した受遺者や受贈者に対して、遺留分に相当する金銭の支払請求、すなわち遺留分侵害額請求を行うことができます。

遺留分の割合は相続人の種類ごとに異なっており、以下のとおりになっています。

①	直系尊属のみが相続人である場合、被相続人の財産の3分の1
②	①以外の場合、被相続人の財産の２分の１
③	兄弟姉妹には、遺留分はない

具体的な計算方法は、以下のとおりです。

吉川さんに長男、次男、長女がいる本ケースの場合、３人の相続分は３分の１ずつです。そして、遺留分は、その２分の１になりますので、３人の遺留分はそれぞれ６分の１と計算されるのです。

本ケースで相続するに際して、吉川さんが遺言を作成して長男に財産を集中させた場合、不動産と預貯金等との評価額によっては次男と長女の遺留分を侵害する可能性があります。今後の無用な紛争を避け、円滑な遺留分の清算を可能とするため、相続財産がどの程度のものになるかしっかりと整理したうえで、遺留分として支払わなければならない可能性のある現金や納税資金のためにも生命保険金、退職金等で長男の手元に資金を残しておくことも必要となるでしょう。

3　遺留分への対策

遺留分は、厳密にいえば実際に相続が発生しなければ計算できませんが、遺留分による紛争を避けるためには生前から対策をとっておくことが大切です。実際の遺留分対策としては、以下のような対応が考えられます。

(1)　生前からの十分な説明

被相続人である吉川さん自身が、次男と長女に対し、なぜこのような遺言にしたかということを、誤解のないように十分に説明したうえで、理解を得ておくことが無用な紛争を防止するために重要となります。

(2) 相続人の遺留分計算に対する十分な理解

相続法改正により遺留分の計算は非常に複雑になっていますから、後継者となる長男をはじめとする相続人の理解が重要です。遺留分計算の詳細（**第2章❸**参照）の理解は難しくても、せめて①相続財産に戻して遺留分を計算する相続人への贈与は原則相続開始10年以内のものに限られること、②遺留分権利者の受けた特別受益は計算した遺留分額から年数制限なく控除されること、は把握しておきたいものです。

この２点の改正により、相続法改正以前より実際に遺留分として支払いを行わなければならないケースは確実に減少しますし、遺留分額を支払う場合でもその遺留分額は改正以前よりも減少することが多いでしょう。

遺留分を請求し得る次男と長女に対し、遺留分の額は計算上さほど高額にならない可能性を理解しておいてもらうとともに、次男・長女へのまとまった生前贈与の証拠となる資料も残しておくことで、遺留分を請求しても労力のほうがかかるだけという判断をされる可能性が増えることでしょう。

(3) 遺留分の放棄許可制度の活用

法律上、被相続人の生前に相続放棄や遺産分割をすることはできませんが、遺留分の放棄を行うことは可能です。遺留分の生前の放棄には家庭裁判所の許可を得る必要がありますので、生前からの十分な説明により、次男と長女も納得してくれるのであれば、吉川さんの元気なうちに、次男と長女に遺留分放棄許可を得ておいてもらうことができれば、さらに安心できます。

4　もめごとを避けるための遺言作成

本ケースでは、実際の分割方法等についての遺言を作成するとともに、遺言書の中に「付言事項」を記載しておいたほうがよいでしょう。

遺言には相続分の指定等の法律的に意味のあること以外にも、遺言書を書く人の気持ちについても記載することができます。このような気持ちの部分を法律的には「付言事項」といい、法的拘束力はないのですが、付言事項は実際に相続が起こった時には、一定の威力を発揮することも珍しくありません。遺言書に「なぜこのような内容の遺言を書いたのか」という理由や思いを付言事項として書いておくと、相続人としては、遺言者の意思を汲み取りやすくなり、単に分割方法だけを記載した遺言に比べるとその遺言に納得しやすくなる人は多いでしょう。

特に、本ケースでは、遺言書に、同居して自分の事業を手伝ってくれている長男に、その家業の承継のためにも不動産を遺したいという気持ちが書いてあれば、他の相続人としても多少遺留分が侵害されていたとしても、あえて遺留分侵害額請求は行わず、故人の気持ちを尊重しようと思うことも多いのです。また、遺産分割の方法によって相続税の軽減があることもありますから、そのような点にも触れておけば付言事項にはより効果が見込まれるでしょう。

遺言自体の付言事項ではなく、いわゆるエンディングノートや相続人に対する手紙も、法的な効力はなくても相続人の理解を得やすくなりますので、よい方法といえるでしょう。

遺言書は法律的な文書ではありますが、それと同時に生前の自分の意思を相続人に伝える最後の手紙でもあります。多くの相続人に納得してもらえるような文章を書きたいものです。

生前に家族に話をしておくだけでなく、遺言書の末尾に「付言事項」の項目を設けて、なぜこのような遺言にしたかということを明記しておくこと自体も重要となります。場合によっては、不幸にも次男や長女が吉川さんよりも先に亡くなるかもしれませんし、その場合、遺言者の思いが生前には十分孫に伝わっていない場合も考えられるからです。

●遺言書記載例

第１条　私の有する下記の土地、建物及び当該建物内に存する一切の動産を長男太郎に相続させる。

記

①　土　　地

所　　在　○市○町○丁目

地　　番　○番○

地　　目　宅地

地　　積　○平方メートル

②　建　　物

所　　在　○市○町○丁目○番地○

家屋番号　○番○

種　　類　居宅

構　　造　木造瓦葺２階建

床 面 積　１階　○平方メートル

２階　○平方メートル

（以下、同様）

第２条　私の有する下記の預貯金及び有価証券等の金融資産を次男二郎及び長女花子に各々２分の１ずつ相続させる。

記

①　○銀行○支店扱い　普通預金

口座番号　×××××××

（以下、同様）

第３条　前２条記載の財産を除くその他の一切の財産については、長男太郎に相続させる。

●付言事項記載例

私は、ご先祖様の土地を引き継ぎ、自分の人生をかけて、土地を守ってきました。

ご先祖様から引き継いだ土地は、すべて私の跡継ぎである長男太郎夫婦に相続させることにしました。これからの時代、地主の仕事は、本当に大変なものですが、同居して公私ともに私を支えてきてくれた太郎夫婦には、引き続き是非とも吉川家の繁栄、存続のため、財産を守っていって欲しいと願います。

次男二郎と長女花子は、それぞれ結婚して家庭を持ち、幸せに暮らしていってくれており、うれしく思っています。親孝行な二人には心より感謝しています。私としては、二人には今までできる限りの支援をしたつもりですが、不十分と感じていたら、許してください。

どうか私がいなくなった後も、兄妹三人で仲良くしてくれることを切に願います。

❷ 相続税の節税や納税を考えた遺言書の作り方

Case 2

戦前に先祖伝来の土地を家督相続している伊藤さんは、練馬区で多くの不動産を個人名義で持っていますが、金融資産はあまり持っていません。伊藤さんの相続人は妻と後継者である長女夫婦（長女の夫とは養子縁組をしている）、次女です。

伊藤さんは後継者である長女夫婦にほとんどの不動産を引き継がせ、預貯金や有価証券を次女に遺したいと思っています。次女は独身で伊藤一家と同居しており長女夫婦の子を自分の子のようにかわいがっていますので、伊藤さんが考えている遺産分けに不満はないようです。遺言を書いておけば財産分けはうまくいくだろうけれども、不動産ばかり相続した長女夫婦は相続税の納税に困るだろうと夫婦で話し合っており、何とか相続税が安くなる分け方で、遺言書を作りたいと思っています。

1　配偶者が法定相続分を相続しても相続税はかからない

各人の相続税額を算出する場合、まず被相続人の純資産価額から基礎控除額を差し引いた課税遺産総額を法定相続人が法定相続分により取得したものとみなして税額計算し、各人の税額を合計して相続税の総額を算出します。そして、その相続税の総額を、各人が遺言により実際に取得した財産の割合に応じてあん分します。

配偶者が相続した場合には、配偶者の法定相続分と1億6,000万円のうち、いずれか大きいほうの金額については、配偶者の税額軽減により相続税額が軽減されます。よって、配偶者が取得した財産が1億6,000万円か法定相続分以下である場合は、配偶者には相続税はかかりません（相法19の2）。

ただし、この配偶者の相続税額の軽減の適用を受けるには遺産の取得が確定していることが要件ですので、遺言書を作成しておくことはとても重要なことなのです。

2　配偶者は評価の下がるものや収益を生まないものを相続する

このように、配偶者が2分の1を相続して相続税がかからないといっても、次に配偶者が亡くなった場合にはその配偶者が取得した財産に相続税がかかりますので、資産家にとっては配偶者を経由することで相続税が大きく減少するわけではありません。ただし、配偶者が何を相続するのかで二次相続に係る相続税額は大きく変わってきます。将来に評価が下がるものや収益を生まないものを配偶者が取得するとよいでしょう。

例えば、消費によって減少する預貯金や配偶者の居住用家屋又は配偶者居住権、親族へ使用貸借している家屋が挙げられます。家屋については、相続税評価額は固定資産税評価額が基準とされており、時の経過とともに減価していき、配偶者居住権については死亡による消滅時には相続税は課税されないからです。

3　小規模宅地等の特例を有利に適用できるようにする

租税特別措置法においては、自宅の敷地について配偶者や同居している親族等が相続した時に、相続税の納税のために住み続けられないということのないように、330㎡まで80％減額できる「小規模宅地等についての相続税の課税価格の計算の特例」という制度があります（措法69の4）。一次相続で配偶者が適用を受けた場合、子はその配偶者が亡くなった時に、一度だけその適用を受けることになります。もともと配偶者は法定相続分までの財産の取得については相続税の軽減措置があり相続税を払わなくてもよいのですから、一次相続時にはこの特例の適用を受ける必要がないといえるでしょう。

したがって、後継者である長女が父の相続（一次相続）でも、母の相続（二次相続）でも適用を受けられるよう、一次相続では広い自宅のうち330㎡を長女に相続させて80％減額の特例を受け、残りの部分を配偶者に相続させ、二次相続時にもう一度80％減額の特例の適用を受けられるように遺言するとよいでしょう。

ただし、配偶者居住権を取得すると配偶者の相続時には消滅するので、要件を満たすならば配偶者居住権を設定した宅地について小規模宅地の適用を受けることを考慮する必要があります。

4　複数路線に面している場合には分割して取得することを検討

長女の夫を養子縁組したことにより、相続税の大きな節税効果が生じます。法定相続人の数が増えますので、基礎控除額や相続税の適用税率が変わってくるからです。さらに、所有する時価の高い土地についても、長女１人に遺すのではなく、長女夫婦２人にひと工夫して相続させれば、相続税評価額が下がることもあります。

例えば、駅から５分くらいの住宅街にある480㎡の土地を長女夫婦に２分の１ずつ相続させたとします。この土地は表通り（20万円）と裏通り（14万円）で路線価がかなり違いますが、長女のみ又は夫婦共有で相続させれば二面に面している土地として、20万円の表通りを基準に裏面影響加算され、高額な評価になります。ところが、図のように二つに分筆して、長女夫婦それぞれ別々に相続させる旨の遺言をすることにより、裏通りに面している土地は裏面のみで評価することになり、相続税評価額が約16％近くも下がります（図表５－１）。

●図表５－１　事　例

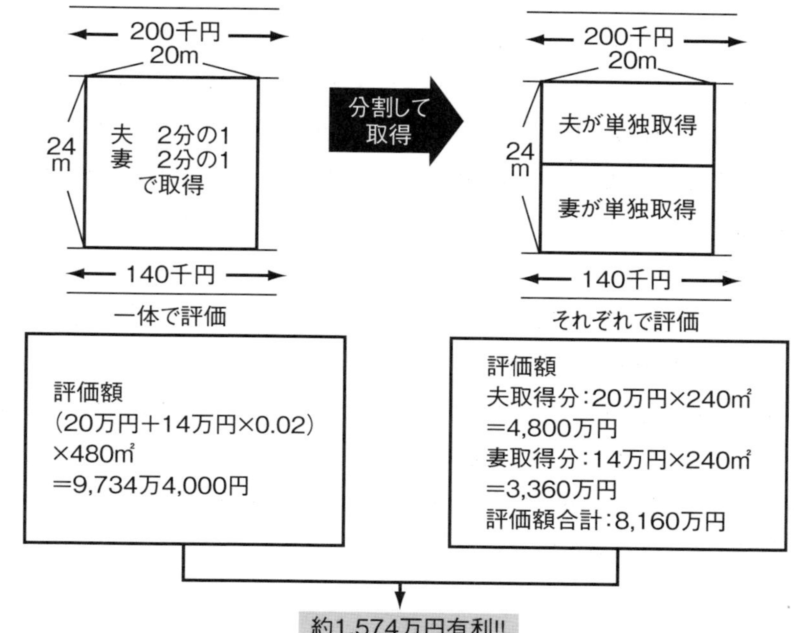

夫婦２人で使用する土地の財産価値は同じであるにもかかわらず、評価は夫婦であっても取得者ごとに行いますので、非常に有利です。相続税を少しでも減少させたいのならば、遺言書を書くに当たっては、土地を分割して相続させたほうがよいか、事前の検討が必要です。

5　共有で相続したほうが有利な場合

また、地積規模が大きな宅地の場合、利用単位を変えずに活用して、面積のすべてに地積規模が大きな宅地評価を適用できるようにしておくことも節税のポイントです。

一定の面積を超えると、宅地開発に当たり開発申請が必要となる場合、開発に当たり道路付けのため宅地を道路に提供するなど、公共のために宅地の一部の提供を求められることがあります。このような宅地については、評価額を減少させる地積規模の大きな宅地としての評価通達が設けられています。これによると、地域によって異なりますが、500㎡又は1,000㎡を超える宅地の評価については、地積規模が大きな宅地として相続税評価額が20％以上引き下げられています。

例えば、遺産の中に、あわせると1,000㎡を超える「800㎡のＡ宅地」と「900㎡のＢ宅地」があるとします。

ＡとＢを一体化して評価した場合、この宅地には地積規模が大きな宅地として20％以上の評価減ができます。ＡとＢを長女１人又は長女夫婦に別々に相続させるのではなく、どちらをも２人で共有相続させるのも一つの方法です。

6　税金を考慮して遺言する

相続税のことや今後の相続税対策も考えて遺言しなければ、本当の願いをかたちにすることは難しいのではないでしょうか。遺産の分け方によって相続税額が異なるのですから、可能な限り、相続税が高額にならないような配慮と工夫をすることも、遺言書作成の重要なポイントでしょう。

今回のポイントをまとめてみましょう。

①	複数の道路に面している宅地は分筆して、取得者が異なると評価が低くなることがある。
②	地積規模の大きな宅地の評価減の適用を受ける場合には、一体評価できる土地の面積は広いほうが評価が下がる。
③	誰が相続すれば小規模宅地等の特例の適用を受けられ、有利になるのかを考慮して遺産分割する。
④	配偶者の税額軽減を最大限活用して、その後、二次相続税の対策をするのも有効な遺産分割である。

子にとっては、父の相続と母の相続の2回にわたる相続税が必要なのですから、この点をしっかりと視野に入れなければなりません。夫婦で同時に遺言書の内容について検討し、作成しておくことが望ましいといえます。

●遺言書記載例（長女夫婦に収益不動産を共有で相続させる場合）

第１条　私の有する下記の土地及び建物を、長女○○に持分２分の１、養子○○に持分２分の１の割合をもって相続させる。

記

①　土　　地
所　　在　○市○町○丁目
地　　番　○番○
地　　目　宅地
地　　積　○平方メートル

②　建　　物
所　　在　○市○町○丁目○番地○
家屋番号　○番○
種　　類　居宅
構　　造　木造瓦葺２階建
床 面 積　１階　○平方メートル
　　　　　２階　○平方メートル

（以下、同様）

第２条　私の有する下記の土地、建物を長女○○に持分□□、妻○○に持分△△の割合をもって相続させる。

長女に330㎡になるよう計算する。

①　土　　地
所　　在　○市○町○丁目

地　　番　○番○

地　　目　宅地

地　　積　○平方メートル

② 建　　物

所　　在　○市○町○丁目○番地○

家屋番号　○番○

種　　類　居宅

構　　造　木造瓦葺2階建

床 面 積　1階　○平方メートル

　　　　　2階　○平方メートル

第3条　前条の土地及び建物内に存する一切の動産を妻○○に相続させる。

第4条　私の有する下記の預貯金及び有価証券等の金融資産を妻○○に相続させる。

記

① ○銀行○支店扱い　普通預金

口座番号　×××××××

(以下、同様)

第5条　私の有する下記の預貯金及び有価証券等の金融資産を次女○○に相続させる。

記

① ○銀行○支店扱い　普通預金

口座番号　××××××××

（以下、同様）

第６条　前５条記載の財産を除くその他の一切の財産については、長女◯◯に相続させる。

❸ 債務を特定の相続人にのみ承継させる遺言書の作り方

Case 3

宇野さんは先祖伝来の広大な土地を守るため、銀行から多額の借金をして賃貸マンションやアパートを何棟も建築し、所有しています。また、不動産経営も順調であったため、預貯金や有価証券も少なからず保有しています。なお、相続人は長男の良太と長女の里美です。

宇野さんは不動産を借金とともに長男の良太に相続させ、里美には金融資産を相続させるつもりです。ところが、数年前に相続を経験した地主仲間から、「遺言書があったとしても、被相続人が銀行から借り入れていた借金は、原則として、相続人全員がそれぞれの相続分に従って相続することになります」と金融機関の担当者から話をされたと聞き、借金を里美にも負担させるわけにはいかないと不安になってきました。どのような遺言を作れば、また生前に対策をしておけば、里美に借金を負わせずに済むのか悩んでいます。

1　原則として債務は法定相続しなければならない

被相続人が賃貸マンションやアパートを数多く所有しており、それらを建築する際に銀行から多額の借金もあった場合でも、遺言でマンションやアパートを長男に、預貯金を長女に相続させることはできます。しかし、どのような遺言をしたとしても、マンションやアパートを建てるための借金については被相続人の遺言だけで完全に長男のみに引き継がせるということはできません。つまり、被相続人の意思より債権者の保護が優先されるということになります。借金の場合は債権者、つまりお金を貸した人がいますので、債権者の立場を無視して自由に借金の相続を考えることはできません。これは、世の中には宇野さんのように公正な人ばかりではなく、財産がほとんどない相続人にだけ借金を引き継がせてしまえば他の財産を守ることができるという考えが生じ得るからなのです。

このため民法及び判例では、被相続人の借金は、債権者（金融機関等）との関係では、相続人である長男と長女に法定相続分に従い、各自２分の１の割合で相続されることになるのです。もちろん、遺言や遺産分割によってこれと異なる内容の債務の負担者を決めることはできますし、その定めは相続人らの間では有効なものではありますが、あくまでも債権者には対抗ができないということなのです。

2　免責的債務引受け等の活用

金融機関等に対して完全に借金を相続していないと主張するためには相続人本人が相続放棄するしかありませんが、放棄してしまえば他の財産も相続することはできません。しかし、相続を放棄することなく、借金を承継しない方法もあります。

相続の放棄をしない場合、長女は２人の相続人のうちの１人となり、遺言の内容にかかわらず債権者との関係では借入金を２分の１相続することになります。そのうえで、長女が相続した２分の１の債務を、長男に引き受けてもらいます。長男は自分が相続した債務はそのままにして、長女の債務を自分の債務に加えて肩代わりして引き受けるという方法です。ただし、この方法をとったとしても、債権者である金融機関の了解がない限り、長女の債務が免責（もう支払わなくてよくなること）されることはありません。

しかし、金融機関の了解さえ取れれば、長女の債務は免責され、長女は完全に借金を返す義務を負わないことになります。このような銀行による承諾のある債務引受けを「免責的債務引受け」といいます。銀行も免責的債務引受けの自行のひな型を持っていますから、不動産からの収入が十分に見込まれる場合等であれば、銀行が免責的債務引受けに了解する可能性もあります。

ただ、繰り返しになりますが、遺言で「債務はすべて長男に相続させる」と書いていても、長女の債務について債権者に対しては効果が生じず、「併存的債務引受け」（債権者との関係では、長女も債務を負担したままの状態）となる点に注意してください。

3　遺言では相続人間の負担は決定できる

これまで、遺言でどのように債務を承継する者を指定しても、債権者には対抗できないという話をしてきました。しかし、遺言で債務を引き受ける者を書くことは無意味ではなく、相続人の間では有効な遺言として扱われます。本ケースで宇野さんが借金を長男に承継させる遺言を作成した場合、長女は銀行からの請求があれば借金の半分までを銀行に支払わなければなりませんが、その後遺言に基づいて長男の代わりに支払った借金の額を長男に請求できることになります。

これは遺言だけでなく遺産分割でも同様で、遺言や分割協議等の取決めは、金融機関等の債権者には主張できなくても、相続人の間では法的に有効なものなのです。

4　相続税法上は引き受けた者から債務控除する

相続税は実質課税が原則なので、債務については誰が相続したのかというより、誰がその債務を引き受けたのかということで課税関係が定められています。よって、金融機関から免責されてもされなくても、長男が遺言により借金を全部引き受けた場合は、長男の相続税の計算上、全額を債務控除することになります。相続税の計算は、借金は法定相続するということとは無関係で、相続税の申告上は債務を負担した長男から債務控除することになるのです。

そのため、免責もされていないのに、他の相続人が「自分は借金を払わなくてよいのだ」と思いこんでいるケースが多々あります。自分が借金を負担していない相続税の申告をしていても、債権者に免責されなかった場合、もしくは引き受けた相続人が払えなくなれば他の相続人に返済義務が生じますのでご注意ください。

5　生前に贈与して相続放棄した場合の課税

相続を放棄した場合、相続で財産を取得することはできませんが、生前に財産の贈与を受けておくことはできます。生前贈与を受けたうえで、相続時に相続放棄をすれば、借入金を相続することはなく、財産の一部を生前に受け取ることができます。しかし、贈与税の問題が生じます。

この贈与については、受贈者は暦年課税か相続時精算課税かを選択することができます（相法21の9)。暦年課税の場合、通常の贈与税を支払った後は、贈与（相続開始前３年以内を除く）のみで相続税とは無関係に終了します。

精算課税制度を選択した場合には、その他の贈与と区分して、まず課税財産から特別控除として2,500万円を差し引き、超えた部分の金額に対しては20％の贈与税を払います（相法21の12、21の13）。その後、相続が発生した時に、贈与財産と相続財産とを合計した価額をもとに計算した相続税額から、二重課税とならないように支払った贈与税額を控除します。もし、相続税額から控除しきれない贈与税相当額があれば、還付を受けることができます（相法21の14、21の15）。財産を生前にもらっても相続時にもらっても、相続時精算課税制度を選択すれば、贈与財産の評価が同一であれば、最終的に支払う税金の合計額はまったく同じなのです。また、相続を放棄したとしても、贈与について相続時精算課税制度を選択した場合には、必ず相続税の課税価格に加算して相続税を計算するため、相続税の納税義務者になるのでご注意ください。

ただ、精算課税制度で相続時に加算するときの価額は民法とは異なり、相続時の価額ではなく贈与時の価額ですから、贈与時より相続時の評価額が上がっていれば、相続税法上有利な贈与といえますが、贈与時より相続時の評価額が下がっていれば、不利な贈与となります。

6　相続放棄、生命保険金は受け取り、相続税を払う

相続を放棄すれば、原則として遺産を受け取ることはできませんが、受取人固有の財産ならば、放棄とは無関係に受け取ることができます。例えば、生命保険金や死亡退職金、年金受給権です。被相続人が保険契約の契約者で、かつ、被保険者である場合、受取人は

誰の合意も要らずに死亡保険金を受け取ることができます。相続の各種の手続や遺産分割協議といった煩雑さから解放されたうえで、安心して簡単に現金を受け取ることができる方法です。

この死亡保険金や年金をもらう権利は、あくまでも契約や退職金規定等によって受取人自身に生じる権利であって被相続人から直接受け取った遺産ではありませんので、遺産分割の対象となりません。しかし、相続税法では被相続人の相続財産とみなされて相続税がかかることになっています。通常相続税法では生命保険金に関しては、500万円×法定相続人の数までの金額について、保険金の受取人が相続人である場合には非課税となっています。しかし、保険金受取人が相続を放棄すれば相続人にはならず、この非課税枠を使えませんのでご注意ください。

7　相続の放棄が見込まれる場合の遺言の注意点

後継者以外の相続人に、遺留分に相当する金銭等を贈与した、高額の保険金の受取人に指定した等の方法により、その人が満足して放棄できる要件を整えた場合には、心変わりして遺産の法定相続分を求めないように、後継者のために必ず遺言書を書くようにしてください。遺言がない場合は、結局遺産分割が必要になってしまいます。贈与等によって要件を満たした場合には、受贈者に Case 1 の遺留分放棄の手続をしておいてもらうと、よりスムーズに相続手続が完了するため安心です。

8　実際に遺言書を書くに当たって

本ケースの遺言書では、「長男に不動産と不動産に関する負債を、長女には、前記不動産に関する資産以外の財産（預貯金や株式）を相続させる」旨の内容を記載することになります。

ただし、これまでに説明してきたとおり、たとえ遺言書において長男のみが債務を相続する旨記載したとしても、長女は相続放棄をしない限り、原則として、債権者に対する関係では、法定相続分である２分の１の債務の支払義務を負うことになります。これを防止するために、以下のような対策を講じることが考えられます。

(1)　相続放棄をする場合

長女が相続放棄を予定している場合には、生前贈与の活用や死亡保険金、年金受給権の受取人指定などにより、長女が安心できる措置を講じておき、遺言には債務についての説明をしたうえで長女には相続放棄を勧める付言事項を記載しておくとよいでしょう。

特に相続放棄は、原則として相続開始後3か月以内に行う必要がありますから、長女には生前からこの点を十分に説明しておき、安心してもらったうえで、長女に遺留分の放棄許可申請を行ってもらえればベストです。

(2)　相続放棄をしない場合

他方、長女が相続放棄を予定していない場合、金融機関との間で長女が相続する債務を長男が免責的債務引受けすることに同意する旨の了承を取り付けておくことが必要となってきます。もし、金融機関が免責に同意しない場合には、新たに長男が借入れを行い被相続人の債務を返済すると良いでしょう。ただし、免責が認められるか新たに借換えができるかはその不動産の収益性等が大切ですから、生前からの綿密な準備が必要不可欠です。

(3)　賃貸不動産についてのその他の債権債務に関する遺言の注意点

相続させる旨の遺言により賃貸している建物を取得した者は、賃貸人の地位を取得します。それに伴い、相続人は、敷金返還債務を負担することとなります。そこで、敷金返還債務の弁済資金を確保させる目的で、賃貸物件を取得した相続人に対し、敷金管理口座に係る預金債権を相続させるといった対策を講じることも考えられます。

●遺言書記載例（長女が相続放棄をしない場合）

第１条　私の有する下記の土地及び建物を、長男良太に相続させる。

記

①　土　　地
所　　在　○市○町○丁目
地　　番　○番○
地　　目　宅地
地　　積　○平方メートル
②　建　　物
所　　在　○市○町○丁目○番地○
家屋番号　○番○
種　　類　居宅
構　　造　木造瓦葺２階建
床 面 積　１階　○平方メートル
　　　　　２階　○平方メートル
（以下、同様）

第２条　前条記載の不動産に関連する未収賃料等の債権については、長男良太に相続させる。

第３条　第１条記載の不動産に関連する借入れ、保証金等を含め、私の負担するすべての債務は、長男良太に相続させる。

第４条　私の有する下記の預貯金、保険契約等の債権を長男良太に相続させる。

賃貸に係る預貯金や保険は分離して後継者に

①　◯銀行◯支店扱い　普通預金
　口座番号　××××××××
（以下、同様）

第５条　私の有する下記の預貯金及び有価証券等の金融資産を長女里美に相続させる。

記

①　◯銀行◯支店扱い　普通預金
　口座番号　××××××××
（以下、同様）

第６条　前５条記載の財産を除くその他の一切の財産については、長男良太に相続させる。

（付言）
　なお、この遺言による債務の相続は銀行等の金融機関には対抗できないため、必ず里美の法定相続分については良太が債務を引き受けて、これについて金融機関の免責を受けること。

4 後妻から一族の長女へ自宅を戻す対処法

Case 4

松山市に住む妻を亡くした吉村さんは子たちが遠方勤務のため、現在は一人暮らしです。同窓会で初恋の寛子さんと再会してすっかり意気投合し、今では再婚を考えています。吉村さんは長年住み慣れた自宅に住み続けたまま再婚するつもりで、子のいない寛子さんもこの家を気に入っているため一緒にここで暮らすことに賛同してくれています。吉村さんは死後、寛子さんに自宅を遺そうと思っているのですが、吉村さんの長女は旧家である自宅を非常に気に入っており、定年後は帰郷してこの自宅に住みたいと言っています。寛子さんと長女は養子縁組するつもりはなさそうですので、寛子さんの死亡後は血のつながっていない寛子さんの親族ではなく、長女に自宅を戻したいと思っています。何か良い方法はないでしょうか？

1　遺言の限界

自分が亡くなった時に遺産を誰に遺すか（後妻に全財産を遺す、等）だけではなく、遺産を取得した人が亡くなった後にもともと自分の財産だったものを取得する人を生前に決めておきたい（後妻が死んだ後は、その財産は長女に遺す、など）、という望みを持つ人は珍しくありません。このように遺言で財産の取得者を連続して決めておくことを「後継ぎ遺贈」ということもあるのですが、一般に民法では後継ぎ遺贈は実現できないといわれていました。

遺言では、自分が亡くなった時の遺産を取得する人を指定することはできても、その後（二次相続以降）の取得者は指定できないことがその理由です。一次相続で財産を取得した人が取得した財産を、誰に遺すかはその取得した人の自由だからです。

従来の民法では、吉村さんが後妻になる寛子さんに自宅を相続させた後、長女に自宅を取得させるためには、次の①、②の方法しかありませんでした。

① 寛子さんと長女の間で養子縁組をしてもらい、長女を寛子さんの相続人にする

② 吉村さんの遺言とは別に、寛子さんに「夫から相続した自宅については夫の長女に遺贈する」という遺言を作成してもらう

しかし、吉村さんが寛子さんと長女に養子縁組を強制はできませんし、遺言の作成を寛子さんに強要することもできません。また寛子さんはいつでも遺言を書き換えることが可能ですから、吉村さんの死亡後等に遺言を書き換える可能性もあるため、これらの方法では確実に吉村さんの希望が叶えられると断言できません。

2 創設された配偶者居住権制度

(1) 民法改正で可能になった配偶者居住権のみの取得

民法改正により、「配偶者居住権」という制度が令和２年４月１日から施行されています（**第１章⑪**参照）。この制度は、自宅に継続して居住を続けながら、現預金等の資産もできるだけ多く取得できる可能性を高めるために設けられました。

配偶者居住権とは、配偶者以外の相続人が配偶者の居住していた

建物を取得した場合に、配偶者に終身又は一定期間の建物の使用を認め、この権利を登記することにより相続人から建物を譲り受けた第三者にも居住権を主張することができる制度です。建物を負担付所有権と居住権に分けることにより、居住権等の負担のない完全な所有権の時価に比べてそれぞれの権利の価値は低くなります。この配偶者居住権を遺言や遺産分割等の際に配偶者が取得する財産とすることで、配偶者は居住を継続できるうえに、居住権のみの時価は完全な所有権の時価より評価が低いため、相続分として完全な所有権を取得する場合と比べてより多くの預貯金等を受け取ることができるようになったのです。

(2) 配偶者居住権の設定による問題の解決

配偶者居住権は、配偶者に終身等にわたって被相続人と同居していた自宅に住み続けることを可能にする権利であるため、一身専属的な権利となっており、配偶者居住権を取得した者の死亡によって配偶者居住権は消滅します。配偶者の死亡によって居住権の負担がなくなるため、建物の負担付所有権を相続した人に、完全な所有権が戻ることになります。配偶者の死亡に伴う居住権の消滅ですから、配偶者居住権自体は相続財産にならず相続税はかかりません。

「妻に自宅の配偶者居住権を遺贈し、土地と配偶者居住権付きの建物の所有権を長女に相続させる」という趣旨の遺言書を令和２年４月１日以後に作成すれば、自宅については「まずは妻に終身居住させ、妻の死後は長女に完全に所有させたい」という希望どおりの扱いを実現することができます。配偶者居住権を遺贈された妻にとっては、設定された居住権の期間の終了もしくは自分の生きている間は家賃の支払いの心配もなく、その家に住み続けられますので、非常に安心な制度です。また、土地・建物の所有権を相続した長女にとっては、寛子さんの死亡後は配偶者居住権が消滅し、完全な所有権としてその建物が戻ってきますし、それにより建物の敷地への負担もなくなるのですから納得のできる方法でしょう。

ただし、配偶者居住権はあくまで「同居していた自宅の建物」についてのみ設定できるものですから、自宅以外の収益物件や預貯金等には適用することはできません。

3　配偶者居住権の課税

(1) 配偶者居住権設定時の課税

被相続人の財産であった居住用建物に配偶者居住権が設定された場合における配偶者居住権、配偶者敷地利用権及びその居住用建物と敷地の所有権については、相続税法の改正により相続税評価額の計算方法が規定されています。

相続等により取得した建物の相続税評価額は固定資産税評価額とされており、配偶者居住権が設定された建物所有権や配偶者居住権の評価額は、建物や土地の相続税評価額を基に評価します。

まず、建物所有権は建物の残存年数、経過年数、配偶者の完全余命表を基準に評価し、配偶者居住権の評価は自用価額から建物所有権を控除します。

次に、配偶者居住権が設定された建物の敷地所有権は相続税評価額に配偶者居住権の残存年数に応じた複利現価率を乗じて評価し、配偶者敷地利用権は相続税評価額から敷地所有権を控除して評価します（**第1章⑪**参照）。

建物や土地をそれぞれ負担の付いた所有権と居住権に分けること

により、完全な所有権のみの場合に比べて、それぞれの権利の価値は低くなります。合計すると元の相続税評価額に戻りますので、増税になることも節税になることもありません。どちらの目的にもかなう相続税評価といえるでしょう。

(2) 合意解約等による配偶者居住権の消滅時の課税

相続税は配偶者居住権を設定することで増えることも減ることもないので安心です。ただ、配偶者が何らかの事情で住まなくなり居住権を放棄などした場合には、配偶者居住権が消滅し所有者の建物・土地の評価額が上がりますので、課税関係は要注意です。

配偶者とその配偶者居住権が設定された建物の所有者との間の合意や配偶者による配偶者居住権の放棄により、配偶者居住権が消滅した場合には、建物及び土地等の所有者が、その消滅直前に、配偶者が有していた配偶者居住権の価額（対価の支払いがあった場合にはその価額を控除した金額）を、配偶者から贈与によって取得したものとみなされ、贈与税が課税されるからです。自由に使用処分できなかった不動産が自由にできるようになるのですから、贈与税がかかるのも仕方ないといえます。

なお、対価を得た配偶者には譲渡所得税がかかることもありますので、ご注意ください。

(3) 死亡等による配偶者居住権の消滅時の課税

配偶者居住権は期間満了及び配偶者の死亡によっても消滅します。この場合の課税関係については通達において、相続税も贈与税も課税はないとされていますので安心です。

つまり、配偶者居住権を設定することにより、吉村さんの相続時には長女が取得した建物・土地等の所有権については配偶者居住権が控除され、相続税評価額が下がることになります。その後、配偶者の死亡による相続時には配偶者居住権が消滅しますので、建物・土地所有権が完全所有権として相続税評価額が上がることになります。しかし、死亡により消滅した配偶者居住権については贈与税も相続税もかからないのですから、死亡等により消滅した場合には長女にとって相続税の節税効果が高いといえます。

4　遺言書作成時の注意点

寛子さんが亡くなれば、必ず長女には完全な自宅が戻ってくるうえ、その時には税金もかからないということであれば、配偶者居住権の遺贈について長女も納得してくれるでしょう。

もっとも、配偶者居住権を設定する遺言書では、必ず「遺贈」でなければならない、令和２年４月１日以降に作成された遺言でなければならない（それ以前に作成された遺言では無効）などの注意点がありますので、十分注意してください。

●遺言書記載例（後妻に配偶者居住権を遺贈する場合）

第１条　私の有する下記自宅建物の配偶者居住権を妻・吉村寛子に遺贈し、同建物の所有権を長女●●に相続させる。

記

所　　在　○市○町○丁目○番地○

家屋番号　○番○

種　　類　居宅

構　　造　木造瓦葺２階建

床 面 積　１階　○平方メートル

　　　　　２階　○平方メートル

第２条　私の有する前条の建物の敷地である下記土地を長女●●に相続させる。

記

所　　在　○市○町○丁目

地　　番　○番○

地　　目　宅地

地　　積　○平方メートル

（以下、自宅以外の財産についての遺言を記載する）

5　子供のいない長男夫婦から次男一族に財産を戻す対処法

Case 5

明石市に自宅と多数の貸地・貸家を所有する73歳の大地主である渡辺さんには、長女、長男、次男の３人の子がいます。渡辺さんは5年前に妻を亡くして広大な自宅に子供のいない長男夫婦と暮らしています。

家業を手伝ってくれている長男に自分の相続の時に不動産のほとんどを承継させたいと思っているのですが、その後長男が亡くなると長男の嫁がほとんどの財産を相続し、長男の嫁が亡くなると嫁の一家にその不動産が承継されることには抵抗があります。先祖伝来の財産ですから、長男と長男の嫁に相続させた後は、孫（次男の子）にその財産を承継させたいと思っています。ただ、長男夫婦に自分の思いどおりの遺言書を作らせる方法はないと言われた渡辺さんは、自分の死後、次の世代の相続を指定するような遺言ができないか悩んでいます。

1　信託を活用して承継者を指定する

後継者たる長男夫婦に不動産を相続させたいが、長男夫婦の死後は次男一家に財産を戻したいという思いがあった場合、遺言したとしても、長男夫婦と孫（次男の子）が養子縁組をしない限り相続した長男夫婦の同意がなければ、遺言等の通常の方法では次の相続を完全に指定することはできません。しかし、このような渡辺さんの希望を実現できる制度として「信託」という方法があります。

信託制度では、財産所有者が委託者（財産を預ける人）となり、受託者に管理運用を任せ、その利益を受ける者を受益者として信託契約を締結します。引き継がせたい財産について信託契約を締結しておき、当初は財産所有者自身が受益者となり、その後の受益者の順番についても信託契約で設定しておくという方法です。その信託契約では、受益者である被相続人が死亡したときに、最初に財産を引き継がせたい人（長男）がその信託財産の受益者となることを定めます。

この信託契約を締結すると、委託者でもある最初の受益者が死亡した場合には、その信託契約を締結した財産は財産を引き継がせたい人が受益者となり、その財産から得られる利益を取得することができます。例えば、相続後受益者となった長男は、渡辺さんの貸地の地代や貸家の家賃を受け取ることも、自宅を自由に使うこと（使用収益）もできます。これにより、受益者は委託者の財産を相続したのとほぼ同じ利益を受ける状態になるのです。

2　自分の次の相続までを決めておくことができる

さらに信託法では、最初の受益者が死亡するとその信託受益権が消滅するので、他の者が新たな受益権を取得する定めをすることができます。つまり、受益者が死亡すると、順次、他の者が受益権を取得していくことを定めることができるのです。

まず、渡辺さんが自分の死後最初に財産を承継させたい長男に財産を取得させるために信託契約を締結して、渡辺さんの次は長男が受益権を取得するようにすれば、受益者である長男は信託契約を締結した財産からの収入を受け取ることや自由に使用することができます。そして、2番目の受益者である長男が亡くなった後は、この受益権は長男の法定相続人が法定相続するのではなく、あらかじめ委託者（元の所有者である渡辺さん）が指定していた長男の嫁が受益権を取得する旨を定めておけば、いったん第一受益者（長男）に帰属した委託者の財産が、第一受益者が死亡することにより、委託者が指定した第二受益者（長男の嫁）に移転することになるのです。

次に長男の嫁が死亡した場合、この受益権は長男の嫁の相続人が相続するのではなく、あらかじめ委託者（元の所有者である渡辺さん）が指定していた者、例えば渡辺さんの孫（次男の子）が受益権を取得する旨を定めておけば、いったん第二受益者（長男の嫁）に帰属した委託者の財産が、第二受益者が死亡することにより、委託者が指定した第三受益者（孫）に移転することになるのです。このような信託を「受益者連続型信託」といいます。

このように、受益者連続型信託とは、受益者の死亡により順次受益者が連続していき、信託契約から30年を経過した時点以降に新たに受益者になった者が死亡するまで、信託が継続するものです。「後継ぎ遺贈型信託」ともいわれ、遺言とは異なり、信託により財産を分散させることなく委託者の意思どおりに順次財産を承継させることができるのです。

3　信託を活用した場合の課税関係

このような信託の課税関係を説明します。

(1)　自益信託の課税関係

信託という制度は、税法上の原則は受託者については課税がパススルー（中抜け）となっており、課税関係は発生しません。よって、委託者から受託者に財産の移転があった場合、原則として受託者については課税関係がパススルーされるため、委託者から受益者に資産が移転したとみなされ、委託者に譲渡所得税が課税されます。

しかし、最初の信託契約を委託者＝受益者である自益信託として設定した場合、信託行為があった時においても財産の移転があったことにならず、委託者にも受託者にも何ら課税関係は生じません。ただし、委託者である受益者（渡辺さん）に相続が発生した場合には、信託受益権が相続財産とみなされ、契約の定めにより次の受益者となった長男に相続税が課税されるのです。

(2)　他益信託の課税関係

委託者から受託者に財産の移転があった場合、委託者と受益者（個人）が異なる他益信託においては、信託行為があった時に委託者から受益者に、信託受益権が贈与されたとみなされ贈与税が課税されます。

その後の受託者の名義による収益については、受益者に家賃や地代が発生したとして所得税が課税されます。誰に財産を移したかでなく、そこから生ずる受益権が誰に帰属するかで課税関係が決まります。

(3)　受益者等を変更した場合の課税関係

信託開始時点は委託者＝受益者とする自益信託を設定し、委託者が亡くなった時に受益者を誰にするかの定めのある信託契約をすれば、生前に贈与税はかかりません。

委託者＝受益者である渡辺さんの相続時に、死亡により契約に定められた長男が次の受益者となった場合には、委託者である渡辺さんから次の受益者となった長男に信託受益権の遺贈があったものとみなされ、相続税が課税されます。

(4) 受益者連続型信託の課税関係

受益者連続型信託を設定して、次、そしてその次と順次受益者を契約で定めておけば、受益者の死亡により、次から次へと信託受益権が引き継がれていくことになります。例えば、受益者である長男の死亡後、長男の妻を受益者と定め、長男の妻の死亡後、孫（次男の子）を受益者と定めた信託を設定していた場合の課税関係を説明します。

まず、長男が亡くなった時には、委託者である渡辺さんから長男の妻が信託受益権を取得するのですが、相続税法上は長男から長男の妻が信託受益権を相続により取得したとみなされて課税されます。さらに、長男の妻が亡くなった時には、委託者である渡辺さんから孫（次男の子）が信託受益権を取得するのですが、相続税法上は長男の妻から孫（次男の子）が信託受益権を遺贈により取得したとみなされて課税されるのです。

つまり、受益権を長男が取得した時点で長男が渡辺さんから相続したものとみなされ相続税がかかり、次に長男の受益権を長男の妻が取得した時点で長男の妻が長男から相続により取得したものとみなされ相続税がかかり、さらに、長男の妻の受益権を孫（次男の子）が取得した時点で孫（次男の子）が長男の妻から遺贈により取得したものとみなされ相続税がかかるのです。

受益者連続型信託を設定したとしても、３回の相続にわたり死亡に伴い財産が移転するので、相続税の計算上は３回にわたり順次相続したときとまったく同じとなります。

信託を設定しても、相続税が二重に課税され思わぬ増税になることにはならないのですから非常に安心です。事例のような方法なら、長男夫婦にも喜んでもらえ、長男夫婦亡き後は孫（次男の子）たち血族に財産が戻ってくるのですから、渡辺さんにとって安心な方法でしょう。次世代まで財産の承継者を決めておきたい人は、遺言書代わりに、この受益者連続型信託を検討するとよいでしょう（図表5－2）。

●図表5－2　受益者連続型信託の事例

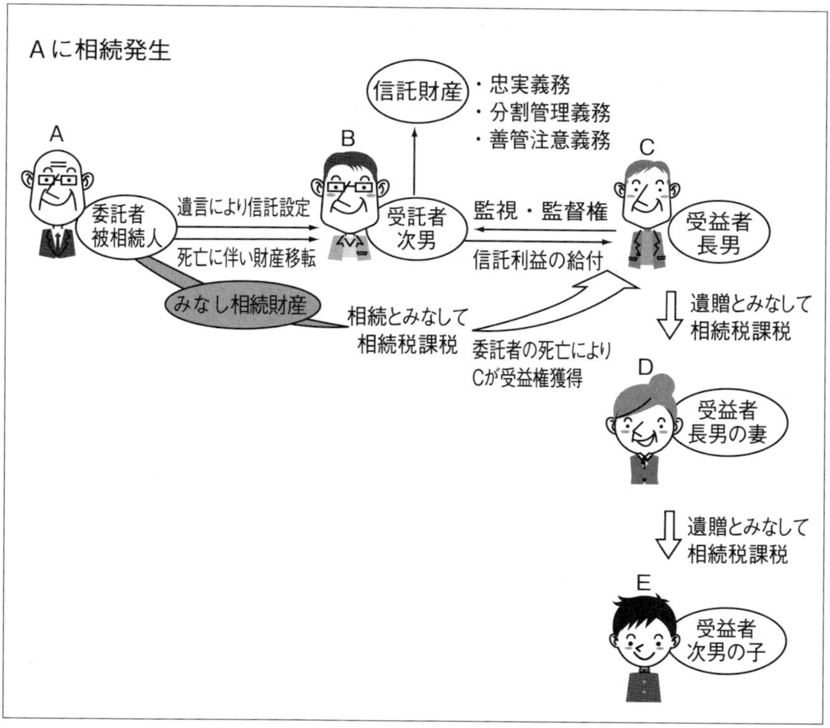

❻ 後継者に自社株式の大半を承継させる遺言書の作り方

Case 6

東さんは、ビルやマンションを建設する中堅の不動産開発会社である東京建設株式会社の創業社長です。妻はすでに10年前に亡くなっており、海外で活躍している長男Bと、後継者である次男Cの２人の子がいます。次男の妻が、会社の経理・総務を担当しており、次男が営業担当取締役として社業は順調です。もし、自分に万が一のことがあれば、次男が自分の後を継ぎ、次男の妻がそれをサポートしてくれ、顧客と従業員を守って会社の承継がうまくいくのではないかと思っています。そこで、相続でもめないための遺言を作ろうと決心しました。

1　遺言で自社株式を相続させる

遺言等のない場合の相続では、原則として法定相続されます。法定相続という枠組みの中では、事業承継であっても複数の相続人のうち後継者と定めた相続人に対してのみ会社株式を相続させようとすれば、他の相続人がこれを受け容れる遺産分割協議を成立させることに合意しなければなりません。後継者に財産を集中させる遺産分割にその他の相続人が納得せず、これらの者への代償財産も用意できなければ後継者以外の相続人へも株式を分配しなければなりません。

そこで、後継者の有する法定相続分が会社経営に必要な株式その他の営業用資産を取得するには決定的に不足している場合に、後継者の相続分自体を増やすことを考える必要があります。その方法が「遺言」なのです。被相続人は遺言で推定相続人の相続分を民法の法定相続分と異なる内容を指定できます。このように遺言で指定された相続分を「指定相続分」といい、会社オーナーは、遺言による「指定相続分」制度を活用して、後継者が会社経営に必要な株式その他の資産を取得できるだけの相続分を与えることができます。これが事業承継対策の第一歩です。

2　遺言や生前贈与の問題点

相続後の経営の安定化を考慮すると、遺言や生前贈与等により後継者である次男のみに自社株式の過半数以上を取得させるとよいのですが、自社株式を生前贈与したとしても、遺言で次男に取得させたとしても、他の相続人である長男は自社株式等の価額につき遺留分侵害額請求をすることができます。この場合、次男が遺留分に相当する株式の価値を金銭で支払わない場合には、長男と次男の合意によって侵害額請求を行使した長男と自社株式を準共有せざるを得ない事態も想定できます。

自社株式を準共有することになった場合は、共有者は、その株式についての権利を行使する者１人を定め、株式会社にその者の氏名又は名称を通知しなければ、その株式についての権利を行使することはできません。また、持分の準共有者において、権利行使者を定めるに当たっては、持分の価格に従い、その過半数をもって権利行使者を決することになります。したがって、長男から遺留分侵害額請求がされた場合には、事業用財産しか渡すものがなければ遺留分に当たる割合の事業用財産を長男に渡さざるを得ない可能性があり、次男による会社運営に支障をきたす可能性があります。

遺留分に関する紛争を避けるための方法として、民法において遺留分放棄制度があります。この制度は、遺留分権利者が、相続開始前に、家庭裁判所の許可を得て、遺留分を放棄することができる制度です。しかし、この方法による場合には、遺留分権利者に家庭裁判所への申立てをしてもらったうえで、家庭裁判所の許可を得なければなりません。

3　遺留分に関する民法の特例の主な内容

長男が遺留分放棄をせず、相続開始後に次男に対して遺留分侵害額請求を行った場合、民法の規定によると、次男が遺言により相続した自社株式や、原則として相続開始前10年以内に贈与等された自社株式等については、相続開始時の時価で遺留分算定の基礎財産に持ち戻すことになります。次男が圧倒的な努力をして会社を発展させ、株式評価を上げれば上げるほど、次男が遺留分侵害額請求されたときに支払うべき額が大きくなってしまうという納得できない問題が生じることになります。

そこで、政府は事業承継を応援するための公的な支援として中小企業経営承継円滑化法を制定し、これらの問題点を克服できるように、遺留分に関して以下の二つの制度を設けています。

(1)　先代からの贈与株式を遺留分算定の基礎財産から除外（除外合意）

先代経営者の生前に、経済産業大臣の確認を受けた後継者が、遺留分権利者全員との合意内容について家庭裁判所の許可を受けることで、先代経営者から後継者へ生前贈与された特例中小企業者の株式その他一定の財産について、遺留分算定の基礎財産から除外することができることになりました。この特例により、事業承継に不可欠な自社株式に係る遺留分侵害額請求を未然に防止できることになるとともに、法的手続としては後継者単独で家庭裁判所に申し立てるため、現行の遺留分放棄制度と比べると、非後継者の手続が簡素化されます。

(2) 先代からの贈与株式の評価額を合意時点の価額に固定（固定合意）

生前贈与後に後継者の貢献によって自社株式の評価が上昇した場合でも、遺留分の算定に際しては相続開始時点の上昇後の評価で計算することになります。これに対して、経済産業大臣の確認を受けた後継者が、遺留分権利者全員との合意内容について家庭裁判所の許可を受けることで、遺留分の算定に際して、生前贈与された特例中小企業者の株式の価額を合意時点の評価額で相続開始前に固定できることになりました。この特例により、後継者にとって株式価値上昇分は遺留分請求の対象外となりますので、経営意欲の阻害要因が排除されることになりました。

この固定合意ではあくまで評価額を固定するだけで、その他の相続財産では固定後の遺留分を確保できない場合にはやはり後継者が遺留分侵害額請求をされるという問題が残りますので、除外合意のほうがリスクは少なく、企業経営の視点からは除外合意を選択するほうがベターでしょう。

4　非上場株式等の特例納税猶予制度

この「遺留分に関する民法特例」の活用により、遺留分権利者全員の同意で生前に非上場株式と事業用財産の全部の贈与を受けたとしても、遺言書で全株式を遺贈されたとしても、高すぎる贈与税や相続税で資金困難に陥っては、事業承継どころではありません。

そこで、相続税法においては非上場株式等について、相続税及び贈与税の特例納税猶予制度を定めています（措法70の7の5、70の7の6、70の7の7）。贈与税の特例納税猶予制度とは、贈与時に贈与税が猶予され相続時に課税される制度であり、相続税の特例納税猶予制度とは、非上場株式等の評価額を100％減額して相続税を計算する制度です。また、贈与税の特例納税猶予制度を選択すると、相続時に再び、その非上場株式等につき相続税の特例納税猶予制度を選択することもできます。

ただし、どちらも特例納税猶予制度ですので、要件から図れて取消しになれば思わぬ納税負担となります。もし適用要件を満たしているならば、非上場株式等の評価の低い時に一括贈与を受け、後継者は相続時精算課税制度を選択したうえで特例納税猶予の適用を受けるとよいでしょう。

もし、納税猶予が取消しになったとしても相続時に贈与時の評価額で相続税がかかることになり、高額の贈与税を払わなければならないというリスクを避けることができるからです。なお、精算課税制度を選択した場合においても、贈与時のみならず相続時においても特例納税猶予制度を適用できますので安心です。

5　贈与と相続では適用要件に違いがある

図表5－3、5－4をみていただくと、特例事業承継税制のしくみがイメージできるでしょう。なお、贈与税の特例納税猶予を受けた特例非上場株式等だけしか相続税の特例納税猶予を受けられないわけではありません。単独で相続税の特例納税猶予を受けることもできますが、相続税で初めて特例納税猶予の適用を受けるときは、贈与税の納税猶予の適用要件とは要件が異なりますので、ご注意ください。

●図表5－3　贈与税の特例納税猶予制度の概要

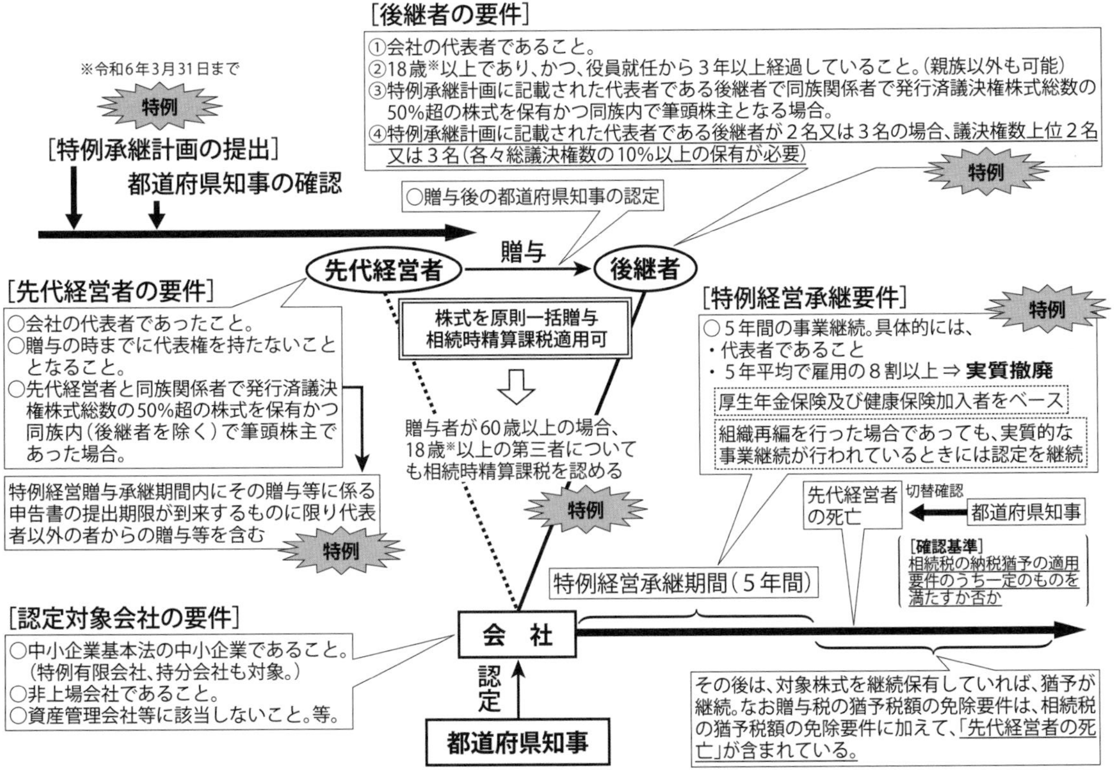

●図表5－4　相続税の特例納税猶予制度の概要

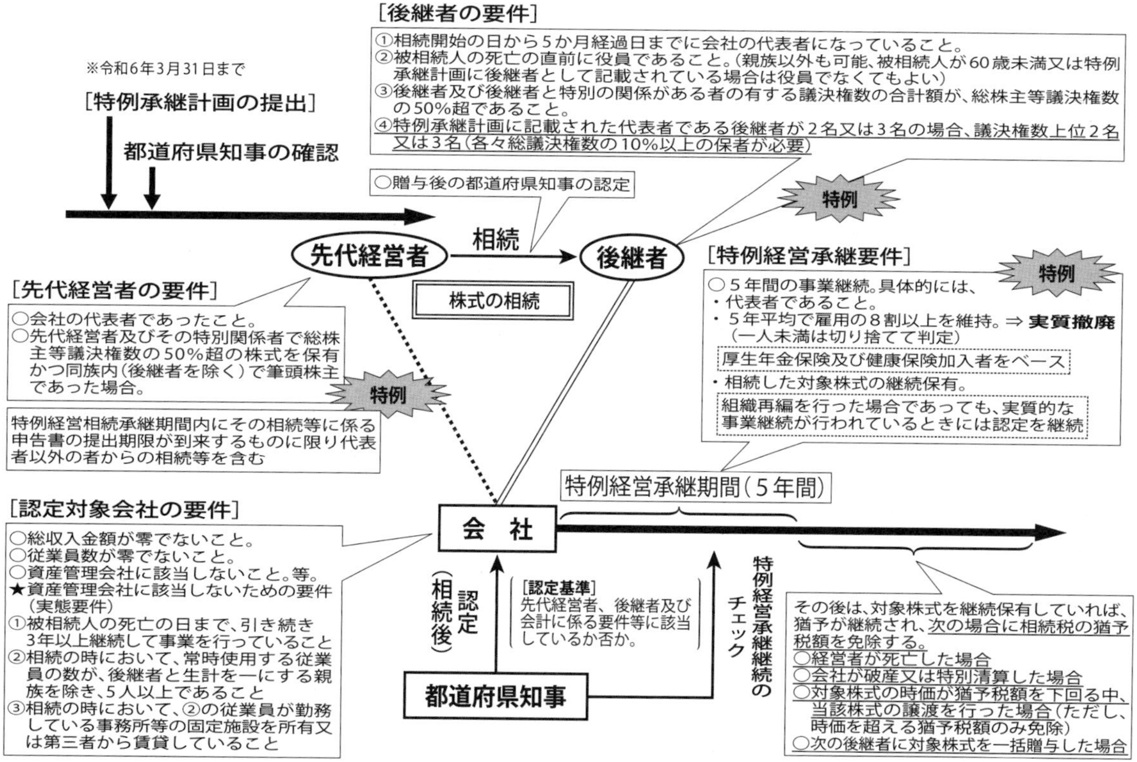

6　特例納税猶予の取消しと猶予税額の免除

相続税の特例納税猶予を受けている場合、原則として５年という経営承継期間が設けられており、この期間に代表者でなくなる、株式を譲渡するなど、要件を満たさなくなれば特例納税猶予は打ち切られます。特例非上場株式等について特例納税猶予を選択するかどうかは、綿密に検討してから判断してください。

ただし、身体障害等のやむを得ない理由により二代目経営者が認定承継会社の代表者でなくなった場合に限り、二代目が三代目経営者へ特例相続非上場株式等を贈与し、三代目が贈与税の特例納税猶予制度の適用を受けた場合においては、二代目が適用を受けた相続税の猶予税額が免除されますのでご安心ください。

7　二代目から三代目への再贈与についての対応

特例非上場株式等の贈与後、経営承継期間（５年間）が経過しても一代目経営者が存命の間は、原則として納税猶予額は免除されません。そこで、中小企業の事業承継のよりいっそうの円滑化を図るため、贈与税の特例納税猶予を受けている二代目経営者が、一代目が存命中に三代目経営者に特例非上場株式等を一括贈与した場合において、三代目が贈与税の特例納税猶予の適用を受けた場合には、二代目が適用を受けていた贈与税の猶予税額が免除されることになりました。

そして、一代目に相続が発生した時に三代目が二代目に代わり、二代目が贈与により取得した時の価額により、一代目から特例非上場株式等を遺贈により取得したものとみなされて相続税が課税されますが、一親等の血族でないので原則２割加算の対象となります。なお、一代目の相続税の申告において、三代目はその特例受贈非上場株式等については、相続税の特例納税猶予を適用することができます。

8　遺言書作成における注意事項

(1)　遺言書作成の重要性

本ケースで遺言書がない場合、前述したように、会社の株式は、相続人間の準共有となり、株式の権利行使者は、持分の価額に従い、その過半数をもって決定することとなります。東さんは、次男を後継者にしたいと考えていますが、遺言書がない場合には、相続人らは、法定相続分に従って、相続財産である株式を準共有することになります。そして、東さんの法定相続人は長男と次男の２名ですから、長男と次男の考えが異なっていた場合には、大変な問題になってしまいます。

相続した株式について権利を行使するためには過半数の持分が必要ですから、ちょうど２分の１ずつの持分の準共有の場合は、長男も次男もすべての株式の権利を行使できなくなってしまうのです。したがって、次男が相続前には株式を持っていなかったような場合には、会社として何も決められなくなってしまう危険性があり、円滑な事業承継ができなくなる可能性があります。

ですから、東さんが次男に会社経営を継がせたい場合には、東さんが所有する会社株式を次男に生前贈与しておくか、全部次男に相続させる旨の遺言書を作成しておくことがベストの選択です。

(2) 遺留分対策を準備する

次男に株式全部を相続させたり、生前に贈与する場合には、遺言書で、他の財産をどのように分配するのか、次男以外の相続人の遺留分を考慮して、生前から十分な対策をとることが必要でしょう。

東さんの生前に長男が、遺留分放棄の手続をとることができた場合には、後に遺留分侵害額請求がなされる心配はありませんので、後継者に全株式を相続させる遺言を安心して作成することができます。

また、長男が遺留分の全部を放棄することには難色を示しても、会社承継の重要性には同意してくれるならば、東さんから後継者に対する株式の生前贈与について、民法の特例（除外合意）の手続ができるかもしれません。除外合意が認められれば、生前贈与した株式については、遺留分算定の基礎財産から除外したうえで、生前の贈与や約束を踏まえた、遺言書を作成するとよいでしょう。

しかし、上記のような遺留分侵害額請求への対策ができない場合は、非後継者の遺留分を侵害しないように現預金等の相続財産を振り分ける遺言を作成するか、次男には生命保険金や退職金などで長男への侵害額の支払いを準備できるようにしたうえで、全株式を相続させる遺言書を作成するとよいでしょう。単に遺言を作成するだけでなく、承継者の次男とは東さんの相続後にすべきことについて十分な話し合いをしておく必要もあります。

●遺言書記載例

第１条～第７条は、Case 8の遺言書記載例を参照してください。

第８条　付言

1　私の願いは、私が創業して成長させた東京建設株式会社を、私の亡き後も、維持・発展させることです。

次男Ｃは、大学卒業後、東京建設株式会社に入社し、現在は私の右腕として頑張ってくれて、同社の発展に尽力してくれており、従業員からの人望もあります。そこで、私は、この次男Ｃに、東京建設株式会社の経営を引き継ぎたいと考えていますので、（続柄）（氏名）★1及び（続柄）（氏名）においては、次男Ｃが、東京建設株式会社の経営を引き継いで、同社をより発展させていけるよう、協力してください。★2

2　上記の遺言によって私の財産を分割した結果、（続柄）（氏名）の遺留分を侵害する場合は、次男Ｃは、同人が受取人となっている下記（1）記載の生命保険金及び下記（2）記載の死亡退職金のほか、次男Ｃが相続した株式会社甲の株式の一部を同社に買い取らせる方法等によって、資金を用意し、（続柄）（氏名）に、同人の遺留分額と遺言により取得した財産の差額を支払ってください。★3

記

（1）　生命保険金　　保険会社：○○生命
　　　　　　　　　　契約番号：××××××××
　　　　　　　　　　契約日：令和○年○月○日

保険名：○○○○
契約者：遺言者
被保険者：遺言者
受取人：次男Ｃ

(2)　死亡退職金　支払主：東京建設株式会社
退職者：遺言者
受取人：次男Ｃ

以上

★1　この「(続柄)（氏名)」には、次男Ｃ以外の相続人が入る。
（例）　長男Ｂなど

★2　付言事項に法的拘束力はないが、相続人らに対し、遺言者がなぜこのような遺言をしたのかという理由を示すことにより、相続人らに、遺言による遺産の分割方法に納得してもらい、相続人間の争いを未然に防ぐために有効な手段といえる。

★3　遺言書の内容に従うと、相続人の遺留分を侵害する可能性があり、遺留分放棄や民法の特例（除外合意）といった遺留分対策が未了の場合には、後継者において、他の相続人に支払うための原資についても準備しておくことが重要。

補　足

次男が払う資金を確保する方法を明らかにするため、付言事項に、このような条項を入れておくとよいでしょう。

もちろん、資金については遺言には書かずに、生前に次男によく説明しておく方法もあります。

7 持株会へ自社株式の遺贈をする場合の遺言書の作り方

Case 7

飲茶食品の製造販売をする株式会社藤木飲茶は従業員も80人を超える中堅企業です。藤木社長をはじめ、代々一族が事業承継してきましたが、経営権確保のためには議決権を３分の２以上確保しなければなりませんので、長男が事業承継するには藤木社長夫婦から過半数の㈱藤木飲茶の株式を相続しなければなりません。それだけ相続すると長男の相続税の負担は非常に重く、納税することは困難です。

信頼できる従業員に株式を持ってもらい、経営権の確保と相続税の問題を一気に解決したいと思った藤木社長は、遺言書をどのように作ったらいいかと悩んでいます。

1　配当還元方式で評価できる株主への遺贈

相続税法においては、取引相場のない株式の相続税評価額は取得した人ごとによって異なります。同族関係者が取得すれば「原則的な評価方法」として、類似業種比準価額方式、純資産価額方式、又はこれらの併用方式によって評価され、非常に高額になります。

ところが、同じ株式であっても、経営支配権を持たない同族以外の株主が取得した場合には、例外的評価方式として「配当還元方式」により評価されます（評基通188－2)。この「配当還元方式」による、10％配当の場合の株式評価額は資本金等の額となり、「原則的評価方式」に比較しかなり低い場合が多いので、配当還元方式で評価できる者に株式を遺贈することができれば、相続税対策として有効な手段となります。

そのポイントは、次の五つの条件を満たす場合の遺贈になります。

①　筆頭株主グループの持株割合が50％以上であること ②　筆頭株主グループに持株割合が25％以上の中心的同族株主グループがいること ③　贈与を受けた者が②のグループに属さないこと ④　贈与を受けた者の持株割合が５％未満であること ⑤　贈与を受けた者が役員でないこと

2　従業員持株会の効果

同族株主が自社株式の過半を所有していたとすると、相続に際して自社株式の相続税評価額が非常に高く、相続税の負担がのしかかってきます。さらにこれを担税力の面から考えると、取引相場のない株式に関しては上場株式のように市場性がありませんので、相続税評価額で売却することは不可能に近いです。また、経営権の問題から考えても、他人に無制限に譲渡することはできません。

そこで、このやっかいな自社株式対策の一つとして、経営権に影響しない程度の株数を信頼できる第三者に生前に譲渡する、あるいは遺贈する方法があります。これにより、株式を利害関係者に流出させずにオーナー経営者の相続財産を減らすことができます。自社株式のうち経営上必要欠くべからざる株数は後継者が所有し、経営権に影響がなく相続税の課税上後継者が相続するとかえって負担が重い部分を、信頼できる第三者に渡そうということです。

ただ、経営者一族以外の者に自社株式を持たせると、利害が対立したときに高額で買取りを要求されたり、株主としての権利を乱用されたり、関係のない第三者に譲渡されたりという不安があります。そこで、会社の存続を強く願っている従業員への株式移転も考え、従業員持株制度を活用します。さらに不安を払しょくするためには、従業員持株会そのものが株主になり、従業員がその持株会に対して持分を持つにすぎない民法上の組合方式を選択します。特に、民法上の組合による従業員持株会でも自社株式の引出しができないようにしておくことがベストです。

3　従業員に自社株式を渡すときのポイント

まず、従業員にオーナー経営者の持株を渡す方法ですが、贈与又はいわゆる出資金額での譲渡という方法が一般的です。同族関係者の持株はほとんどの場合、取得価額は当初の出資した金額となります。出資金額による譲渡の場合、売却したオーナー経営者には譲渡益が生じず、従業員への贈与と同様、オーナー経営者には譲渡所得税はかかりません。

財産評価基本通達による相続税評価額である取引相場のない株式の評価は、その株式を取得した人の立場で評価することになるため、取得者が従業員の場合、出資金額による売買であっても所得税についても贈与税についても問題は生じません。

従業員へ出資金額での売買や贈与をすることは、評価の高い自社株式がオーナー経営者の財産から減少し、売買対価として安い配当還元価額による現金が増えるだけですから、大きく相続財産が減少するのです。

4　従業員持株会が取得する予定の株式は無議決権株式とする

同族会社に適した従業員持株会は次のようなものがよいでしょう。

＜同族会社に適した従業員持株会の要約＞

①　民法上の組合とする。

②　持株会が株主になり、持株会に加入する社員が直接株主にならない。

③　持株会に加入する社員は、持株会から自社株式を引出しできない。

④　持株会に加入する社員が退職する場合には、持株会から持分の払戻しを受ける（株式の買取ではない）。

⑤　上記の払戻金額は株式の価額により、その金額はあらかじめ規約に定めておく。

従業員持株会に遺贈したい場合には、遺贈するつもりの自社株式を、相続前に議決権の制限される種類株式にしておけば安心でしょう。遺言でその種類株式を従業員持株会に遺贈すれば、後継者の相続税の課税財産が減少するうえ、従業員持株会が取得した自社株式は配当還元価額という低い評価となり、課税財産総額も減少し、相続人全員の相続税負担が大きく減少します。

また、従業員持株会が取得した自社株式は議決権がないのですから、株主関係が悪化したとしても、経営権に影響することはありません。ただ、種類株式の発行には株主総会の特別決議と現株主の同意が必要とされますのでご注意ください。また、議決権がありませんので、代わりのメリットとして普通株主に先駆け一定額だけいつももらえる非参加型優先配当株式としておくことをお勧めします。

5　退職する従業員から買い取る場合

従業員に株式を持ってもらった場合に問題になるのは、退会する従業員から買い取る場合の手続です。従業員持株会がいったん持分の払戻しをし、それ以後の日に買い取った持株会の持分を従業員持株会に加入している他の従業員に買い取ってもらう方法をとればよいわけですが、売り手である従業員がこの方法に同意してくれなくては困ります。

株主が納得すればいくらでも売買しても構いませんが、よく問題になるのは、取得したときは資本金等の額で行ったものの、買い取るときにはどうするかということです。一般的には配当還元価額が多いように思われますが、なかには資本金等の額のところもあります。

次の①～③のようないろいろな主張がありますが、要は従業員株主がいくらで納得するかです。納得する基準を設けたなら、それを従業員持株会の規約の中で買取価額として明記しておけばトラブルを避けることができ、慣例となり公正な価格となるでしょう。

①　取得時が資本金等の額だから買取時も資本金等の額
②　取得時は取得時、買取時は時価である配当還元価額
③　従来から１株500円で買い取ってきたから、今回もそれにならい過去からの慣行を貫く

同族会社にはさまざまな特徴があり、上場会社で採用されているような従業員持株会を作る必要はありません。弁護士や税理士等の専門家とよく相談のうえ、自社の特色に合わせて「引出しができない」「買取価額を定める」「従業員持株会へ譲渡する」など、一定の合理的な縛りを付けて規約を作成するようにしてください。

6　相続開始までに準備しておく点

(1)　従業員持株会の整備

本ケースは、従業員持株会等の同族株主以外の者に遺言により遺贈等を行うことによって、相続人の取得する遺産額を減少させる相続税対策です。そのためには、まず従業員持株会を作るか、すでにある場合も規約等に不足がないかを検討する必要があります。

①　経営者が大株主である会社に従業員持株会を導入する。
　この際には、後で従業員からの買取りの価額や配当等でもめないように、株の評価等について造詣の深い税理士等と相談し、持株会規約もよく考えて作成する必要があります。すでに持株会がある場合も、規約に不備がないかの確認は欠かせません。

②　株主総会の特別決議（議決権の３分の２以上）によって、定款を変更して、配当優先かつ議決権制限の株式について、株式の内容と発行可能株式総数を定めておくこと。

③　会社において、配当優先株式かつ議決権制限株式を発行し、オーナー経営者が上記株式を取得しておくこと。又は、全株主の同意を得て、オーナー経営者の所有株のうち一部を配当優先・議決権制限株式に転換しておくこと。

(2) 遺言書の作成

単に議決権制限株式を発行したとしても、その株式も相続人が取得すると相続税対策にはなりません。したがって、議決権制限株式を取得した後、すぐに遺言書を作成しておく必要があります。

遺言の内容には、長男への議決権確保と従業員持株会への株式の移転が必要ですから、後継者である長男が、すでに長男自身で持っている議決権数とあわせて、発行済株式の議決権総数の３分の２を確保するために必要な議決権数を算出したうえで、Ⓐその議決権数の株式を長男に相続させること、Ⓑ配当優先・議決権制限株式を従業員持株会に遺贈すること、という二つの内容を含んだ遺言書を作成することになります。

Ⓑの内容については、この従業員持株会へ遺贈した株式の相続税評価を、「原則的評価方式」に比較して金額が低くなる「配当還元方式」によって行うことを考えているなら、その条件を満たしているかどうかを確認する必要があるのでご注意ください。

そして、Ⓐの内容については、長男に議決権確保のために必要な議決権のある株式の数及び事業に必要な財産を相続させることとし、これら以外の財産を、他の相続人に相続させることとなります。この際には、可能な限り後継者以外の相続人の遺留分を侵害しないように配分するよう気を付けましょう。

配慮しようにも、後継者に株式や事業に必要な財産を相続させると、どうしても他の相続人の遺留分を侵害してしまう場合で、遺留分放棄や、民法の特例（除外合意）などの遺留分対策が未了の場合には、侵害額の支払いに関して、付言事項に記載しておいたほうがよいでしょう。

●遺言書記載例

第１条　遺言者は、遺言者が有する株式会社藤木飲茶（本店所在地……）の株式○株を、次のとおり遺贈又は相続させる。

１　配当優先株式かつ議決権制限株式○株全部について、株式会社藤木飲茶の従業員持株会に遺贈する。★1

２　遺言者が有する前記１以外の株式のうち○株を、遺言者の長男Ａ（昭和○年○月○日生）に相続させる。★2

３　遺言者が有する前記１以外の株式のうち○株を、遺言者の妻Ｂ（昭和○年○月○日生）に相続させる。★3

第２条〜第８条は、CASE ９の遺言書記載例を参照のこと

★1　相続税対策として、従業員持株会に株式の遺贈をする場合に記載する。

★2　上記遺言書案は、遺言者において、長男Ａを後継者と考えているという前提で作っている。

★3　2項で長男Ａに経営権を確保させた後で、まだ株式が残る場合は、次男、妻などの他の相続人に相続させることで長男による遺留分侵害額を下げることが可能。

8 高額の退職金が見込める場合の遺言書の作り方

Case 8

堀機器株式会社を創業した堀社長はその功績が多大であり、高額の退職金が支給されるのが通常であるとして、同社においてもその旨の役員退職金規定が制定されています。この規定によれば、堀社長には約5億円の支給が予定されていますが、堀機器㈱の役員退職金規定には相続時の支給規定がありません。

この場合、受取については法定相続人全員の同意が必要なので、生前にまず退職金規定を整備したうえで、死亡退職金の支給割合を遺言で指定し、遺産分けと相続税の両面からの最適な遺言書を作りたいと思っています。

1 退職金については所得税法上有利な取扱いがある

代表取締役や取締役を退任し退職金を受け取った場合、退職所得となります。しかし、次のように一定の退職所得控除があり、他の所得と分離して退職所得として課税されますので、受け取った人にとっては他の所得、例えば高額の給与等と比較すると最高税率であっても27.5%（復興特別所得税を除く）以下となり、非常に有利な受取方法となります。

所得金額 ＝（収入金額－退職所得控除額）× $\frac{1}{2}$※

退職所得控除額（勤続年数の１年未満の端数は１年とする）

- 勤続年数20年以下…40万円 × 勤続年数
- 勤続年数20年超……800万円＋(勤続年数－20年)×70万円

※ただし、役員としての勤続年数が5年以下の役員退職金等は2分の1課税とならない。

高額の退職金支給を受けた場合、今までに遺言書を書いていたとしても、大きく財産構成が変わりますので、再度必ず書き直すようにしてください。

ただ、退職金に所得税を払い、相続時に残っている残額にも相続税がかかるのですから、二重課税とも考えられます。よって、死亡退職金として受け取り、遺産分けと相続税の両面からの最適な遺言書を書くこともよいでしょう。

2　死亡退職金の受取人と課税関係

退職金は本人に支払われるものですが、対象者が亡くなった場合には、会社が受取人を決めて支払う受取人固有の財産です。所得税と相続税の二重課税が気に入らないとして、生きている限りしっかり働き相続時に死亡退職金を受け取ると決めた場合には、経営者は株主として会社に退職金規定の整備を求め、対象予定者本人が死亡退職金の受取人を指定できるようしておくとよいでしょう。そうすれば、誰を受取人にするか、その割合はどうするかなどを遺言書等で指定することができるからです。

相続財産ではありませんが、会社が支給した退職金に対しては、相続税法上は「みなし相続財産」となり、相続税の課税対象となります（相法3①）。しかし、この死亡退職金や弔慰金に関しては、以下の金額について相続税は非課税とされています（相法12①六）。

＜死亡退職金の非課税枠＞

500万円×法定相続人数＝非課税金額

- なお、生命保険金の非課税枠とは別枠で、双方併用できる。
- 法定相続人の数は相続の放棄がなかったものとして計算する。
- 養子がある場合には、実子がいる場合には１人、実子がいない場合には２人までしか法定相続人の数に加えることはできない。

＜弔慰金の非課税枠＞

- 業務上の死亡の場合………………最終報酬月額の36か月分
- 業務上以外の死亡の場合…………最終報酬月額の6か月分

3　死亡退職金の支給により純資産価額は下がる

取引相場のない株式の純資産価額の計算上、負債として計上することができるのは「被相続人の死亡により、相続人その他の者に支給することが確定した退職手当金・功労金その他これらに準ずる給与の金額」とされています。よって未払いであったとしても死亡退職金は債務として計上することができますので、自社株式の評価額は大きく下がります（評基通186）。

これに対して弔慰金は、一定額が相続税法上退職金として取り扱われず事実上非課税となっているために、純資産価額の計算上、負債としての計上が認められていませんので、自社株式の評価額を引き下げることにはなりません（相基通3－20）。

死亡退職金の支給により、このように純資産価額方式では評価額が大きく減少しますが、類似業種比準価額方式では前期末決算の数値により評価しますので、死亡退職金については評価額に影響を及ぼしません。

しかし、配偶者が存命している場合には、このデメリットを逆転することができます。相続時に自社株式を配偶者に相続させる遺言書を作成し、付言事項でその株式を相続後２年以内に後継者に贈与してほしい旨の記載をしておくのです。配偶者が相続した株式は評価が高いままですが、配偶者の税額軽減を適用すれば法定相続分までは配偶者には相続税がかかりません。死亡退職金の支給に伴い翌期に自社株式評価額が大きく下がりますので、退職金支給の翌期に配偶者が後継者に自社株式を贈与すれば、後継者は死亡退職金により評価が大きく下がった自社株式を取得することができるのです。

評価額にもよりますが、後継者は贈与時に暦年課税制度を選択するのか、精算課税制度を選択するのか、納税猶予制度を適用するのか、次の配偶者の相続に係る相続税のことを考え、熟考のうえ判断してください。

4　役員退職金支払に関する会社法上の手続

役員退職金は退任した取締役に対して支払われるものですが、在職中の職務執行の対価として支給される限り報酬等の一種です。法的には、退職金の額を計算する根拠が定款に記載されているか、又は株主総会決議によって決められなければ、退職金を支給することはできません。

よって事前に、上記のことをしっかり考慮した役員退職金規定を作成のうえ、退職後には株主総会決議により上記規定に従った金額を支給することを念頭において対処することが必要です。

5　遺言書の作成に当たって

本ケースでは、役員退職金を生前に受け取るか、死亡後に受け取るかによって、作成する遺言の内容が異なってきます。

(1)　生前に退職金を受け取る場合

相続人の中に後継者がいる場合は、その後継者に、会社の株式や会社の事業に必要な財産を相続させることになります。

株式については、純資産価額については退職金支払が確定した決算期以後に、類似業種比準価額ではその翌期に、株価が下がりますから、その下がった時点で遺言者の株式を後継者に贈与をすれば、贈与税の節税となります。

ただし、株式を贈与した場合は、後継者の特別受益となり、相続時に、相続開始時の評価額にて持ち戻したうえで、遺留分（原則として10年以内の特別受益のみ持ち戻す）や相続分（特別受益として何年前の贈与でも持ち戻す）の算定の基礎になります。つまり贈与から相続までの年数やその贈与の価額によっては遺留分の対策にはならないこともあるので、ご注意ください。

生前に役員退職金を受領している場合は、それが預貯金等になっているはずなので、他の相続人の遺留分を侵害しないように、この預貯金等を後継者以外の相続人に多く配分する等、遺留分にも配慮した調整が大切です。

(2) 死後に退職金を受け取る場合

死亡退職金は、会社が定めた役員退職金規定等で受取人と定められた者が取得するものですので、民法で定める相続財産ではありません。

このため基本的には、死亡退職金や生命保険金を相続財産から除外して、後継者に株式や事業に必要な財産を相続させたうえで、他の財産を他の相続人の遺留分を侵害しないように配分すればよいと考えられます。

また、後継者に株式や事業に必要な財産を相続させると他の相続人の遺留分を侵害してしまう場合は、会社の役員退職金規定において、退職金の受取人を指定できるようにしておき、後継者を退職金の受取人に指定し、後継者が他の相続人へ支払う侵害額の原資に充てられるようにしておけば安心できます。

この場合は、侵害額の支払方法について、遺言の付言事項として書いておくと、後継者にとってはどのようにして資金を用意すればよいのかがわかります。また、後継者以外の者にとっても、遺言者が、後継者以外の相続人に対しても、少なくとも遺留分額についてはは取得させようとしていたことがわかるので、感情面からの無用の争いを避けることにもつながるでしょう。

●遺言書記載例（死亡退職金を受け取る場合）

第１条　遺言者は、遺言者が有する堀機器株式会社（本店所在地＊＊＊＊）の株式○株すべてを、遺言者の長男Ａ（昭和○年○月○日生）に相続させる。★1

第２条　遺言者は、遺言者が有する下記不動産を、遺言者の長男Ａ（昭和○年○月○日生）に相続させる。

記

土地　所在　大阪府○○市
　　　地番　○番
　　　地目　宅地
　　　地積　○平方メートル
家屋　所在　大阪府○○市
　　　家屋番号　○○
　　　種類　居宅
　　　構造　木造瓦葺二階建
床面積　○平方メートル

第３条　遺言者は、下記の預貯金債権を含め、本遺言の効力発生時点で、遺言者名義となっている預貯金債権全部を、遺言者の（続柄）★2（氏名）（昭和○年○月○日生）に相続させる。

記

(1) ○銀行○支店　普通預金　口座番号　××××××××
定期預金　口座番号　××××××××
(2) ○銀行○支店　普通預金　口座番号　××××××××
定期預金　口座番号　××××××××

第４条　遺言者は、堀機器株式会社に対する貸付債権すべてを、遺言者の（続柄）（氏名）（昭和○年○月○日生）に相続させる。

第５条　遺言者は、下記を含む遺言者の債務のすべてを、前記長男Ａに相続させる。★3

記

債権者：○銀行（○支店扱い）
借入日：平成○年○月○日
内容：主債務者堀機器株式会社の連帯保証債務
元本額：金○円

第６条　本遺言の第1条から第5条に記載のない遺言者の財産は、すべて、長男Ａに相続させる。★4

第７条　本遺言の遺言執行者として、前記長男Ａを指定し、前記第3条記載の預金債権の払戻し、解約及び名義変更の権限、○銀行○支店にある遺言者名義の貸金庫の開扉、解約及び名義変更の権限を遺言執行者に付与する。★5

第８条　付　　言

１　私の願いは、私が創業して成長させた堀機器株式会社を、私の亡き後も、維持・発展させることです。妻Ｂにおいては、長男Ａが、堀機器株式会社の経営を引き継いで、同社をより発展させていけるよう、協力してください。★6

２　上記の遺言によって私の財産を分割した結果、妻Ｂの遺留分を侵害する場合は、長男Ａは、同人が受取人となっている下記（1）記載の生命保険金及び下記（2）記載の死亡退職金のほか、長男Ａが相続した堀機器株式会社の株式の一部を同社に買い取らせる方法等によって、資金を用意し、妻Ｂに、同人の遺留分額と遺言により取得した財産の差額を、支払ってください。★7

記

（1）生命保険金	保険会社：○○生命
	契約番号：×××××××
	契約日：令和○年○月○日
	保険名：○○○○
	契約者：X
	被保険者：X
	受取人：長男Ａ
（2）死亡退職金	支払主：堀機器株式会社
	退職者：遺言者
	受取人：長男Ａ

以上

★1 上記遺言書案は、相続人が妻Bと長男Aのみで、遺言者において長男Aを後継者と考えているという前提で作っている。それゆえ、会社の株式及び会社の連帯保証債務（詳しくは ★3 を参照）を長男Aに相続させることを主眼に、それ以外の財産は、妻の遺留分を侵害しないように、妻と長男に配分すればよい。

★2 （続柄）には、長男、次男、妻などを記載する。

★3 遺言者が、金融機関に対し、会社の連帯保証債務を負担していると考えられるので、その債務を、後継者であるAに相続させることを記載している。しかし、会社の事業に関係のない債務がある場合には、誰に相続させるのか、別途考える必要がある。

また、注意すべきなのは、遺言において、相続債務をある相続人に相続させると記載しても、その効力は、相続人間の内部関係に限られ、債権者を拘束することはできないということである。債権者との関係では、債権者が遺言によって指定された相続人への債務の帰属を認めない限り、金銭債務等の可分債務は、相続開始と同時に当然に分割され、各共同相続人がその相続分に応じてこれを承継することになる。これを避けるためには免責的債務引受け等の方法がある（前記❸参照）。

★4 遺言に記載した財産以外に相続財産があった場合、遺言があるにもかかわらず、結局相続人間で遺産分割協議をしなければならないことになるから、それを防ぐために、遺言に記載した以外の財産を誰に相続させるのか明らかにしておくこと。

★5 遺言者は、遺言で遺言執行者を指定することができる。銀行実務では、全相続人の同意がないと、預金の払戻しや貸金庫の開扉に応じない取扱いをしているため、相続人全員の押印を求めなければならず、手間がかかるだけでなく、それを契機に相続人間で争いが生じることもあり得る。

そこで、遺言にて遺言執行者を定めておくことを推奨する。この場合、相続人全員の同意がなくても金融機関は、遺言執行者に対しては、払戻しをしなければならない。

★6 付言事項に法的拘束力はないが、相続人らに対し、遺言者がなぜこのような遺言をしたのかという理由を示すことにより、相続人らに、遺言による遺産の分割方法に納得してもらい、相続人間の争いを未然に防ぐために有効な手段といえる。

★7 遺言書の内容に従うと、相続人の遺留分を侵害する可能性があり、遺留分放棄や民法の特例（除外合意）といった遺留分対策が未了の場合には、後継者において、他の相続人に支払う侵害額を確保する方法を明らかにするため、付言事項にこのような条項を入れておくとよい。

9 後継者に報いるための遺言書の作り方

Case 9

和菓子屋を経営している川村さんは、長男に自分の和菓子屋の製造を一手に任せ、また長男夫婦と20年以上も同居しています。妻は5年前に認知症を患ったうえ先日亡くなりましたが、その通夜の席で川村さんの２人の娘が財産分けを言い出しました。妻の相続財産はほとんどないため、娘２人に法定相続分を渡したとしても問題はありませんが、自分の相続の時に娘２人に法定相続分を渡してしまうことは、長年同居して面倒をみてくれた長男夫婦に申し訳なく、事業継続の必要性からも等分というわけにはいかないと思いました。そこで長男夫婦の寄与に応えるために、遺言書を作ろうと考えています。

1　寄与分の考え方

親の事業を手伝ったり介護をした子と、そうでない子の相続分が同じなのは不平等だという考え方もあります。寄与分は、特別受益と同様に相続財産に対する相続人の関与の不公平を調整するために設けられた制度です。特別受益が相続人の受けた利益を相続財産に戻させるのに対し、寄与分では相続人が相続財産に与えた利益があるときは、その寄与による部分を相続財産から除外し、寄与者に取得させる、つまり他の相続人よりも多い割合の相続分を認めるという制度を設けています（民法904の2）。

この寄与分について定めた条文では、「被相続人の事業に関する労務の提供、又は財産上の給付、被相続人の療養看護その他の方法により被相続人の財産の維持又は増加について特別の寄与」があった相続人に認められるものなのです。

つまり、被相続人の身近にいて、夜遅くまで和菓子作りを手伝ったとか、いつも献身的に世話をして、被相続人の心の支えになったという心情的な事情よりも、「特別の寄与」といえるほどの寄与なのか、「被相続人の財産の維持又は増加」に貢献したか否かによって結論が決まってしまうのです。

●図表5－5　寄与分の概念

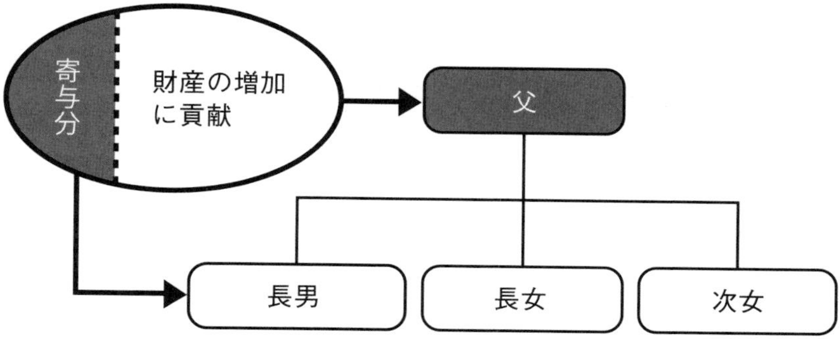

ここでいう「特別の寄与」を認めてもらうには、かなりのハードルがあります。民法では、夫婦や親子間では、助け合い、相互に扶養していくことが当然と考えられており、親子間で病気のときに看病したことがあるからといって、寄与分は認められません。

親子間では相互に扶養していくことが通常の関係であるからこそ、子には当然に親の財産に対する法定相続分が認められているのです。

寄与分とは、このような親子として通常期待されるような貢献を超えた特別の貢献があった場合に認められる概念です。
　川村さんの場合においても、長男夫婦が和菓子屋を手伝うに際し、無給ならば特別の寄与があったとされるでしょうが、青色専従者給与等の役務の対価をもらっている場合には対価を得て当然の仕事をしたまでで、特別の寄与はないとされるでしょう。さらに、親子間で同居をする、通院の送り迎えや薬を買いに行く、一緒に食事をする、といった類の事柄は、基本的にはすべて「通常の寄与」に該当し、寄与分が認められることは稀でしょう。ですから、こういう問題は「寄与分」の問題とするのではなく、川村さんは遺言で自分に貢献してくれた長男の相続分を増やしておいたり、長男の妻に遺贈をするというかたちで事前に対処しておくべきでしょう。

2　寄与分とは、誰が決めるのか

　寄与分は、まず相続人間の協議で決定されることになっています。川村さんの場合、長男と２人の娘という相続人全員で長男に寄与分があるか、あるとしてどれくらいの割合であるかを協議して決めることになります。しかし、相続人間の協議で寄与分が決定されるということは難しいでしょう。そもそも、寄与分の協議が簡単にまとまるような良好な兄弟関係であれば、寄与分などという概念を使わなくても、簡単に遺産分割で合意できるはずだからです。
　相続人間で協議が調わない場合には、家庭裁判所が、寄与をした相続人からの請求によって、一切の事情を考慮して寄与分を定めることになっています。川村さんの場合が、長男が父母の介護や和菓子屋のサポートに関し、どの程度のことをしたかという事実判断によって、寄与分の有無に関する法律判断がされるのです。

ここまで説明してきましたように、長男夫婦の寄与分を家庭裁判所が認めてくれる可能性は低いと思われます。よって、寄与分の問題でもめないためには遺言書を作成し、付言事項で長男夫婦への感謝の念を表しておくとよいでしょう。

3　長男の妻との養子縁組

また、寄与分は相続人だけに認められるものですから、いくら献身的に尽くしても相続人ではない長男の妻には寄与分は認められません。川村さんの気持ちを実現するよい方法の一つに、長男の妻と川村さんの養子縁組があります。

養子縁組によって川村さんの相続人が増えれば、娘たちの相続分は3分の1から4分の１ずつに減少するため、遺留分のことを考慮しても長男夫妻により多くの財産を遺せます。さらに、養子になれば相続人ということになりますから、長男の妻にも寄与分を主張できるチャンスができるのです。

もちろん、繰り返しになりますが、長男夫婦の寄与分を家庭裁判所が認めてくれる可能性は低いため、養子縁組をしたうえで、それに合わせた遺言書を準備することが重要です。

4　特別寄与料制度の利用の可能性

養子縁組を行うことが難しい場合、民法改正により創設された「特別寄与料」の制度を利用することも考えられます。本書**第１章❽**で解説したとおり、民法上は、このケースでの長男の妻のような相続人ではない親族は、養子縁組をしていない限り相続人ではないため、寄与分というかたちで何らかの財産を受け取ることはできません。

民法改正で導入された特別寄与料制度では、被相続人の事業に従事するなどで貢献した親族に対し、相続人全員に対する寄与に応じた額の支払請求権が認められることになりましたので、この制度については利用できる可能性があります。

ただし、特別寄与料の存否やその額について、相続人と特別寄与者との間で協議が調わないときは、相続開始及び相続人を知ったときから6か月以内又は相続開始1年以内のいずれか短い期間内に家庭裁判所への申立てを行わなければなりません。短い期間内に決める必要があるうえに、寄与分同様に実際に特別寄与料が認められるケースが限られる可能性も高いものですから、特別寄与料制度に安易に頼ることは危険です。

特にこのケースのように、長男がより多くの財産を取得する遺言がある場合に、その家族まで特別寄与料という形で請求を起こしては、次男や長女の遺留分侵害額請求の引き金になりかねません。長男に多くの財産を遺す遺言がある場合にまで、特別寄与料の請求を行うか否かはしっかり検討する必要があるでしょう。

5　相続税での優遇措置

寄与分の問題は相続税では解決できませんが、相続税には和菓子屋を継ぐ、一緒に生活するなどを応援する措置があり、中でも最高の優遇措置は小規模宅地等の特例です（措法69の4)。川村さんのビルの敷地について検討してみます。

＜川村家の敷地＞

- 旧自宅の取壊し後、その730㎡の敷地が駅から５分の好立地な条件だったため、二つに分けられ自宅と和菓子屋のビルに建て替えられている。
- 裏の330㎡に川村さんと長男一家４人が同居している自宅、表の400㎡にビル（１階が和菓子販売所、２階が喫茶室、３階が製造現場）が建っている。

●図表５－６

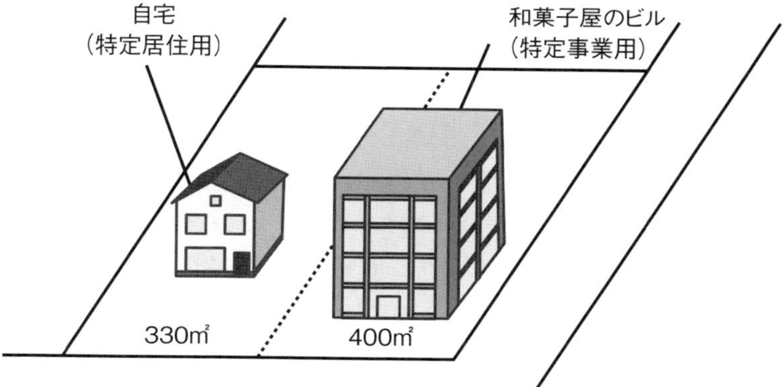

この状況は、相続税の計算をする場合、長男にとって非常に有利です。なぜなら、宅地は路線価等による相続税評価額で計算しますが、相続人が事業を継続する、同居中の相続人が自宅に居住し続けるなどの場合には、小規模宅地等の特例を適用できるからです。この宅地を相続した長男が相続後も和菓子屋を継続するなら、小規模

宅地等の特例の適用を受けることができ、和菓子屋ビルの敷地に相当する宅地等は特定事業用宅地等として400㎡まで80%が減額され、長男一家が居住を継続する自宅敷地に相当する宅地等は特定居住用宅地等として330㎡まで80%が減額されます。

また、特定事業用宅地等と特定居住用宅地等の特例は完全に併用することができ、730㎡の宅地がすべて80%減額されますので、相続税が非常に安くなるのです。後継者であり、同居していた長男夫婦にとっては一挙に大減税の特例を適用できることになります。

この特例は、被相続人の事業の用に供されていた宅地等で、その宅地を取得した相続人等が被相続人の事業を引き継いでいく場合にのみ、特定事業用宅地として適用を受けることができるものです。また、被相続人と生計を一にしている家族が事業をするために利用している宅地についても同様です。まさにこの要件に和菓子屋のビルが当てはまり、長男が事業を続けるための最高の応援策といえます。

さらに、自宅敷地は川村さんの居住の用に供されていた宅地等であり、この特例の適用を受けるための要件は、生前に同居し、かつ、引き続き居住することとなっていますので、長男が相続した場合にのみ特定居住用宅地等として適用を受けることができます。配偶者が取得した場合には無条件で適用されますが、妹たちは同居していないので、原則として適用は受けられないのです。長男夫婦が相続するからこそ、和菓子屋のビルと自宅の敷地がどちらも80%減額されるのです。

一緒に生活する、事業を承継する、といった生前の信頼関係や支え合う気持ちが、相続税の最大の減税策である小規模宅地等の特例を最大限に活用する方法です。家族が一団となってお互いに信頼し合い、助け合う円満な親子の関係こそが、これらの特例を活かす秘訣といえるでしょう。まさに長男夫婦こそが、それを実践してきたからこそ適用を受けることができるのです。

6　遺留分支払いや納税資金に備えた生命保険金等

相続人等との合意により、寄与分や特別寄与料を認めてもらえない場合に備えて、事業用財産や自宅を後継者に相続させる遺言を作成したために他の相続人の遺留分を侵害してしまった場合には、後継者が他の相続人へ支払う侵害額を用意しなければならないことも想定されます。その資金や相続税の納税資金を確保するために、川村さんが被保険者、長男を受取人とした生命保険契約に加入してはいかがでしょうか。生命保険金は法律上の相続財産ではないので、原則として遺産分割や遺留分計算の対象とはなりません。

●図表５－７　遺留分を支払う遺言等には侵害額の確保が重要

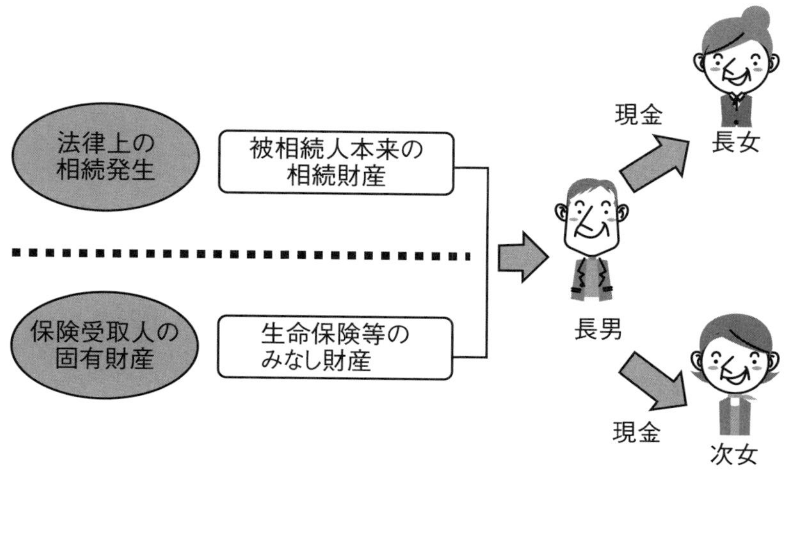

そこで、小規模宅地等の特例を活用できる長男が自宅や和菓子屋ビルを相続するのが最も有利であることを、遺言書の付言事項で娘たちにしっかり説明して、長男が受け取った保険金を長男から２人に渡すという遺言書を作る方法があります。娘たちも、自分たちが支払う相続税が安くなるのであれば、遺言の内容に従ってくれるのではないでしょうか（図表５－７）。

まず、寄与してくれた長男夫婦に、事業用財産と自宅を承継させる遺言書を作成します。その際、感情的にならないよう川村さんが自分の気持ちを、きちんと娘たちに伝えることが何よりも大切です。

また、相続税の特例をどう活用するかで相続税が大きく変わりますので、これらを考慮した遺言書であること、これからも兄妹が仲良くできることを願っていることをきちんと付言事項に書いておくことがもめない相続のポイントでしょう。

10 遺産を社会の役に立てるための遺言書の作り方

Case 10

上村社長は、自社をグループに組み込みたいと申し出てきた上場会社に株式を譲り、社員と取引先の将来を守りたいと思っています。幹部社員はもちろん、一緒に苦労した妻も賛成しており、ハッピーリタイアできそうです。これに伴い受領する役員退職金と株式の譲渡代金が、税金を払っても５億円以上となりますが、子もいないので、返済不要の奨学金や親を亡くした遺児や孤児のために遺産を使ってほしいと思っています。税金対策も含めて効果的な方法で、より確実に自分の意思を実現する遺言書を作りたいと思っています。

1　遺言書に書けば相続人以外の団体に遺産を遺せる

現在の法律では、相続は、原則として民法に定める相続人が民法の定める割合による相続分に従って遺産を相続し、分割することになっています。しかし、相続は必ずしも民法の定める相続分の割合に従って行わなければならないと決まっているわけではありません。民法では、被相続人が遺言で、包括又は特定の名義で、その財産の全部又は一部を処分することができると定めています。これを「遺贈」といいます（民法964）。

また、遺贈は遺言によって被相続人が１人で行う行為ですが、「死因贈与」といって、贈与者の死亡時に受贈者に無償で財産を与える効力を有する契約を行うこともできます。死因贈与も契約なので、遺贈とは異なり生前にもらう相手に贈与の意思を伝え、承諾をもらっておく必要があります。このときには、契約書を作成しておくことが重要なので忘れないようにしてください。

遺贈や死因贈与という方法ならば、いずれも死亡時に無償で財産を相続人以外に与えることができます。もちろん、もらう相手は個人に限らず、奨学会等の団体でも可能です。

2　遺産をもらった団体が法人の場合の課税関係

相続人以外の人でも、遺贈や死因贈与により財産を取得した場合には、相続税がかかります。ただし、法人が遺贈を受けた財産に対しては、相続税ではなく、法人税が課税されるのが原則です。

また、譲渡所得の起因となる土地や建物等を法人へ贈与、又は遺贈した場合には、その時の時価で被相続人から法人に売却したとみなされ、譲渡所得の課税が行われる「みなし譲渡課税」という課税方法が定められています。

したがって、土地や建物等を各種団体等の法人へ遺贈した場合には、相続開始時に、被相続人に対してみなし譲渡所得課税が行われることになります。具体的には、相続人がみなし譲渡所得について準確定申告を行い、被相続人の所得税の申告と納税を代わりに行わなければなりません。この場合の所得税は被相続人の債務ですから、相続税の計算上、債務控除をすることができます。

ただし、原則として、財産の遺贈を受けた法人が学校法人や宗教法人などの公益法人等の場合には、その遺贈により、被相続人やその親族等の相続税や贈与税の負担が不当に減少する結果となる場合を除き、相続税やみなし譲渡所得税が課税されません（措法40、70）。上村社長のように、遺児たちの役に立つため、ユニセフや国境なき医師団等に遺贈する場合には、相続税も所得税もかかりませんのでご安心ください。

なお、公益法人等を利用して、相続税や贈与税の負担が不当に回避されることを防止するために除外規定が設けられています。つまり、被相続人やその親族又はこれらの者と特別の関係がある者が、その公益法人等を私的に使用する、つまり法人の施設や余裕金を私的に利用するような場合には、これらの者が遺贈の対象となった財産を所有しているのと実質的には同じであるとして、個人とみなして相続税が課税されるのでご注意ください。

3　国・自治体等に相続財産を遺贈、相続税は非課税

国や地方公共団体、特定公益増進法人等（社会福祉法人、学校法人等で、所管官庁から認定された法人）が、個人から財産の遺贈を受けても、法人税も相続税・贈与税も課税されません。また、**2**と同様、みなし譲渡所得税も課税されません。よって、例えば上村社長が東日本大震災や熊本地震の遺児のため、岩手県や福島県、宮城県、熊本県に奨学資金と指定した遺贈をした場合には、相続税も所得税もかかりませんのでご安心ください。せっかくの遺産ですから、税金のことも含めどこに寄附するかしっかり考え、遺言書でその想いを実現してください。

4　相続財産を申告期限までに寄附・贈与する

また、遺言書を書かずに亡くなった被相続人から、生前に遺産を遺児たちに寄附したいと聞いていたので、遺族がその思いを引き継ぎ寄附したいという相談もよく受けます。この場合には、一定の要件のもと、相続税もかからず、かつ、相続人等の所得税からも寄附金控除を受けられるというダブルの優遇措置を活用することができます。

相続又は遺贈により財産を取得した人が、その取得した財産を国、都道府県、又は特定公益増進法人に、相続税の申告書の提出期限までに寄附した場合、贈与者等の相続税や贈与税が不当に軽くなる場合を除き、その贈与財産については相続税がかからないことになっています。この特例が適用される財産には相続等により取得したとみなされる財産、生命保険金や退職手当金などは含まれますが、相続開始前３年以内に贈与により取得した財産は含まれません。

相続財産のうちいく分かを親の意思に沿い、「世の中の役に立つ」ように寄附し、必要な財産だけを残しておけば、余分な相続税を払わなくて済みます。遺言書を遺さない場合は、しっかりと寄附したいという願いを相続人に伝えておきましょう。

5　寄附した財産には寄附金控除が適用できることも

相続人が相続財産の寄附をした場合には、相続人の所得税を計算するうえで、図表５－８の算式で計算した一定金額を所得金額から寄附金控除として差し引くことができます（所法78）。

●図表5－8　所得税の寄附金控除のイメージ

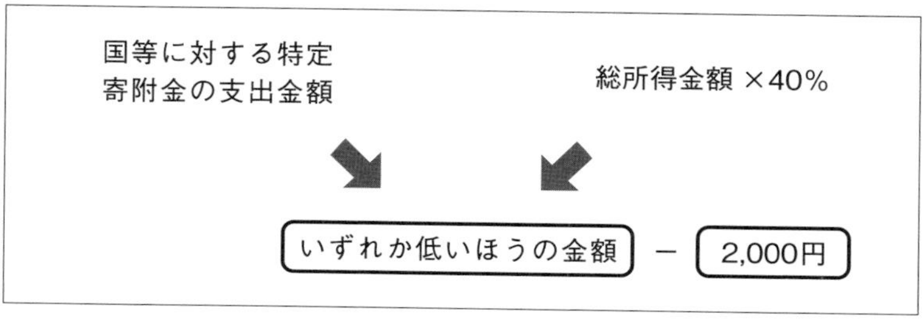

なお、固定資産の贈与も寄附金控除の対象となります。ただし、譲渡所得の金額に相当する部分は非課税とされますので、その資産の取得費に相当する金額だけが特定寄附金となります。また、取得費には相続・贈与により支出した費用が含まれます。

個人が各年において、一定の要件を満たす公益財団法人、社会福祉法人等に寄附金を支出した場合には、その寄附金の額が2,000円を超えるときは、寄附金控除との選択により、その超える部分の金額の40％相当額をその者のその年分の所得税額から控除することができます。この場合において、その控除する金額がその個人のその年分の所得税額の25％相当額を超えるときは、25％相当額を限度とします。

遺言書の指示により、相続人が相続財産をこのような法人等に寄附した場合にも、この寄附金控除を適用することができますので、相続税と相続人の所得税の寄附金控除の合計額を考えると、遺言書で寄附をするように書いておくことが最も節税になるでしょう。

6　自治体の認定法人等については住民税も控除

遺言書の指示により、自治体が認定する公益性のある団体に相続人が寄附をしたことにより、住民税も控除される場合があります。

「所得税の寄附金控除の対象となる寄附金のうち、都道府県又は市町村が条例により指定したもの」が、個人住民税の軽減措置（税額控除）の対象となります。寄附金額から、2,000円を差し引いた額につき、都道府県指定の場合は４％が個人都道府県民税の税額控除となり、市区町村指定の場合は６％が個人市区町村民税の税額控除となります。どちらもの認定があれば、10％の住民税額の全額が控除されるので、自分の住民税がそのまま寄附に回ると考えることができます。

「ふるさと寄附金」として都道府県・市区町村に直接寄附することも可能です。この制度を選択し、東日本大震災や熊本地震の被災地である岩手県、宮城県、福島県、熊本県をはじめ、各年の大型地震、大型台風、豪雨・土砂災害等の被災地に寄附をしている人も多いようです。寄附の際には、ぜひご一考ください。

７　遺贈の際の遺言書作成時に特に注意すべき点

(1)　正確で有効な遺言書を作成する

相続人への相続分の指定や遺贈を行う場合は、仮に遺言書の形式や遺言の内容が法的には無効であっても、通常の法定相続における遺産分割協議等により、相続人は何らかの財産を相続できます。しかし、相続人以外の者に対して遺言によって遺贈を行う場合は、遺言書が無効であればまったく遺贈ができないことになってしまいますので、遺言書の記載には特に注意が必要です。

特に、自筆証書遺言ではよく間違いや要式不備があり、その遺言自体が無効になり、結局遺言を作成してまで実現しようとした意思が実現できないおそれがありますので、以下の遺言書の記載例も参考にしながら、文案についてはよく検討してください。ポイントとしては、「何を」「どの団体・個人等に」「遺贈する」かを、しっかり間違いなく特定できることが必要です。

さらに、遺贈しようとする不動産等の表示が特定できていなかったり間違っていたりすると、その遺言書による移転登記ができなくなります。民法改正により自筆証書遺言では、目録を印字作成や、不動産登記事項証明書の写しを用いても構いません。これらを利用し専門家にも確認しながら、十分に注意して作成してください。

(2) 遺言執行者を指定する

遺言執行者を遺言の中で指定しておけば、スムーズに遺言内容が執行されることを期待できますので、事前に遺言執行者になってもらうことの了承を得ておくようにしましょう。遺言執行者の定めのない遺言の場合は、原則として相続人全員で遺言の執行をする必要があり、単独では遺言を執行することができません。「遺贈」という相続人の利益にならないことには消極的な相続人がいることも珍しくありません。

遺言執行が相続人間でスムーズに進まない場合は、家庭裁判所に申立て、弁護士等の専門家を遺言執行者として選任してもらわなければなりません。非常に手数と報酬がかかりますので、遺言書でぜひ遺言執行人を指定しておいてください。そのうえで遺言執行者になってほしい信頼できる人に、生前に遺言の内容を伝え、どうして遺贈したいかという気持ちも伝えておけば、遺言の内容の実現につきより安心できます。

(3) 確実に受遺者等に発見してもらうことができるようにする

また、せっかく遺言書を作成しても、肝心の遺言書が見つからなければ遺贈を執行（遺言書の内容を実現すること）してもらえません。このような問題に対応するためには、公正証書遺言を作成する、自筆証書遺言の法務局保管制度を利用する、あらかじめ遺言執行者になってくれる人にお願いして遺言書を預かっておいてもらう、といったことをしておけば、遺言書があることが判明しないまま遺産分割協議等が進んだり、遺言書が破損してしまうといったことも防げるでしょう。

公正証書遺言の場合は相続人以外の者は公証役場での検索をしてもらうことができませんので、作成時に遺言者に渡される「正本」や「謄本」をあらかじめ遺言執行者や受遺者に預けておく必要があります。

一方で、法務局保管の自筆証書遺言の場合は、保管申請時に誰が遺言執行者や受遺者であるかを届出ていますので、これらの者が相続人ではなくとも遺言事項証明書等を取得できます。また、死亡時に法務局から遺言者が指定した者へ遺言の存在を通知してもらうように申請することも可能ですから、相続人以外の者への遺贈の場合は、これらの制度を上手に活用することも重要です。

●遺言書記載例

第１条　遺言者は、遺言者名義の預貯金の中から、金○○万円を独立行政法人○○支援機構（○○県○○市○○町＊＊＊＊）に遺贈する。

第２条　遺言者は、遺言者名義の預貯金の中から、金○○万円を財団法人Ｋ遺児育英会（東京都○○区＊＊＊＊）に遺贈する。

第３条　遺言者は、遺言者名義の預貯金の中から、金○○万円を非営利法人Ｇ会（○○府○○市○○町＊＊＊＊）に遺贈する。

第４条　遺言者は、遺言者名義の預貯金の中から、金○○万円を○○県Ｌ基金に遺贈する。

第５条

１　遺言者は、この遺言の遺言執行者として、次の者を指定する。

住所　○○県○○市○○町＊＊＊＊
職業　○○
氏名　○○○○
生年月日　昭和○年○月○日生

２　遺言執行者は、この遺言を執行するうえでの一切の権限を有し、この遺言を執行するに際し、単独で、相続財産に含まれる預貯金債権の名義変更、解約、払戻請求等をすることができる。

３　遺言執行者は、必要と認めたときはその任務を第三者に行わせることができる。

第6章

相続発生前後の留意点

❶ 遺言書がない場合の相続

Point

遺言書や死因贈与契約がない場合、法定相続をすることになり、誰が財産を取得するのか、財産を取得する割合やどのように財産を取得するのかはすべて民法に定めるところに従う。

1　法定相続制度

法定相続制度についてはすでに**第１章**で説明してきましたが、被相続人が財産分け等について遺言等での意思表示をしていない場合に、何の決まりもないと社会生活上で大きな不便が出るために、法律で決められた遺産相続に関するルールです。法定相続においては、誰が財産を取得するのか（法定相続人）、財産を取得する割合（法定相続分）、どのように財産を取得するのか（遺産分割等の方法）はすべて法律に決められており、相続人ではない人に相続財産を取得させることは原則としてできません。

2　法定相続制度と遺言・死因贈与の優先順位

被相続人が遺言（法律上の要式の決められた遺言書を作成するも

の）や死因贈与契約（生前の被相続人と受贈者が、被相続人の死を原因として財産の贈与を受ける契約で、契約書等を作成する）を行っていた場合、法定相続よりも被相続人の意思が優先されることになります。つまり、遺言や死因贈与契約は法定相続制度に優先することになりますので、自分の死後は法定相続になると困る人は、あらかじめ遺言書の作成等で対策を行っておく必要があります。

ただし、遺言等は兄弟姉妹以外の相続人に認められた「遺留分」（**第2章❸**）には対抗できませんので、遺言書等を作る際も遺留分についてはどう対処するのか気を配る必要があります。

遺留分　＞　遺言書等　＞　法定相続

3　法定相続により遺産を分割する方法

法定相続の場合、法律は各相続人の相続する割合（法定相続分）を決めているだけで、それぞれどの財産をどの相続人が取得するのかということまでは決めていません。通常、被相続人は不動産や預貯金、株式等の有価証券等、さまざまな財産を持っていたため、例えば相続人２人の法定相続分が等しくても、何を取得するのかを決めなければなりません。具体的な分け方を決めない限り、遺産は法定共有状態となってしまいますので、単独での名義変更や処分をすることができなくなり、大変煩雑なことになってしまいます。

遺産を法定相続分に基づいてどのように分けるのかを「遺産分割」といい、基本的には相続人全員による話し合いでの合意によって行われることとなります。これを「遺産分割協議」といい、遺産分割協議の中では、法定相続分どおりでなくても相続人全員が納得しさえすれば、自由に具体的な取得を決めることができます。

単なる話し合いでは決められない場合には、家庭裁判所による遺産分割調停を申し立て、それでもまとまらなければ遺産分割審判に移行することとなります（**第１章⑭**参照）。

- 遺産分割協議（全相続人での私的な話し合い）

　　⬇

- 家庭裁判所での遺産分割調停
（裁判所が間に入る公的な場での話し合い）

　　⬇

- 家庭裁判所での遺産分割審判
（さまざまな事情を考慮したうえで、法定相続分に基づいて裁判官が決定）

調停までは当事者の意向が反映できますが、遺産分割審判は裁判官が公正に行うものですから、原則法定相続どおりの分割内容となってしまいます。被相続人による遺言等がなく、柔軟な内容で遺産分割を行いたい場合は、争いはなるべく抑えて、せめて調停手続までで決着することをお勧めします。

② 遺言書の内容を実現するための方法

Point

遺言書の内容を実現するためには、相続人全員で共同して行うか、遺言執行者に遺言執行の手続をしてもらう必要がある。遺言書に遺言執行者を誰にするか記載がない場合は、家庭裁判所に遺言執行者を選任してもらわなければならない。

1　遺言書の内容の実現

遺言書に書いてある内容を法的に実現することを、「遺言執行」といいます。遺言執行は生前の被相続人の意思を実現する行為ですから、法律上は被相続人の権利義務を承継した相続人全員で行う必要があります。

しかし、遺言書があるようなケースでは相続人間の利害が対立していたり、寄附や遺贈で財産をもらう人に対して相続人が財産を渡すことを嫌がるようなことが多くあります。このような場合に、相続人全員で協力して遺言の内容を実現してもらうのは現実的ではありません。このため、相続人全員に代わって「遺言執行者」という１人の人に、遺言書の内容の実現（遺言執行業務）を任せる制度があるのです。

なお、遺言書があったとしても、孫Aに全財産の2分の1を遺贈する「包括遺贈」や、長男Bの相続分を3分の2とし長女Cの相続分を3分の1とする「相続分の指定」という内容であった場合は、遺言書だけでは、法定相続と同様に各不動産等の具体的な財産を誰に取得させればよいのか不明なため遺言執行はできず、結局は協議等の遺産分割の手続を行う必要があります。

2　遺言執行者の選任方法

遺言執行者を決める方法は二つあり、①被相続人が遺言であらかじめ遺言執行者を指定しておく、②相続開始後に相続人らの関係者が家庭裁判所に「遺言執行者選任の申立て」を行い、裁判所に遺言執行者を決めてもらうというものです。

①の被相続人の指定の場合は、職業等の制限はなく、家業を継ぐ相続人等最も多くの遺産を取得する者を遺言執行者として指定することがよく行われています。

一方、②の方法は、裁判所の選択ですから、弁護士等の専門家（これまで被相続人や相続人らと会ったこともない専門家が選ばれるのが一般的）が選ばれるのですから、当然選任までの期間や専門家への報酬も必要になります。

遺言の内容を迅速に実現したい場合や、これまでの被相続人の財産や人間関係をよくわかっている人に遺言執行をしてもらいたい場合には、必ず遺言書に遺言執行者に誰を指定するか、という記載を盛り込むようにしましょう。

3　遺言執行の方法

遺言執行者は、相続人全員や受遺者のために遺言執行を行う立場であり、一部の相続人等だけを不平等に扱ってはいけません。

特に、被相続人の指定で遺言執行者になる場合は、法務局保管制度を利用した自筆証書遺言以外はその人が遺言書を預かっていることが普通でしょうから、公正証書遺言の場合を除き、まず検認（**第3章❺**）の手続を行います（民法1004）。また、法務局保管制度を利用した自筆証書遺言の存在を知らされている場合は、法務局から遺言の証明書を取得します。検認又は法務局からの証明書の取得後は相続人全員に対し、直ちに遺言書に遺言執行者として指定されていること、及び実際に遺言執行者になることを承諾するか否かを通知します。

遺言執行者になることを承諾した場合は、遺言書の写しを相続人等に交付するとともに、被相続人の財産目録の作成及び相続人への提示をしたうえで、不動産の名義変更、預貯金の解約・各相続人への分配等の遺言書に記載のある事項を実行していくことになります。

遺言執行人は相続人全員に正しい財産目録を開示する必要があることに、特にご注意ください（図表６－１）。

●図表６－１　遺言執行のための順序

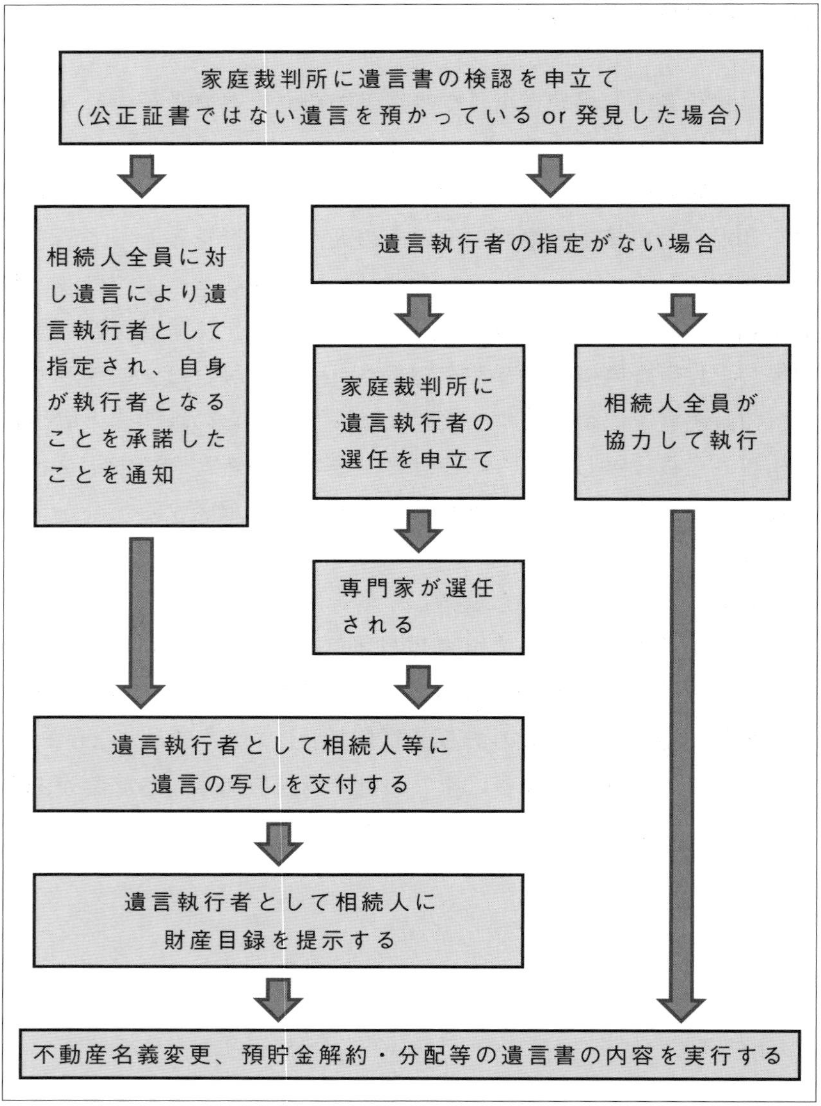

③ 遺言書どおりではない遺産分割をしたい場合の対処

Point

遺言書は存在しても、すべての相続人等の合意があれば遺言書どおりでない遺産分割を行うことが可能である。

1　遺言書と異なる分け方はできる

被相続人が遺言を作成している場合でも、その遺言の内容が相続人たちの意向に沿わなかったり、仮に遺言書どおりの取得を行った場合、小規模宅地等の特例が使えないなどの理由で、相続税が高額になるといった事態が生じることがあります。

このような場合であっても、被相続人が遺言と異なる遺産分割協議を禁じておらず、相続人全員が遺言の内容を知ったうえで、これと異なる分割を行うことについて同意すれば、遺言書と異なる内容の遺産分割協議を行うことができることとされています。相続人や受遺者ら全員の同意が必要ですから、１人でも反対する者がいれば遺言書に従った執行を行う必要があります。

2　遺言に遺贈の記載がある場合

相続人全員の同意があれば遺言書以外の分け方ができるといっても、遺言における利害関係人は相続人だけではなく、遺言によって財産を遺される受遺者も存在します。

もし、遺言に相続人以外の受遺者に遺贈する旨の記載があるのに、相続人全員で合意すれば遺言を無視できてしまっては、受遺者の権利が大きく侵害されることになってしまいます。このため、遺言に受遺者の指定がある場合に遺言と異なる内容の遺産分割をしたいのであれば、相続人全員だけでなく、この受遺者の同意も得る必要があります。

3　遺贈を放棄することもできる

遺言書でこれを渡すといわれても、その人にとっては要らないことも考えられます。そのような場合には、遺贈を放棄することもできます。一部の遺贈のみを放棄することもできますので、その場合はなるべく早く申し出てください。遺贈が放棄された場合には、その放棄された遺産は遺産分割の対象財産に戻ることになります。

また、すべての遺贈が放棄されれば相続人だけで遺言書どおりの分け分にするか否かを決めることができるようになります。

一部放棄は遺贈ではなく相続させるという遺言及び、全財産の○分の１を相続させるといった包括遺贈においてはできませんので、ご注意ください。

4　遺言に遺言執行者の指定がある場合

遺言には、遺贈以外に遺言執行者の指定について記載されることも多くあり、この遺言執行者も遺言に関する利害関係人といえます。

遺言執行者は、遺言を執行する義務や遺言の執行により報酬を受ける権利等を有しますから、相続人や受遺者が遺言と異なる内容の遺産分割をした場合には、遺言執行者は報酬を受領することができなくなるなどの問題が生じ得ます。このため、遺言で遺言執行者が指定されている場合に遺言と異なる遺産分割を行うためには、いったん遺言執行した後に交換・贈与を行うか（ただし、多額の税負担がかかる）、遺言執行者の同意を得る必要があるといわれています。

5　遺言の内容をよく吟味する

有効な遺言が存在する場合、その内容と異なる遺産分割を行うことは容易なものではありません。せっかく遺言を作成するのでしたら、できる限りそのまま実現することが多くの相続人のためになる遺言を作成したいものです。

そのためにも遺言の作成に当たっては、その内容がもらう人のためになるものかといったことや、遺言の内容によって負担する税額の違い等もよく考慮したうえで、最適な遺言を作ることができるよう、ぜひ専門家にご相談ください。

④ 相続税申告のあらまし

Point

相続税は、個人が亡くなった人（被相続人）から、相続や遺贈によって財産を取得した場合に、その取得した財産に課される税金である。

1　相続税のかかる財産とは

相続税のかかる財産には、被相続人の死亡の日に所有していた現金、銀行預金、郵便貯金、株式・公社債、土地、建物、事業用財産、家庭用財産、ゴルフ会員権など一切の財産が含まれます。これらの土地、建物、有価証券、預貯金などのすべての財産は時価で評価するとされています（相法22）。しかし、財産の正確な時価を納税者が計算することは難しいため、国税庁が財産評価基本通達などにより、その財産の種類ごとに評価の方式を定めています。

2　相続財産とみなされるものとは

被相続人固有の財産でなく、以下のような受取人固有の財産であっても、経済的実質は相続又は遺贈により取得したのと同様であるとして、相続財産とみなされ相続税がかかります（相法3①）。

①	被相続人の死亡に伴って支払われる死亡保険金、損害保険金等のうち、被相続人が負担した保険料に対応する部分の金額
②	死亡に伴い支払われる死亡退職金、功労金、退職給付金など
③	生命保険契約に関する権利（被相続人が保険料を負担し、被相続人以外の人が契約者となっている生命保険契約で、相続開始の時において、まだ保険給付事由が発生していないもの）
④	被相続人が掛金や保険料を負担していた定期金（年金）等
⑤	被相続人の遺言により債務免除を受けた場合などの経済的利益
⑥	贈与税の納税猶予の特例を受けている農地等や非上場株式等

3　相続税のかからない財産とは

次のような財産には、国民感情と社会福祉の観点から、相続税は課税されないこととされています（相法12①）。

①	墓地、墓碑、仏壇、仏具などの祭祀具
②	相続人が受け取った生命保険金等のうち、一定の金額 (非課税限度額=500万円×法定相続人の数)
③	相続人が支給を受けた退職手当金等のうち、一定の金額 (非課税限度額=500万円×法定相続人の数)
④	心身障害者共済制度に基づく給付金の受給権
⑤	宗教、慈善、学術その他公益を目的とする事業を行う一定の人が取得した財産で、その公益を目的とする事業の用に供することが確実なもの
⑥	相続税の申告書の提出期限までに、国、特定の公益法人、認定特定非営利活動法人等に寄附した一定の財産

4　相続財産から控除できる債務とは

(1)　控除できる借入金等

被相続人が負担しなければならない債務等は、課税される相続財産の価額から差し引くことができます。この債務には、借入金や未払金などのほか、被相続人が納めなければならなかった国税・地方税や固定資産税などで、まだ納めていなかったものが含まれます（相法13①・②）。

ただし、確定していない未払費用等の債務は含まれません。また、保証債務等も民法上は相続人が相続するのですが、相続税法上は債務控除することはできませんので、ご注意ください。

(2)　控除できる葬式費用等

被相続人の葬式に際して相続人が負担した費用は、相続財産の価額から差し引かれます。葬式費用とは次のものをいいますので、領収書等の証明できる書類をしっかり保存しておいてください（相法13①二、相基通13－4～13－6）。

①	葬式もしくは葬送等に際し、埋葬、火葬、遺骨の回送その他に要した費用
②	葬式等で支払った葬儀社、バス・タクシー会社などへの支払い
③	お通夜に要した費用など通常葬式に伴うものと認められるもの
④	死体の捜索又は死体もしくは遺骨の運搬に要した費用

ただし、墓地等の購入費や香典返戻費用、初七日等の法要に要した費用などは、葬式の当日に支払ったとしても葬式費用として取り扱われません。

(3)　特別寄与料は控除できる

特別寄与者からの請求により相続人が特別寄与料を支払った場合、特別寄与料を支払った相続人の課税価格は相続により取得した財産から、その負担した特別寄与料の額を控除して計算します。

5　相続財産に加算する贈与財産とは

相続又は遺贈等により財産を取得した相続人等が相続開始前３年以内に被相続人から贈与された財産は、贈与税の110万円の基礎控除の範囲内のものを含め、原則として全て贈与時の価額で相続税の課税価格に加算します。

ただし、加算した贈与財産につき、すでに支払った贈与税があれば自分の払うべき相続税額から差し引かれますが、控除しきれない額は切捨てとなります（相法19①）。

また、相続時精算課税制度の適用を受けた贈与財産については、相続時に相続開始時の価額ではなく、贈与時の価額で相続税の課税価格に加算され、相続税がかかることになります。ただし、加算した贈与財産につき、すでに支払った贈与税があれば相続税額から差し引かれ、暦年課税の場合と異なり、控除しきれない額は還付されますのでご安心ください（相法21の14～21の16）。

6　基礎控除額を超えると相続税が課税に

相続税は、各人が相続した正味の遺産額が基礎控除額を超える場合に課税されます（相法15①）（図表６－２）。

●図表6－2　相続税が課税される場合

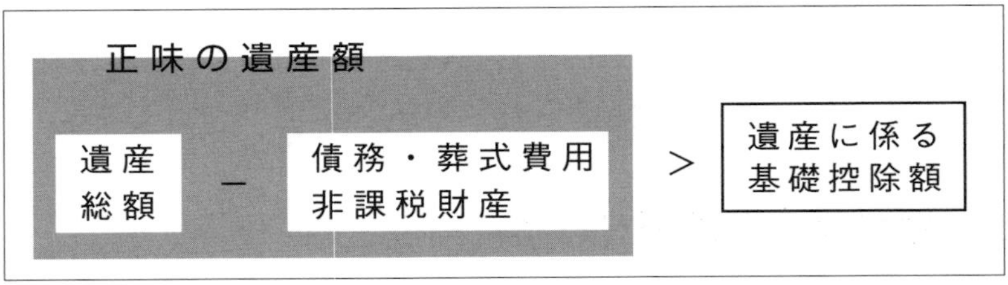

遺産に係る相続税の基礎控除額は次のように計算します。

3,000万円＋600万円×法定相続人の数＝基礎控除額

例えば、相続人が配偶者と子２人の場合、法定相続人は３人となりますから、次の金額が、遺産にかかる基礎控除額となります。

3,000万円＋600万円×３人＝4,800万円

この場合、正味の遺産額が4,800万円以下ならば、相続税はかかりません。なお、算式における「法定相続人の数」とは、相続放棄をした人があっても、その放棄がないとした場合の相続人の数をいいます（図表6－3）。

●図表6－3　相続税の計算方法のあらまし

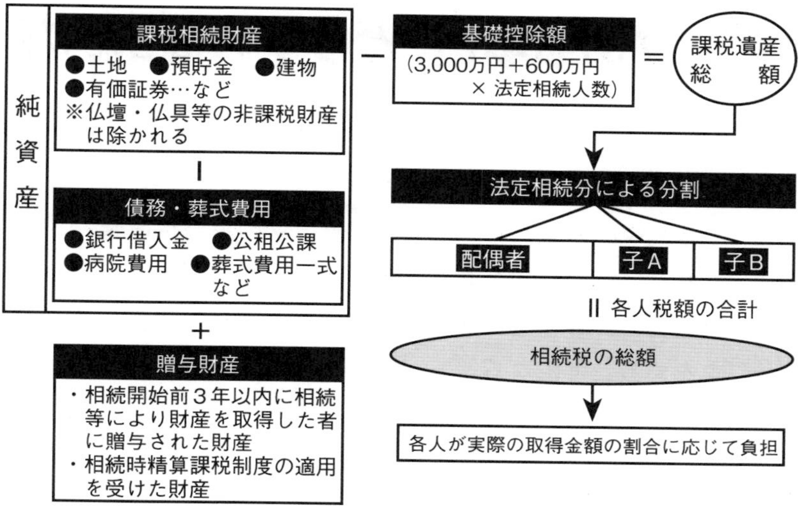

5 提出した申告書を訂正する必要がある場合、どうすればよいか

Point

相続税の申告書の提出後、計算方法の誤りや遺産漏れなどで相続税額が異なってしまった場合には、税金が過少のときは修正申告書、過大のときには更正の請求をすることになる。

1　誤って申告した場合

相続税の申告書を提出した後で、計算誤りなど申告内容の誤りに気が付いた場合には、次の方法により提出した申告書を訂正することができます。

(1)　少なく申告した場合

相続税の課税価格や税額が少なかったときは、前に提出した相続税の申告書に記載した課税価格や税額を訂正するための修正申告書を提出することができます（国税通則法19）。

なお、修正申告書を提出された場合には、加算税及び延滞税がかかる場合がありますので、ご注意ください。

(2)　多く申告した場合

相続税の課税価格や税額が多すぎたときは、相続税の申告期限から一定の期間に限り、誤っていた課税価格や税額を正当な額に直すよう更正の請求をすることができます（国税通則法23）。詳しくは税理士等の専門家にお尋ねください。

2　相続分などに異動を生じた場合

相続税の申告書を提出した後で、次のような事由が生じたため前に申告した税金が多すぎることとなったときは、その事由が生じたことを知った日の翌日から４か月以内に、更正の請求をすることができます（相法32）。

また、同じ事由で前に申告した税金が少なすぎることとなったときは、相続税の修正申告書を提出することができます（相法30、31）。

①　未分割遺産について分割が行われたこと。

②　認知、相続の放棄の取消しなどの理由によって相続人に異動が生じたこと。

③　遺留分侵害額請求に基づき支払うべき金銭の額が確定したこと。

④　遺贈に係る遺言書の発見、遺贈の放棄があったこと。

⑤　一定の条件を付して物納が許可された場合（当該許可が取り消され又は取り消されることとなる場合に限る）で物納に充てた財産について相続税法施行令８条１項の事情が生じたこと。

⑥　相続もしくは遺贈又は贈与により取得した財産についての権利の帰属に関する訴えについての判決があったこと。

⑦　民法910条（相続の開始後に認知された者の価額の支払請求権）の規定による請求があったことにより弁済すべき額が確定したこと。
⑧　条件付きの遺贈について、条件が成就したこと。
⑨　相続財産法人に係る財産の分与が行われたこと、又は特別寄与者が支払いを受けるべき金額の確定があったこと。
⑩　相続税の申告期限後に遺産の分割が行われた場合で、次の特例等の適用を受けられることとなったこと。
　(イ)　配偶者の税額軽減
　(ロ)　小規模宅地等の特例
　(ハ)　特定計画山林の特例
⑪　国外転出時課税制度の納税猶予の特例の適用を受けている相続人又は適用を受けている者から納付の義務を承継した相続人が、納税猶予分の所得税を納付することとなったこと。

3　未分割財産がその後分割された場合の課税関係

相続税の申告書が提出期限までに、相続により取得した財産の全部又は一部が共同相続人によってまだ分割されていないときは、その分割されていない財産については、各共同相続人が民法の規定による相続分の割合に従ってその財産を取得したものとしてその課税価格を計算しています。その場合に、小規模宅地等の特例、配偶者の税額軽減、非上場株式等や農地等についての相続税の納税猶予については適用を受けることはできません。

しかし、小規模宅地等の特例、配偶者の税額軽減規定の適用については、原則として申告期限から３年以内に遺産分割が成立した場合には、これらの規定の適用が可能となります（相法19の2②ほか）。

また、非上場株式等や宅地等についても、その後の遺産分割により評価単位が異なることによる財産評価額の変動が生じることもあります。

そこで、相続税法では独自に更正の請求の対象及び提出期限を設けていて、未分割遺産がその後分割されたことにより課税価格及び相続税額が過大となったときは、その事由が生じたことを知った日の翌日から4か月以内に限り、納税地の所轄税務署長に対し、その課税価格及び相続税額につき更正の請求をすることができると規定しています。

4　更正の請求

(1)　更正の請求の概要

相続税について申告をした税額が過大であった場合には、「更正の請求」手続により減額の是正を求めることができる場合がありますが、国税通則法23条1項に規定する更正の請求と相続税法32条に規定するそれとでは、次のような相違があります。

①　国税通則法に規定する「更正の請求」の対象及び提出期限

すでに行った申告（その後の修正申告・更正を含む）に係る税額を対象とし、法定申告期限から5年以内に請求できます。

この一般の更正の請求をすることができるのは、申告に係る税額等が過大であるときですが、その過大となった理由が、当初の申告書に記載した税額等の計算が、税法の規定に従ってなかったこと又は計算に誤りがあったことに基因するものでなければならない点に留意すべきです。

なお、更正の請求について、申告等に係る課税標準又は税額等の計算の基礎となった事実に係る国税庁長官の法令の解釈が変更され、その解釈が公表されたことにより、その課税標準等又は税額等が異なることとなる取扱いを受けることとなったことを知った場合には、その日の翌日から２か月以内に更正の請求をすることができることとされています。

② 相続税法に規定する「更正の請求」の対象及び提出期限

すでに行った申告等に限らず、決定があった場合もこれらの税額を対象とし、次に掲げる事由により、その申告、更正又は決定に係る課税価格や税額が過大となった場合には、その事由が生じたことを知った日の翌日から４か月以内に請求できます。

(イ) 当初の申告が、遺産分割未了につき民法の相続分又は包括遺産の割合により課税価格を計算していたため、分割後の課税価格と異なることとなったこと。

(ロ) 相続人となる子の認知、廃除等の確定により、相続人に異動を生じたこと。

(ハ) 遺留分侵害額請求があり、侵害額が確定したこと。

(ニ) 遺言書が発見され、又は遺贈の放棄があったこと。

(ホ) 相続・遺贈による取得財産についての権利帰属に関する訴えの判決、分割後の被認知者の請求についての弁済価額の確定、条件・期限付贈与の条件成就・期限到来がそれぞれあったこと。

(ヘ) 特別縁故者への財産分与、又は特別寄与者への特別寄与料の支払額が確定したこと。

(ト) ３年以内の遺産分割により配偶者の税額軽減又は小規模宅地等の特例の適用があることになったこと。

(2)　更正の請求書の記載事項

更正の請求をしようとする者は、その請求に係る更正前の課税標準等又は税額等、当該更正後の課税標準等又は税額等、その更正の請求をする理由、当該請求をするに至った事情の詳細、その他参考となる事項を記載した更正請求書を税務署長に提出しなければなりません。

(3)　更正の請求書の添付書類

更正の請求をしようとする者は、その更正の請求をする理由が課税標準たる所得が過大であることその他の基礎となる事実が一定期間の取引に関するものであるときは、その取引の記録等に基づいてその理由の基礎となる事実を証明する書類を更正請求書に添付します。その更正の請求をする理由の基礎となる事実が一定期間の取引に関するもの以外である場合において、その事実を証明する書類があるときも、また同様です。

❻ 遺言を書く前に事前対策をする

Point

事前対策をすれば遺言内容が変わるので、事前対策後に遺言書を書くことが望ましい。長期対策と短期対策は異なるため、きちんと期間を考えて事前対策を行う必要がある。

1　対策期間で異なる相続税対策の内容

病気が見つかり余命数年といわれた場合の相続税対策は、短期間で効果の出る方法を選択する必要があります。一方、70歳で非常に健康で元気な人の場合、人間のことですからどこで何が起こるかわからないとはいうものの、平均余命からして15年から20年程度の長期間にわたり対策を行うことが可能です。短期対策と長期対策ではその内容は大きく異なります。まずはその点を明確にして、対策を考慮する必要があります。

次に、その対策の内容の主なものを挙げますが、これら以外にもさまざまな対策があり、また、これらを複合して最大の効果を上げることが重要です。

2　短期対策

短期間としては、次のような対策が考えられます。

(1)　新規に不動産投資物件を取得する

超短期で相続税額引下げ対策を実施する方法として手っ取り早いのは、投資物件である賃貸不動産の取得でしょう。例えば、５億円の賃貸不動産を取得した場合に、その不動産の評価額は直後に相続が起こったとしても、相続税評価額は２億円程度ということもよくあります。金融資産を保有したまま相続が発生すると、５億円に対して相続税が課税されますが、賃貸不動産の場合、取得直後から２億円の相続税評価額に対し相続税が課税されることになります。自己資金ではなく全額借入金で取得しても、相続税対策の効果はまったく同じです。

ただし、租税負担の軽減を意図して行われたものであり、購入時期や購入原資、利用状況等の事情を総合的に考慮して、財産評価基本通達によらず時価鑑定により課税された最高裁判決（令和４年４月９日）もあります。

もっとも、不動産の収益の合計と将来の売却代金の税引金額が回収できてはじめて、減少した相続税額の節税が可能になりますので、その不動産の収益性が重要であり、当然リスクが付きまとうことも認識しておく必要があります。

(2)　保有している土地に賃貸建物を建築し賃貸する

不動産投資物件を取得する場合には、投資物件の選別に時間は要しますが、物件さえあれば取得するのに時間はかかりません。ところが、自己所有の土地に賃貸店舗や賃貸住宅、賃貸オフィスビルなどを建築しようとすると、設計から開発申請、工事の完成引渡しまで、かなりの時間がかかることがあります。相続税額引下げ効果は、投資物件取得と同様、建物と土地の双方につき評価額引下げの効果がありますが、長期安定収入で投資資金を回収できなければ大きな損失になります。そのリスクを考慮して意思決定を行うことが重要です。

(3) 社会に貢献する寄附を行う

最近は多くの人が社会貢献活動を行っており、相続で次の代に財産を引き継ぐだけでなく、公益法人を設立して社会貢献活動を行うために財産を寄附したり、自ら設立しないまでも既存の公益法人に寄附をする人もいます。震災孤児の育英資金や障害者が自立するための援助資金、海外の子供を救うための資金など、さまざまなものがあります。遺言でも寄附はできますし、相続開始までに寄附すれば生前に大きな貢献を行ったうえに、相続税の課税財産が減少します。なお、寄附をした相続人は所得税の寄附金控除の適用をすることもできます。

(4) 贈与税の特例を活用する

婚姻期間20年以上の配偶者に居宅や居宅用地又は居宅を取得するための資金を贈与すると2,110万円まで贈与税が非課税となります。また、子や孫に非課税で資金援助できる大型の特例があります(相法21の6)。「住宅取得等資金贈与に係る非課税特例」、「教育資金の一括贈与に係る非課税特例」、「結婚・子育て資金の一括贈与に係る非課税特例」の３種類があります。

「住宅取得等資金贈与に係る非課税特例」とは、その年１月１日において18歳以上で、その年分の合計所得金額が2,000万円以下である者（受贈者）が、直系尊属（贈与者）から住宅取得等資金の贈与を受けて一定の新築住宅の取得等をした場合に、耐震・省エネ・バリアフリーの住宅用家屋の場合は1,000万円、それ以外の住宅用家屋の場合は500万円まで贈与税が課税されないというものです（措法70の2、70の3、措令40の4の2、40の5)。

「教育資金の一括贈与に係る非課税特例」とは、30歳未満の子・孫等の教育資金に充てるために、その直系尊属である父母又は祖父母等が、金銭等を拠出し、金融機関に信託等をした場合には、その信託等をした金額のうち受贈者１人につき1,500万円までの金額については贈与税が課税されないというものです（措法70の2の2)。

「結婚・子育て資金の一括贈与に係る非課税特例」とは、18歳以上50歳未満の子・孫等の結婚・子育て資金に充てるために、その直系尊属である父母・祖父母が金銭等を拠出し、金融機関に信託等をした場合には、その信託等した金額のうち受贈者１人につき1,000万円（結婚に際して支出する費用については300万円）までの金額については、贈与税が課されないというものです（措法70の2の3)。

「住宅取得等資金贈与に係る非課税特例」、受贈者が在学中である等一定要件を満たしている「教育資金の一括贈与に係る非課税特例」に係る贈与については、その年中に相続が発生してもこれらの特例は適用でき、贈与した金額が相続財産に持ち戻されることはありませんので、直前対策としても非常に有効です。

ただし、「結婚・子育て資金の一括贈与に係る非課税特例」や３年以内に信託等をした「教育資金の一括贈与に係る非課税特例」については、贈与者が死亡した場合には、その管理残額については相続税の課税対象とみなされますので、ご注意ください。

また、令和５年度税制改正による見直し・延長等も検討されているのでご注意ください。

3　長期対策

典型的な長期対策で効果の高い方法は、毎年着実に多くの親族に贈与を続けることですが、それ以外にもさまざまな方法があります。

(1)　子や孫に対する暦年贈与の着実な実行

現在贈与税には暦年課税による一般贈与と特例贈与、相続税時精算課税贈与、前述の三つの非課税特例制度があります。相続税対策としては暦年課税で毎年110万円までの非課税枠を利用して、長期にわたって子や孫に贈与し続けることで非常に高い効果を得ることができます。

(2)　資産保有会社による収益の移転

収益物件を取得する際の名義については、短期対策の場合には相続税対策対象者の名義で取得すると効果は高いのですが、長期対策としては物件から生じる収益が相続税対策対象者に資金として累積していくことになりますので、対象者以外の名義で行う必要があります。

子や孫名義ということも考えられますが、その場合地代の授受と借地権贈与の問題があるため、土地の評価が自用地評価となり不利になります。そこで考えられるのが、収益物件である建物を会社で取得することです。この会社のことを一般的に「資産保有会社」と呼びますが、この会社の役員として仕事をすることにより配偶者や子、孫などが給与を受け取れば、結果的に資金の事前移転を合法的に行えることになります。

(3) 財産の組換えによる対策

道路付きのよい遊休地の場合はそれなりの評価額になります。その土地が将来値上がりすることが確実であればよいのですが、その見込みが薄い場合には、売却して他の資産に組み替えることも考えられます。短期対策として所有土地を売却して不動産投資物件に買い換えるという方法もあります。対象土地を多く保有している場合には、長期的に優良と思われる投資物件を選別して取得するとよいでしょう。

(4) 自社株式対策

自社株式対策は現状の株主構成の確認から、名義株の整理、後継者の選定、従業員持株会の活用、ベテラン役員の退職、グループ会社化や逆にグループ会社の統合などさまざまな対策があります。会社の将来展望をしっかり見据えたうえで長期間かけて実行していく必要があります。

4 財産移転対策と評価引下げ対策

相続税対策は、対策の内容から大きく二つに分かれます。相続税対策対象者の財産を生前に相続人などに移転しておく財産移転対策と、相続税評価額の引下げを図る評価引下げ対策です。これらの対策を分類すると、次のようになります。

(1)　財産移転対策

① 社会に貢献する寄附を行う。
② 贈与税の特例を活用する。
③ 子や孫に対する暦年課税による贈与を着実に実行する。
④ 資産保有会社を活用し被相続人以外に財産や収益を移転する。

(2)　相続税額引下げ対策

① 新規に投資対象として不動産を取得する。
② 保有している土地に賃貸建物を建築し賃貸する。
③ 財産を組み換える対策を行う。

自社株式対策やその他の対策では、両方の効果を持つものが数多くあります。

5　遺言書を書く前に必要なこと

上記で説明したいろいろな対策で、財産構成や想定相続税額は大きく変わります。せっかく遺言書を作成しておいても、現状の財産構成や納税額が異なるのでは意味がありません。

遺言書を作成する前にこそ、さまざまな事前対策をしておく必要があるのです。

⑦ 申告期限後の遺産分割確定時における手続

Point

遺言書がなく遺産分割が確定していない場合、有利な特例が適用できないが、申告期限後３年以内に分割が確定した場合には更正の請求により相続税が還付されることもある。また、３年経過後であってもやむを得ない事情等の場合には更正の請求をすることができる。

1　相続税の申告期限までに遺産分割が確定していない場合の取扱い

共同相続人間においてまだ遺産分割が済んでいないときは、民法の規定による相続分に従って財産を取得したものとして、各共同相続人の課税価格を計算し相続税の申告をすることとされています。

申告期限までに分割が確定していない場合には、小規模宅地等の特例及び配偶者の税額軽減の特例については、その分割が行われていない財産についてこれらの特例の適用を受けることはできません。ただし、相続税の申告書に「申告期限後３年以内の分割見込書」を添付しており、次の各号のいずれかの理由により相続税額が過大となった場合において、相続税の申告期限から３年以内に分割された場合には、これらの特例の適用を受けることができ、分割ができることとなった日の翌日から４か月以内と申告期限から５年を経過する日とのいずれか遅い日までに更正の請求を行うことができます（相法19の2②ほか）。

① 分割が確定しない財産について、民法の規定による相続分等の割合に従って課税価格が計算されていた場合において、その後遺産分割が確定し、共同相続人等がその分割により取得した財産に係る課税価格が法定相続分等の割合に従って計算された課税価格と異なったこと。

② 民法の規定による認知、相続人の廃除又はその取消しに関する裁判の確定、相続の放棄の取消し等により相続人に異動を生じたこと。

③ 遺留分侵害額請求により侵害額が確定したこと。

④ 遺贈に係る遺言書が発見され、又は遺贈の放棄があったこと。

⑤ 条件を付して物納の許可がされた場合において、その条件に係る物納に充てた財産の性質その他の事情が生じたこと。

また、未成年者控除及び障害者控除については、遺産分割が確定していないことによる適用制限がありませんので、遺産分割が確定していない相続税の申告においても適用を受けることができます。

非上場株式等の相続税の納税猶予制度や、農地等の相続税の納税猶予制度の選択は、対象となる遺産の分割が未確定であると適用が認められません。また、原則として遺産分割が確定していない財産は物納不適格財産として対象となりません。

なお、相続により取得した土地等、建物、株式等を、一定期間内に譲渡した場合に、相続税額のうち一定金額を譲渡資産の取得費に加算することができるという「相続税額の取得費加算の特例」については、分割未了であれば未分割財産に対応する相続税額について、相続税の取得費加算の特例の適用を受けることができます。その後分割があったことにより、更正の請求や修正申告をした場合には、それを基に再計算することになり手数がかかることになりますので、ご注意ください。

2　遺産分割が確定したこと等による更正の請求

申告期限までに分割が確定していない場合に、相続税の申告書に「申告期限後３年以内の分割見込書」を添付して提出したにもかかわらず、３年を経過してもなお分割が確定していない場合においても、その期間が経過するまでの間にその財産が分割されなかったことにつき、その相続等に関し訴えの提起がされたことその他の一定のやむを得ない事情がある場合において、納税地の税務署長の承認を受けたときには、分割ができることとなった日の翌日から４か月以内と申告期限から５年を経過する日とのいずれか遅い日までに更正の請求を行うことができます。

３年以内に分割が確定しないと予想されるなら、思い切って家庭裁判所に調停の申立てをするなど、やむを得ない事情があるとして税務署長の承認を受けておくとよいでしょう。

相続争いは税金負担が増えることのみならず、心に大きな傷を受け時間も膨大に浪費することになるので、このような事態が想定される場合には必ず遺言書を作成しておくことをお勧めします。

第7章

不動産登記法及び令和５年４月施行の民法改正・相続土地国庫帰属制度

1 所有者不明土地等の解消に向けた法律の見直し

Point

九州を超える面積とされる所有者不明土地があり、これにより管理不全の不動産の増加や再開発等の支障となるといった大きな社会的問題となっている。この問題解消のため、令和３年４月 28 日に不動産登記法・民法の改正、新法である相続土地国庫帰属法等の所有者不明土地関連法改正が公布された。

1　所有者不明土地問題の概要

2017年の所有者不明土地問題研究会（一般財団法人国土計画協会）により「2016年（平成28年）時点の所有者不明土地面積は、地籍調査を活用した推計で約410万haあり、九州（土地面積：約367万ha）以上に存在する」という衝撃的な報告がされ、報道機関においても取り上げられました。このような所有者不明土地は、主に相続に際して適切な手続がとられないために増加しているものとみられます。相続時に登記が行われないままに長期間放置されることによって、現在の所有者が結局は不明になってしまうという問題です。

所有者不明の不動産では、不動産の売却や貸し借りなどの取引や利用ができません。また、倒壊等の危険や衛生上の問題をもたらす空家といった管理不全の不動産や、区画整理や道路拡張のための法的手続をとることができないといった問題もあります。

2　所有者不明土地関連法の成立

そこで、所有者不明土地関連法案が令和３年４月21日に成立し、同月28日に公布されました。この法案は、不動産登記法や民法の改正、新法の創設といった一連の法律に関するもので、相続登記等の義務化や民法における共有や相続、財産管理制度の見直し、土地を手放すための新制度の創設といった内容からなります。

一番早く施行されるもので民法改正の令和５年４月１日施行、その後相続土地国庫帰属法の令和５年４月27日施行、不動産登記法のうち相続登記の義務化が令和６年４月１日施行、そして住所変更登記等の義務化は令和８年４月28日までの政令で定める日からの施行と続きます。国としてはこれらの制度の改革を行い、これ以上所有者不明不動産が増加しないよう歯止めをかけるとともに従来の共有のまま連絡の取れない共有者のいる塩漬け不動産の解消にも舵を切ることとなったのです。

❷ 不動産登記法改正による相続登記の義務化と相続人申告登記制度

Point

令和６年４月１日から、相続後３年以内の相続登記が義務化され、これを怠った際の過料（罰金）も規定された。遺産分割等が未了である相続人への支援措置として、権利移転の登記ではなく費用のかからない「相続人申告登記」という制度も新設される。

1　相続登記の義務化

そもそも登記とは「どのような不動産か」「誰がその不動産の所有権などの権利を持っているか」ということを公示するための制度であり、不動産の所在等を明らかにする表示登記は法的に強制とされていますが、費用はかかりません。一方、所有権等の権利登記は、第三者にも自身が権利者であることを証明するためのものであるため、法的には任意の制度となっています。

このため、相続時の登記を登記手数料の支払いや手間を惜しむ等の理由で、取得者が任意の相続登記を行わないことも珍しくありません。単に需要がなく売却の目処のない不動産であるという理由のこともあれば、遺産分割協議で取得者を決めることができずに放置されてしまっているような例もあります。実際、相続登記を行わなくとも売却等を考えなければまったく困らないというのが現実です。相続登記がされないまま代を重ね長期間が経過すると、大半の場合、所有者不明不動産となってしまうのです。

これらの問題を解決し、所有者不明土地の発生を予防するための仕組みとして、令和３年４月21日に所有者不明土地関連法が成立しました。この中で、不動産登記法も改正され、不動産所有権の登記名義人が死亡しその相続（遺贈を含む）により不動産の所有権を取得した者は、相続の開始があったことを知り、かつ、その所有権を取得したことを知った日から３年以内に、所有権の移転登記を申請することが義務づけられました。この改正は、令和６年４月１日から施行されます。

単に義務であるとしただけでは登記を行わない者が出ることも懸念されたため、正当な理由なく３年以内に登記をしなければ10万円以下の過料（罰金）が科されるという厳しい規定がおかれました。複数の不動産で相続登記を怠ると非常に多額の過料となるおそれもあり、確実に相続登記を行う必要があります。

2　相続登記義務化の経過措置

この相続登記の義務化は、令和６年４月１日の施行日以前の相続にも適用されます。過去の相続で相続登記がされていない不動産も対象となり、施行日以前の相続についての登記の期限は、施行日から３年とされています。過去の相続であっても改正法の適用は及びますから、相続登記をまだ行っていない不動産がないか確認する必要があります。

●図表７－１　相続登記義務化の経過措置

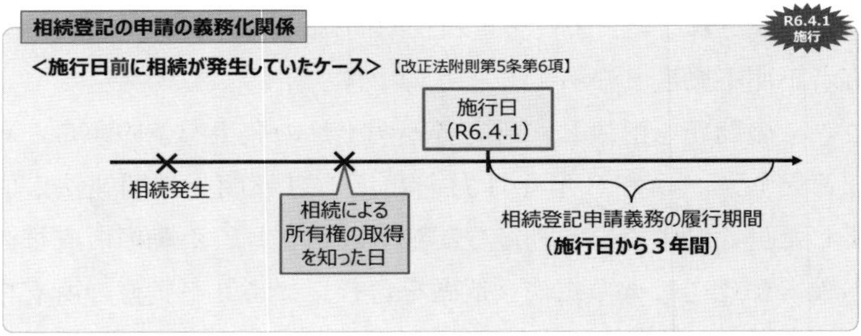

（出典）法務省民事局「令和３年民法・不動産登記法改正、相続土地国庫帰属法のポイント」（令和４年10月版）

3　相続人申告登記の創設

土地の相続登記に期限が設けられたことにより遺産分割で揉めた場合、相続登記の3年以内の期限に間に合わなくなる可能性も十分に考えられます。そのような場合に現行の法制に基づけば、まず法定相続分による登記を行い、遺産分割成立後にあらためて遺産分割による登記を行う必要があります。これでは登記の回数が2倍に増加してしまい、相続人にとって登記費用や手数の面で負担が非常に重くなってしまいます。そのため、相続人が申請義務を簡易に履行できるようにするための制度として、相続登記が義務化される令和6年4月1日から相続人申告登記制度が設けられます。

この制度は、①所有権の登記名義人（被相続人）について相続が開始した旨、②自らが相続人である旨を、申請義務の履行期間である3年以内に登記官に申し出ることで、申請義務を履行したものとみなされるというものです。

申出を受けた登記官は、所要の審査をした上で、申出をした相続人の氏名・住所等を職権で登記に付記します。この付記によって、登記簿で相続人の氏名・住所を容易に把握することができるため、所有者不明とならないのです。この登記官が職権で行う付記登記については、権利登記ではないため登録免許税が非課税とされています。権利を示す登記ではないため、この相続人申告登記に基づく売却などはできません。また、その後において遺産分割等が確定した場合には、分割の日から3年以内に所有権の移転登記を申請しなければならないこととされています。

相続人申告登記は、相続人が複数いる場合でも特定の相続人が単独で申し出ることが可能で、法定相続人の範囲及び法定相続分の割合の確定も不要となっています。添付書類としては、申出をする相続人が所有権の登記名義人の相続人であることがわかる自身の戸籍謄本を提出するだけでよいので、非常に簡便なものです。

ただし、申請をして登記簿に氏名・住所が記録された相続人のみが申請義務を履行したことになります。相続人のうち1人だけが申

相続登記の申請の義務化と相続人申告登記について

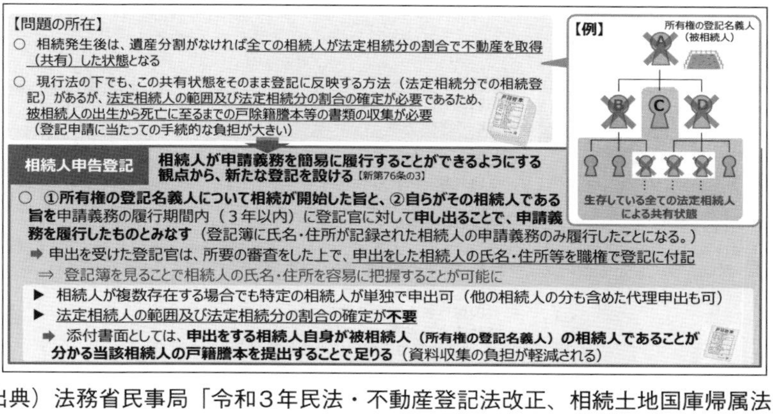

（出典）法務省民事局「令和3年民法・不動産登記法改正、相続土地国庫帰属法のポイント」（令和4年10月版）

請しても、全相続人の義務が履行された扱いにはならず、申請した者の義務だけが履行されたことになるので注意が必要です。

4　不動産情報の税務署への共有

同じく不動産登記法の改正により、登記名義人の死亡事実を符号によって表示する制度が新たに設けられました。法務局から市町村への通知事項が追加され、死亡時におけるすべての不動産の一元化が図られることになります。当然に、税務署にも死亡者のすべての不動産情報が通知されることになり、捕捉漏れがなくなるものとされています。

固定資産税に係る登記所から市町村への通知事項の拡大（案）

○ 所有権移転等の不動産登記が行われた場合、登記所から市町村に登記情報が通知される。

○ 不動産登記法の改正により、登記名義人の死亡の事実を符号によって表示する制度が新たに設けられること等に伴い、登記所から市町村への通知事項を追加するなど、所要の措置を講ずる。

※ 同法の改正により、登記に記録されている者がDV被害者等である場合、登記事項証明書等には「住所に代わる事項」を記載する措置が講じられる。これに伴い、市町村が固定資産税の証明書を発行する際にも、登記住所ではなく「住所に代わる事項」を記載することとするなど、所要の措置を講ずる。

※ 原則、改正不動産登記法の施行に合わせて施行。

■通知事項の拡大イメージ

登記所

不動産登記を行った場合、
市町村に対して登記の情報を通知

＜現在の通知事項＞
・ 登記名義人の氏名・住所
・ 所在地、地番、地目、地積
・ 構造、床面積　　　　等

＋

＜今後追加する通知事項＞
・ 登記名義人の死亡の符号
・ 外国居住者の国内連絡先
・ 会社法人等番号
・ DV被害者等の住所に代わる事項　等

市町村

（出典）総務省自治税務局固定資産税課「令和４年度地方税制改正（案）について」（令和４年２月16日）

❸ 不動産登記法改正による住所変更登記の義務化

Point

不動産登記法の改正により、不動産の所有者の名称や住所変更についても、変更後２年以内の登記が義務化され、５万円以下の過料の罰則も定められた。この改正は令和８年４月28日までの政令で定める日から施行される。

1　住所変更登記等の重要性

不動産の所有者が誰かを調べる際は、登記記録の所有者欄を確認することとなります。所有者欄には、所有者の名称や住所表記がされているため、これを手がかりにすることとなるのです。所有者が法人であれば名称や住所から商業登記をあたり、個人であれば同様に住民票調査を行います（住民票調査が可能であるのは行政や特別な事情のある場合に限られる）。

住民票は転出や死亡がなければ現在の住民票として存在しますが、転出や死亡などにより当該住民票上の住民がいなくなった場合は住民票が消除され、除票になります。除票の保存期間は、法令の改正に伴い令和元年６月20日より５年から150年間に延長されましたが、平成26年３月31日以前に除票となったものについては、既に保存期間を経過し廃棄されているため、交付を受けられません。つまり従来の住民票制度では、転居等があってから５年経ってしまうと住民票による本籍等の調査も一切できなかったのです。

売却等を行わなければ、住所が旧住所のままとなっていても所有者には不便はありません。このため住所変更があっても住民票のみを移し登記上の所有者住所を変更しない者も多く、この点も所有者不明不動産を生む一因と考えられています。このため、所有者不明不動産問題の解決のためには、相続登記のみならず、名称や住所変更の登記も義務づけ、常に現在の所有者の所在等が確認できるようにすることが重要とされたのです。

2　住所変更登記等の義務化

令和３年４月28日公布の不動産登記法の改正により、不動産所有権の登記名義人が住所や氏名・名称等を変更した場合には、不動産の所有権の登記名義人は住所等の変更日から２年以内に、その変更登記を申請することが義務づけられました。この登記の実効性を確保するために、正当な理由なく２年以内に登記をしなければ５万円以下の過料が科されることとされています。

なお、住所変更登記関係は公布日から５年以内の政令に定める日より施行されることとなっています。いまだ政令は出ていませんが、遅くとも令和８年４月28日までには施行されます。転勤等で引っ越しの多い人の場合は煩雑だと感じることもあるでしょうが、住民票の住所変更同様、登記住所の変更も忘れないよう注意する必要があります。

3　住所変更登記等義務化の経過措置

この住所や氏名等の変更登記の義務化は、施行日前にすでに住所等の変更を行っている者も対象となります。施行日以前の住所等の変更についての登記の期限は、施行日から２年とされています。多くの土地を所有している地主は住所を変更するだけでも、住所変更登記に非常に手間がかかるので、抜けのないよう事前に準備を進めておくことが重要でしょう。

●図表７－２　住所変更登記等義務化の経過措置

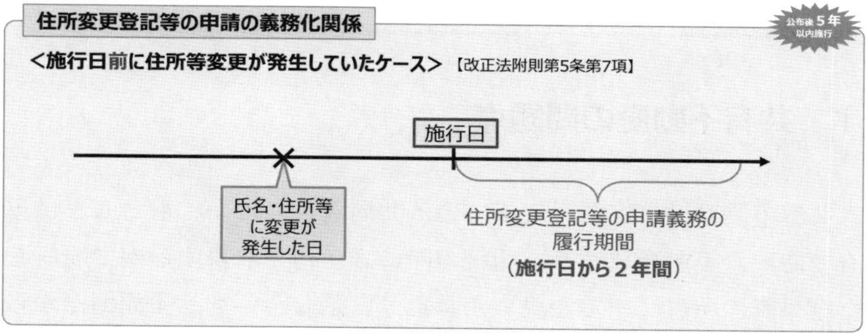

（出典）法務省民事局「令和３年民法・不動産登記法改正、相続土地国庫帰属法のポイント」（令和４年10月版）

また、申請義務の実効性を確保するために、手続きの簡素化・合理化を図る観点から、登記官が他の公的機関から取得した情報に基づき、職権で変更登記をする新たな方策も導入されているため、今後の実務にも注目されるところです。

❸ 共有者不明土地等の円滑利用に関する民法改正

Point

民法改正により、令和５年４月１日から、共有者が不明である土地につき、裁判によりその不明者分の土地持分を取得・譲渡ができるようになる。この際には、所在等不明共有者の持分につき、金銭の供託等が必要である。

1　共有不動産の問題点

共有不動産は、夫婦・親子による共同購入のほか、もともとは単有であった不動産につき、相続の際に誰が何を取得するかで紛糾した結果誰の所有にするか決めかねたり、話し合いもせず面倒だからという理由で、とりあえず相続人全員の法定相続分による共有という形で登記されている場合や、そもそも相続登記自体をしていない場合も見られました。そしてその後、相続が数世代に渡り発生し、各持分権者の登記がされずに今では誰が共有者であるかも不明であったり、共有者が誰かはわかっても登記上の住所に居住していないためまったく連絡が取れなくなっているケースも多く存在します。

民法では、共有の土地等についての規律が定められており、共有物の保存行為（修繕や不法占有への対処等）は共有者のうち１人の単独で可能、共有物の管理行為（賃貸等）は共有持分の過半数で可能となっていますが、共有物の変更（取壊、建替え、売却等）をしようとする場合には共有者全員の同意が必要とされています。このため、共有者のうちに行方不明で連絡が取れない人がいたときや誰が共有者か不明なときは、全員の同意がとれず変更行為ができず、不動産の根本的な利用ができないという問題が生じています。実際に、共有者のうち一部と連絡も取ることができないために道路収用等に支障を来し、都市開発等の妨げとなっている場合もあります。

2　所有者不明土地関連法における民法改正（相続分野）

そこで所有者不明土地関連法改正の一環として民法改正が行われ、令和５年４月１日より施行されることとなりました。この改正では、特別受益や寄与分による相続分の修正（具体的相続分）を原則として相続開始から10年以内に主張するものとし、これを経過した場合には修正を認めず法定相続分割合での分割とすることで、長期間経過後の遺産分割の単純化を図りました。また相続による不動産の共有関係を解消する仕組みとして、相続開始時から10年経過後に限り、相続財産に属する不動産につき遺産分割ではなく共有物分割の手続をとることができる制度が開始されます。

3　所在等不明共有者との共有関係終了のための裁判制度の創設

2の遺産分割ではなく共有物分割とした場合も、通常の共有物分割の場合も、結論を出すためには原則として全共有者が裁判手続に参加する等して意思の合致を図り、これが困難な場合は全共有者を当事者とする裁判所の判決等が必要です。しかし、共有者の中にその所在等がまったく不明であるか、そもそも誰が共有者かも不明である（所在等不明共有者）場合は、上記の手続による共有物分割等を行うことができません。

このような場合にも共有物を売却や利用ができるようにするために、改正で新たな制度が設けられました。この制度では、裁判所は共有者の請求により、所在等不明共有者の持分を請求した各共有者の持分の割合で按分して、その分をその共有者にそれぞれ取得・譲渡させることができるようになります。

この制度により、共有不動産が相続財産である場合には、相続開始時から10年を経過した時に限り、持分取得・譲渡により、所在等不明相続人との共有関係を解消することができることとなります。

なお、共有者が取得する所在等不明相続人の不動産の持分割合、所在等不明相続人に対して支払うべき対価（供託金の額）は、具体的相続分でなく、法定相続分又は指定相続分が基準とされます。

4　所在等不明共有者の持分の取得・譲渡の具体的制度

所在等不明共有者との共有関係を解消するための制度は、大きく２種類があり、いずれも裁判所の許可を必要とします。

① 所在等不明共有者の持分の取得

> 共有者は、裁判所の決定を得て、所在等不明共有者（氏名等不特定者を含む）の不動産の持分を、その価額に相当する額の金銭を供託した上で、取得することができる

→裁判所の許可の下、所在等不明共有者の持分を、強制的に他の共有者が買い取る制度

この所在等不明共有者は、持分を取得した共有者に対する時価相当額請求権を取得することになりますので、供託金から支払いを受けることができます。また、所在不明とは、申立人において、登記簿のほかに、住民票等の調査など必要な調査をし、裁判所においてその所在が不明であると認められることが必要です。

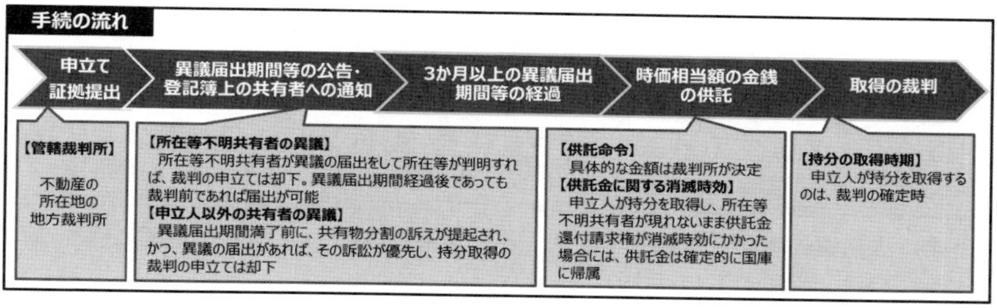

（出典）法務省民事局「令和３年民法・不動産登記法改正、相続土地国庫帰属法のポイント」（令和４年10月版）

② 所在等不明共有者の持分の譲渡

共有者は、裁判所の決定を得て、所在等不明共有者以外の共有者全員により、所在等不明共有者の不動産の持分を含む不動産の全体を、所在等不明共有者の持分の価額に相当する額の金銭の供託をした上で、譲渡することができる

→裁判所の許可の下、所在等不明共有者の持分を含めた不動産の全部を、第三者に売却できる制度

ここでの譲渡権限は、所在等不明共有者以外の共有者全員が持分の譲渡をすることを停止条件にするものであり、不動産全体を特定の第三者に譲渡するケースでのみ行使することができます。この場合、所在等不明共有者の持分は、直接譲渡の相手方に移転することになり、中間的な登記は不要となります。

第三者への不動産の譲渡には、裁判を経た上で、別途裁判外での売買契約等の譲渡行為が必要であり、その譲渡行為は裁判の効力発生時から原則２か月以内にしなければならないこととされています。

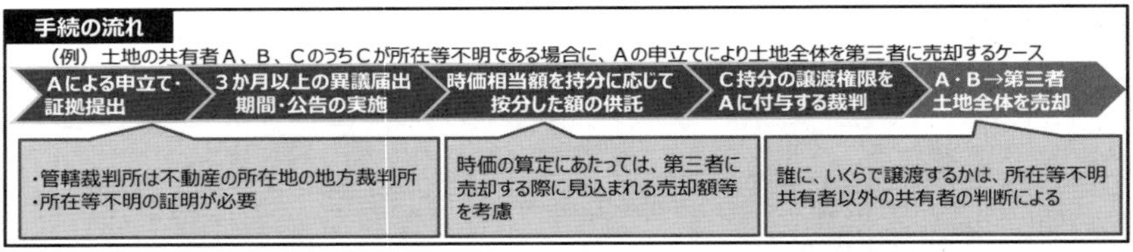

（出典）法務省民事局「令和３年民法・不動産登記法改正、相続土地国庫帰属法のポイント」（令和４年10月版）

これらの改正は令和５年４月１日から施行され、活用により相続や他人との共有によりどうすることもできなかった土地を使用・収益できるようになるという新たな道が開けることとなります。ただし、無償で所在等不明共有者の持分を取得できるのではなく、その共有者の経済的利益は守らなければならないことから、供託等によりその資金を負担しなければなりません。

なお、この供託した所在等不明共有者の持分に対応する対価は、所在等不明共有者が現れないまま供託金還付請求権の時効を迎えた際は、確定的に国庫に帰属することとなっており、供託者が取り戻すことはできません。

5 相続土地国庫帰属法の創設

Point

令和5年4月27日施行の相続土地国庫帰属法により、相続又は遺贈により土地を取得した者が法務大臣に国庫帰属を申請すると、土地を国庫に帰属させることができる。ただし、通常の管理や処分をするにあたり過分の費用等を要する土地は対象外であり、申請者による10年分の土地管理費相当額の負担金の納付が必要である。

1 相続土地国庫帰属制度の概要

需要の高い都市部の土地はまだしも、過疎化が進む地域等人口減少により土地の需要が縮小しつつある地域も多くなっています。価値の高い土地であれば相続等による承継後も自主利用や賃貸、売却等で有効活用されることが期待されますが、価値が下落する土地では活用のしようがないため土地の譲渡が困難になり、固定資産税等の維持費や管理費の負担を嫌って土地が放置される例もよく見られます。このような放置された土地が結局は所在者不明土地になっていくため、所有者不明土地関連法で新たな所有者不明土地の増加を食い止めるための新法が成立しました。

これは、相続又は遺贈（相続人に対する遺贈に限る）によりその土地の所有権の全部又は一部を取得した土地の所有者が、法務大臣に対し、その土地の所有権を国庫に帰属させることについての承認を求めることができる「相続等により取得した土地の所有権の国庫への帰属に関する法律（相続土地国庫帰属法）」という法律で、令和５年４月27日から施行されます。

従来からの土地の所有権を放棄する方法としては、誰かに売却するほか、自治体等に寄附するという方法があります。しかし売却も寄附（贈与）も、受け取る側の承諾がなければ成立しないため、利用価値のまったくない土地等については今後の費用等の観点から寄附を受け付けてもらえなかったのです。

この点、相続土地国庫帰属法においては、却下要件・不承認要件のいずれも存在しない場合には承認することが義務づけられており、要件さえ満たせば国に取得するか否かの自由を与えないといういわゆる寄附行為とは全く異なる制度になっています。つまり、要件さえ満たせば相続によって取得したい「不要な土地」を国に引き取ってもらうことができるようになるのです。

2　申請に関する相続土地国庫帰属法の規定

相続土地国庫帰属法においては、土地の管理コストの国への不当な転嫁や土地の管理をおろそかにするモラルハザードの発生を防止するため、一定要件を設定し、法務大臣が要件を審査することとされています。

国庫帰属の承認の申請をできる土地の要件は、「通常の管理又は処分をするに当たり過分の費用又は労力を要する土地」に該当しないこととされており、国庫帰属要件は、具体的に法令で類型化されています。具体的な要件は以下のとおりです。

要件

◎ **却下要件**（その事由があれば直ちに通常の管理・処分をするに当たり過分の費用・労力を要すると扱われるもの）

承認申請は、その土地が次の各号のいずれかに該当するものであるときは、することができない（帰属法２Ⅲ、**帰属政令２**）。

1 建物の存する土地
2 担保権又は使用及び収益を目的とする権利が設定されている土地
3 通路その他の他人による使用が予定される土地（**墓地、境内地、現に通路・水道用地・用悪水路・ため池の用に供されている土地**）が含まれる土地
4 土壌汚染対策法上の特定有害物質により汚染されている土地
5 境界が明らかでない土地その他の所有権の存否、帰属又は範囲について争いがある土地

➡ **これらのいずれかに該当する場合には、法務大臣は、承認申請を却下しなければならない**（帰属法４Ⅰ②）。

◎ **不承認要件**（費用・労力の過分性について個別の判断を要するもの）

法務大臣は、承認申請に係る土地が次の各号のいずれにも該当しないと認めるときは、その土地の所有権の国庫への帰属についての承認をしなければならない（帰属法５Ⅰ、**帰属政令３**）。

1 崖（**勾配が30度以上であり、かつ、高さが５メートル以上のもの**）がある土地のうち、その通常の管理に当たり過分の費用又は労力を要するもの
2 土地の通常の管理又は処分を阻害する工作物、車両又は樹木その他の有体物が地上に存する土地
3 除去しなければ土地の通常の管理又は処分をすることができない有体物が地下に存する土地
4 隣接する土地の所有者等との争訟によらなければ通常の管理又は処分をすることができない土地（**隣接所有者等によって通行が現に妨害されている土地、所有権に基づく使用収益が現に妨害されている土地**）
5 通常の管理又は処分をするに当たり過分の費用又は労力を要する土地

○土砂崩落、地割れなどに起因する災害による被害の発生防止のため、土地の現状に変更を加える措置を講ずる必要がある土地（軽微なものを除く）
○鳥獣や病害虫などにより、当該土地又は周辺の土地に存する人の生命若しくは身体、農産物又は樹木に被害が生じ、又は生ずるおそれがある土地（軽微なものを除く）
○適切な造林・間伐・保育が実施されておらず、国による整備が追加的に必要な森林
○国庫に帰属した後、国が管理に要する費用以外の金銭債務を法令の規定に基づき負担する土地
○国庫に帰属したことに伴い、法令の規定に基づき承認申請者の金銭債務を国が承継する土地

➡ **これらのいずれかに該当する場合には、法務大臣は、不承認処分をする**（帰属法５Ⅰ）。
※ 却下、不承認処分のいずれについても、行政不服審査・行政事件訴訟で不服申立てが可能。

（出典）法務省民事局「令和３年民法・不動産登記法改正、相続土地国庫帰属法のポイント」（令和４年10月版）

この法律で国庫に帰属させる土地は、第三者の買取も期待できず、自治体等からも寄附を断られるような土地が想定されます。つまり、「タダでもいらない土地」ということです。そのような土地を国庫に帰属させるのですから、要件は非常に厳しく定められている上に金銭の支払いも必要とされ、ハードルは決して低くはありません。

いったん国庫に帰属した土地は国有地として、農用地や森林地は農林水産大臣が、それ以外の土地は財務大臣が管理処分することになるのですから、今後は税金が管理に使われる点からもやむを得ない要件といえるでしょう。

3　管理費用相当金の負担金の納付

2の要件審査を経て法務大臣の承認を受けた者は、土地の実情に応じた標準的な管理費用を考慮して算出された10年分の土地管理費用の額を考慮して政令で定めた負担金を納付しなければならず、地目・面積・周辺環境等の実情に応じて詳細が規定されています。

なお、負担金額は、宅地・田畑は面積にかかわらず20万円とされていますが、一部の市街地等については面積に応じ金額が算定されます。例えば、市街地宅地の100㎡については約55万円、200㎡については約80万円とされています。また、市街地農地等の500㎡については約72万円、1,000㎡については約110万円とされています。

森林については面積に応じて算定され、1,500㎡については約27万円、3,000㎡については約30万円とされています。雑種地・原野等については面積にかかわらず20万円とされています。

国に引き取ってもらうといってもまったくの無償ではなく、このように一定の費用がかかるのです。

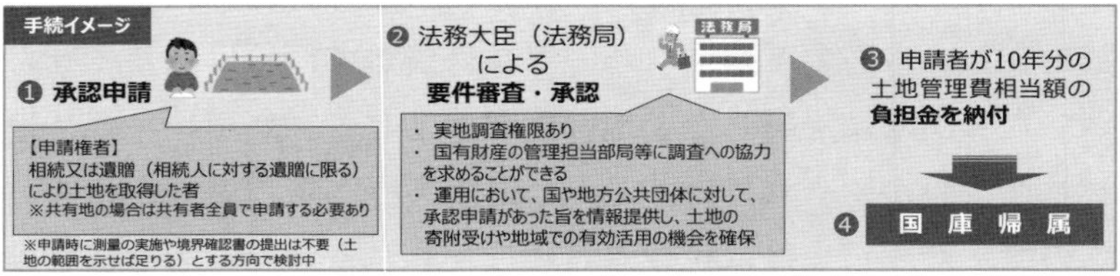

（出典）法務省民事局「令和３年民法・不動産登記法改正、相続土地国庫帰属法のポイント」（令和４年10月版）

4　申請権者の注意点

相続又は遺贈（相続人に対する遺贈に限る）により、土地の所有権又は共有持分を取得した者等が、国庫帰属の承認申請をすることができます。ただし、共有者全員で国庫帰属の承認申請をしなければなりません。

具体的には、単独所有の土地については、相続等により土地の全部又は一部を取得した者（下図具体例①、②）が承認申請することができます。

共有に属する土地については、相続等により土地の共有持分の全部又は一部を取得した共有者（下図具体例③、④）が承認申請をすることができます。ただし、土地の共有持分の全部を相続等以外の原因により取得した共有者であっても、相続等により共有持分の全

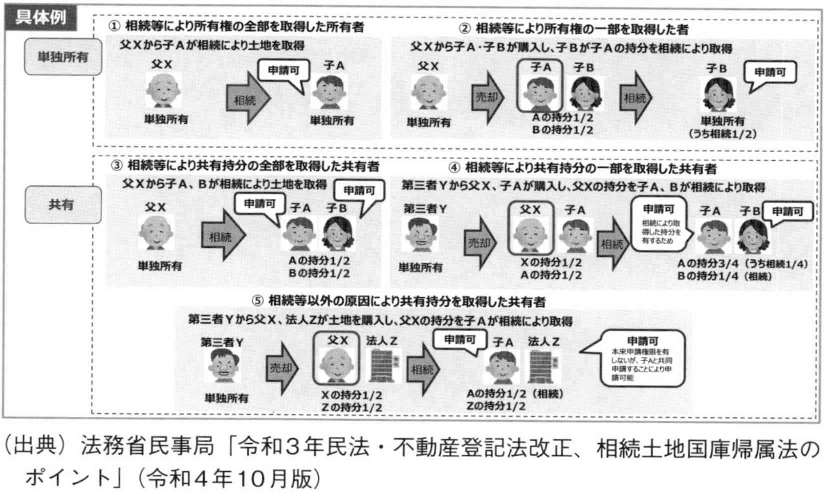

（出典）法務省民事局「令和３年民法・不動産登記法改正、相続土地国庫帰属法のポイント」（令和４年10月版）

部又は一部を取得した者と共同して行うときに限り、国庫帰属の承認申請（下図具体例⑤）をすることができます。

相続した土地を国庫に帰属させることは決して容易なことではありません。相続の前からこの制度を利用することを検討している人の場合は、被相続人の生前に建物の取り壊しや境界を明らかにする等の承認要件を満たすための準備を進めておくべきでしょう。被相続人の費用負担でこれらの準備ができれば、その費用にかかる相続税を節税できることからも、物納と同様に相続開始前からの備えが非常に重要な制度といえるでしょう。

索　引

さ

た

な

は

ま

や

ら

＜著者プロフィール＞

代表社員
税 理 士　**坪多《つぼた》 晶子《あきこ》**

≪略歴≫

京都市出身。大阪府立茨木高校卒業。神戸商科大学卒業。
1990年　坪多税理士事務所設立。有限会社 トータルマネジメントブレーン設立、代表取締役に就任。
2012年　税理士法人 トータルマネジメントブレーン設立。代表社員に就任。
上場会社の非常勤監査役やNPO法人の理事及び監事等を歴任、現在TKC全国会中央研修所副所長、TKC全国会資産対策研究会副代表幹事。上場会社や中小企業の資本政策、資産家や企業オーナーの資産承継や事業承継、さらに税務や相続対策などのコンサルティングには、顧客の満足度が高いと定評がある。また、全国で講演活動を行っており、各種税務に関する書籍も多数執筆。

≪著書≫

・『成功する事業承継Q&A150－遺言書・遺留分の民法改正から自社株対策、法人・個人の納税猶予まで徹底解説』（清文社）
・『事例でわかる 生前贈与の税務と法務』（日本加除出版）共著
・『なるほど！ そうなのか！ 図解でわかる不動産オーナーの相続対策』（清文社）共著
・『もめない相続 困らない相続税－事例で学ぶ幸せへのパスポート－』（清文社）共著
・『資産家のためのかしこい遺言書－幸せを呼ぶ20の法則』（清文社）共著
・『これで解決！ 困った老朽貸家・貸地問題』（清文社）
・『Q&A115 新時代の生前贈与と税務』（ぎょうせい）
・『資産家のための 民法大改正 徹底活用－相続法・債権法＆税金－』（清文社）共著
・『すぐわかる よくわかる 税制改正のポイント』（TKC出版）共著
・『改正相続法完全対応 弁護士×税理士と学ぶ“争族”にならないための法務＆税務』（ぎょうせい）共著
他多数

≪主宰会社≫

税理士法人　トータルマネジメントブレーン
有 限 会 社　トータルマネジメントブレーン
〒530－0045 大阪市北区天神西町5－17　アクティ南森町6階
TEL 06－6361－8301　　FAX 06－6361－8302
メールアドレス　tmb@tkcnf.or.jp
ホームページ　https://www.tsubota-tmb.co.jp

弁 護 士 **坪多《つぼた》 聡美《さとみ》**

≪略歴≫

2008年3月　同志社大学法学部卒業。

2010年3月　京都大学法科大学院修了。

2010年9月　司法試験合格。

2012年1月　大阪弁護士会登録。

2016年6月　坪多法律事務所設立。

現在、遺産相続や不動産トラブルの分野を得意とし、弁護士としては数少ない租税法の分野でも活躍している。このように税に絡んだ幅広い知識で相談案件を解決するとともに、これらの分野に関する講演活動も種々行っており、各種法務に関する書籍や論文も多数執筆。

≪著書≫

・『事例でわかる 生前贈与の税務と法務』（日本加除出版）共著

・『もめない相続 困らない相続税－事例で学ぶ幸せへのパスポート－』（清文社）共著

・『資産家のためのかしこい遺言書－幸せを呼ぶ20の法則』（清文社）共著

・『資産家タイプ別 相続税節税マニュアル』（ぎょうせい）共著

・『改正相続法完全対応 弁護士×税理士と学ぶ“争族”にならないための法務＆税務』（ぎょうせい）共著

・『生前から備える 財産承継・遺言書作成マニュアル』（ぎょうせい）共著

・『 遺言相続の落とし穴』（大阪弁護士共同組合）共著

他多数

≪事務所≫

坪多法律事務所

〒530－0045　大阪市北区天神西町5－17　アクティ南森町301

TEL 06－6131－2365　　FAX 06－6131－2366

ホームページ　　https://www.tsubota-tmb.co.jp

3訂版

相続税を考慮した
遺言書作成マニュアル
弁護士×税理士がアドバイス！

平成29年12月1日　初版発行
令和5年1月1日　3訂初版

検印省略

日本法令®

〒101-0032
東京都千代田区岩本町1丁目2番19号
https://www.horei.co.jp/

著　者	坪　多　聡　美
	坪　多　晶　子
発行者	青　木　健　次
編集者	岩　倉　春　光
印刷所	神　谷　印　刷
製本所	国　宝　社

（営　業）	TEL	03-6858-6967	Eメール	syuppan@horei.co.jp
（通　販）	TEL	03-6858-6966	Eメール	book.order@horei.co.jp
（編　集）	FAX	03-6858-6957	Eメール	tankoubon@horei.co.jp

（オンラインショップ）　https://www.horei.co.jp/iec/
（お詫びと訂正）　https://www.horei.co.jp/book/owabi.shtml
（書籍の追加情報）　https://www.horei.co.jp/book/osirasebook.shtml

※万一、本書の内容に誤記等が判明した場合には、上記「お詫びと訂正」に最新情報を掲載しております。ホームページに掲載されていない内容につきましては、FAXまたはEメールで編集までお問合せください。

ISBN 978-4-539-72946-5

https://www.horei.co.jp/zjs/

お役立ちコンテンツ

5 税理士向け動画セミナー

無料会員向けの「セレクト動画」、有料会員向けの「プレミア動画」で、著名な税理士、弁護士、学者やその道のプロが、タイムリーなテーマを深く掘り下げてレクチャーします。いつでも時間が空いた時に視聴可能です。

6 税制改正情報ナビ

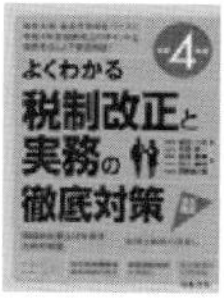

毎年度の税制改正に関する情報を整理し、詳しく解説します。税制改正に関する日々のニュース記事の配信と、日本法令刊『よくわかる税制改正と実務の徹底対策』WEB版、さらにはその著者による詳細な解説動画で、いち早く今年度改正の要点を押さえましょう！

7 税務判決・裁決例アーカイブ

税理士業務遂行上、さまざまな税務判断の場面で役立てたいのが過去の税務判決・裁決例。ただ、どの事例がどこにあるのか、探すのはなかなか一苦労だし、イチから読むのは時間がかかる…。そこで、このアーカイブでは「キーワード検索」と「サマリー」を駆使することで、参照したい判決・裁決例をピンポイントで探し出し、スピーディーに理解することが可能となります。

8 モデルフォーム集

税理士業務におけるチェック漏れによるミスを未然に防ぐため、さまざまな税務のチェック表、確認表、チェックリストほか、日常業務で活用できるオリジナルのモデルフォーマットを提示します。

9 弊社商品の割引販売

日本法令が制作・販売する書籍、雑誌、セミナー、DVD商品、様式などのすべての商品・サービスをZJS会員特別価格〈2割引き〉で購入できます。高額な商品ほど割引額が高く、お得です！